Bernhard Mack

Führungsfaktor Menschenkenntnis

Für

Helmut Volk-von Bialy,
Jeannette von Bialy
Volkmar und Karin Dittmer

in Freundschaft und Dankbarkeit

Bernhard Mack

Führungsfaktor Menschenkenntnis

Mitarbeiter besser verstehen, typgerecht führen, optimal motivieren

verlag
moderne industrie

Die Deutsche Bibliothek – CIP-Einheitsaufnahme

Mack Bernhard:
Führungsfaktor Menschenkenntnis : Mitarbeiter besser verstehen,
typgerecht führen, optimal motivieren / Bernhard Mack. -
Landsberg/Lech : mi, Verl. Moderne Industrie, 2000
ISBN 3-478-38550-4

© 2000 verlag moderne industrie, 86895 Landsberg/Lech
Internet: http://www.mi-verlag.de
Umschlaggestaltung: Grafikhaus, München
Satz: abc Media-Services GmbH, Buchloe
Druck: Himmer, Augsburg
Bindearbeiten: Thomas, Augsburg
Printed in Germany 380 550/080001
ISBN 3-478-38550-4

Inhaltsverzeichnis

Vorwort

Die alten Führungsmodelle brechen auseinander. Immer weniger Menschen sind heute bereit, sich von anderen Menschen führen zu lassen, nur weil diese institutionelle Macht besitzen. Tatsächliche Legitimation besitzen nur jene, die Integrität besitzen. Integrität hat nicht viel gemeinsam mit dem Erlernen von Tricks und Techniken. Statt Status und Macht braucht es heute ein klares Bekenntnis zu Werten, die die legitimen Bedürfnisse aller Menschen berücksichtigen.

Integrität ist keine Eigenschaft, die sich in einem Wochenendkurs oder auf einem herkömmlichen Führungsseminar erlernen lässt. Integrität sagt etwas aus über den Zusammenhang zwischen innerer und äußerer Führung, zwischen Bestimmung und Bestimmtheit. Charisma ist das Ergebnis der Übereinstimmung zwischen Innen und Außen und gleichzeitig der Schlüssel, um Menschen mit ihren wachsenden Ansprüchen auf Glaubwürdigkeit begegnen zu können. Der Zugang zu den eigenen Potenzialen muss bereits erschlossen worden sein, um ein Augenmaß für die Wachstumspotenziale anderer zu besitzen. Der Drang, sich mit anderen zu vergleichen, sollte ebenso reduziert worden sein wie das Bedürfnis, über andere zu herrschen oder diese von sich abhängig zu machen.

Führung ist nur dann legitim, wenn sie von der Absicht beseelt ist, Menschen zu ihrer eigenen Selbstbestimmung zu führen. Die Beurteilung anderer verlangt, dass man sich der eigenen Subjektivität entledigt hat und ohne persönliche Vorlieben oder Vorurteile mit Menschen umgehen kann. Der zum Wachstum komplementäre Part der Führung besteht darin, Grenzen zu setzen und Menschen in ihre Schranken zu weisen, denn wir alle neigen dazu, uns entweder völlig zurückzunehmen oder grenzenlos zu expandieren. Das Ego hat diese fluktuierende, ständig schwankende Eigenschaft, die uns dazu zwingt, Bescheidenheit und Größenwahn in Bezug auf uns selbst im Gleichgewicht zu halten. Da uns dies ohne die Hilfe anderer nur selten möglich ist, sind wir auf Menschen angewiesen, die uns auf gutmütige Art und Weise mit unseren Schatten konfrontieren. Sowohl Selbstunterschätzung als auch Selbstüberschätzung sind unsere ständigen Begleiter.

Die Wirtschaft ist ohne Zweifel die machtvollste Institution im angehenden 21. Jahrhundert. In ihrer Transformation liegt der Schlüssel zu einem neuen Gesellschaftsvertrag jenseits der Diktatur des Marktes. In einer Welt, in der die sozialen Strukturen rapide zerfallen und in der die Vereinzelung exponentiell mit dem wachsenden materiellen Reichtum für nur wenige und der Armut für viele zunimmt, wachsen Neid und Beziehungslosigkeit. Der kollektiven Jagd nach kurzfristiger Profitmaximierung ein nachhaltiges und sozialverantwortliches Denken und Handeln entgegenzusetzen, gehört zur Pflicht einer zeitgemäßen Aufklärung. Dabei nehmen differenzierte Führungskonzepte eine wichtige Rolle ein, denn je mehr wir mit wirtschaftlichem Nützlichkeitswahn und politischer Doppelmoral konfrontiert sind, umso wichtiger werden authentische Führungsmodelle. Sie können Bausteine einer zukünftigen Gesellschaft sein, in der nicht mehr die Gier des Einzelnen nach Macht und persönlichem Vorteil im Vordergrund stehen darf, sondern nur jenen Menschen Macht gegeben wird, die Integrität besitzen und ihre Führungspositionen zum Vorteil aller einsetzen.

Bernhard Mack hat in seinem neuen Buch diese Zusammenhänge präzise und erfahrungsorientiert aufgezeigt. In schrittweise komplexer werdendem Aufbau entwickelt er die Zusammenhänge der verschiedenen Ebenen von Organisationsentwicklung, Training und Beratung.

Ich empfehle dieses Buch jedem Manager, Trainer und allen, die ihre Führungsfähigkeit auf eine eindrucksvolle Weise steigern und gestalten wollen.

Ralph Wilms, Luzern
Präsident von CareInvest und Carefield

Zum Geleit

Führen wird wieder modern. Nachdem in den letzten Jahren das Team und die Entwicklung von Teamfähigkeiten im Vordergrund der Persönlichkeitstrainings für Führungskräfte und MitarbeiterInnen stand, wird eine neue Entwicklung in den mittleren und oberen Chefetagen von Profit- und Non-Profit-Organisationen deutlich: Die Richtung, die Vision, die Leistung der fähigen Einzelpersönlichkeit, die Vorbild ist für ein kraftvolles Umsetzen von Zielvorgaben, tritt aus dem Hintergrund wieder in den Vordergrund. Es ist wieder erlaubt, über Führung zu sprechen. Führung wird enttabuisiert.

Ein zweiter Punkt kommt ebenso neu hinzu: die Erkenntnis, dass die zu führenden Mitarbeiter ganz spezifische Persönlichkeitsstrukturen aufweisen. Daraus folgt der Verzicht auf einfache Schemata, auf generelle Führungslösungen und auf Allgemeinrezepte. Die Konsequenz daraus ist die Notwendigkeit, den Mut aufzubringen, sehr differenziert und genau hinzuschauen, wie ein Team, eine Abteilung, ja die Charakterstruktur eines einzelnen Mitarbeiters zusammengesetzt ist. Die Psychologie als Erfahrungswissenschaft hat Einzug gefunden in die Chefetagen und dient der Effektivierung, der Beschleunigung und der Humanisierung von Kontaktsituationen zwischen verschiedenen Entscheidungsebenen. Dass sich hierbei Humanisierung und Effektivierung nicht widersprechen, sondern ergänzen liegt daran, dass durch eine gründliche psychologische Analyse der Muster und Grundhaltungen von Menschen etwas Neues entsteht. Ganz unverhofft entwickelt sich eine größere Gerechtigkeit in der Beurteilung von Menschen eben dadurch, dass wir ihre unterschiedlichen Hintergründe tiefer verstehen und nicht mehr verurteilen.

Die besondere Leistung dieses neuen Buches von Bernhard Mack liegt darin, dass er diese psychologisch-diagnostische Ebene mit der systemischen Ebene von Organisationsstrukturen verbindet. Er arbeitet heraus, dass wir eine Netzwerk-Kultur entwickeln können und

11

müssen, in der neue und effektivere Prozessabläufe geschaffen werden. Diese „neue Sichtweise" entwickeln und üben wir in unseren Trainings und konnten zeigen, dass die Motivation, die Intuition und vor allem die Kreativität und Leistungsfähigkeit der beteiligten Mitarbeiter um ein Deutliches anwächst. Hier wird der Spielraum gegeben, auf verschiedenen Wellen zu reiten, durch verschiedene Wirklichkeitsebenen die Organisation mit zu gestalten und etwas zu entwickeln, was Bernhard Mack ein „Gleichzeitigkeitsbewusstsein" nennt.

Das Bewusstsein der Gleichzeitigkeit verschiedener Wirklichkeitsebenen, deren wechselseitige Bedingtheit für die Effektivierung von Wirtschafts- und Organisationsprozessen wird in dem vorliegenden Buch auf nachvollziehbare Weise belegt.

Ich danke meinem Kollegen und Trainingspartner Bernhard Mack für die Synergie in unserer gemeinsamen Praxis und wünsche den Lesern und Leserinnen, dass sie möglichst viele der in diesem Buch vorgestellten Übungen einfach einmal praktisch ausprobieren. Sie werden feststellen, es funktioniert, und zwar mit Erfolg.

Deike Rickmers & Partner, Hamburg

Dank

Dieses Buch habe ich nicht allein „erfunden". Es ist nicht allein mein geistiges Eigentum. Ähnlich wie komplexes Wissen heutzutage nicht mehr von einer Führungskraft allein erlangt und weiterverarbeitet werden kann, habe ich die Chancen des Netzwerkes, in dem ich arbeite, genutzt und verschiedene Energien zusammengetragen. Alleinurheberschaft kann heute kein Ziel mehr sein, sondern die kreative Synthese der Vielfalt ist die Aufgabe. Ich verdanke zahlreiche Anregungen FreundInnen und KollegInnen, Führungskräften, die ich trainiert habe, Befragungen in Unternehmen und Ausbildungssituationen in unserem Institut.

Konkrete Ideen und Anregungen haben beigetragen: Dr. Helmut Volk-von Bialy, Astrid Gude, Franziska Jantzen, Doris Müller, Kora Koltermann, Bernhard Knapp, Silvia Hartmann, Raymond Fismer, Thomas Stallforth, Sonja Griefahn.

Beim Kapitel „Ankommen in der Mitte" habe ich Impulse von Graf v. Dürckheim, dessen Werk mich seit vielen Jahren begleitet, aufgenommen. Die angegebene Literatur wurde nach Anregungen durchforstet. Einige Ideen habe ich übernommen von G. Sprenger, J. Witt, M. Bollinger, Hugo-Becker/Becker, Crisand/Lyon, Georg Leonard und Richard Barret. Ebenso wurde Material aus den von Ralph Wilms und mir entwickelten Carefield-Konzepten aufgenommen.

Sabine Soto managt unsere Büroorganisation. Dr. Fritz Hasselbeck vom Zentrum für Unternehmensführung (ZfU) in Thalwil unterstützt unsere Seminararbeit, Dr. Stoffels von der Siemens Qualifizierungs- und Trainings-Abteilung SQT vertraut uns seine Führungskräfte an und Deike Rickmers und Michael Wilmes sowie Franziska Jantzen, Rutger von Bothmer und Hartwig Hinney gönnen mir das Glück der konkurrenzfreien partnerschaftlichen Zusammenarbeit. Allen sei Dank.

Markus Nies-Lamott hat die Grafiken zu diesem Buch gestaltet und/
oder aus den Bildquellen überarbeitet.
Brigitta Bury begleitet mich ins Zentrum des Taifuns.
Danke
Meinen Aikido-Lehrern danke ich für die Erkenntnis, dass die Kraft in
der Richtung liegt.

Bernhard Mack
Bollschweil, im August 2000

1. Einführung

Ein *einziger* Gedanke kann Ihre Wirkung als Führungskraft und die Produktivität Ihres Betriebes um ein *Vielfaches* steigern. Die Produktionsfaktoren Nr. 1 und 2 sind Ihre Kreativität und die optimale Kommunikation innerhalb Ihres Betriebes. Dieses Buch bietet Ihnen fachkundige Unterstützung

- bei der Effektivierung Ihrer Kommunikationsprozesse (inner- und außerbetrieblich),
- bei der Freisetzung Ihrer Intuition, Ganzhirnigkeit und Kreativität für neue Produktideen und Produktionsverfahren,
- bei der Bewältigung von Konflikten, Stress und Innovationsangst,
- bei der Nutzbarmachung Ihrer optimalen Potenziale und der Ihrer Mitarbeiter sowie der betrieblichen Struktur,
- bei der Beschleunigung des Austausches von menschlichen und materiellen Ressourcen sowie der Vernetzung von Information, Wissen, Erfahrung und Kompetenz.

Ein einziger Gedanke an der richtigen Stelle, eine einzige Idee zum richtigen Zeitpunkt, kann Ihnen über Jahre Ihren Erfolg sichern. Ein einziger Gedanke nicht gedacht, kann einen Verlust in Millionenhöhe nach sich ziehen.

Unternehmensberatung und Führungskräftetraining ist Vernetzungsunterstützung, und zwar mental in den Gehirnen, in den Herzen *und* gesamtwirtschaftlich. Unsere Methode arbeitet dabei mit leicht nachvollziehbarem Handwerkszeug und auch mit ungewöhnlichen Herangehensweisen.

Dieses Buch wechselt häufig die Ebenen der Betrachtung. Es beschreibt unterschiedliche Wirklichkeitsebenen. Mal argumentiere ich betriebswirtschaftlich, dann psychologisch, dann spreche ich von körperlichen Übungen, wechsle zu einer mentalen und auch geistigen

Ebene, thematisiere gesellschaftliche Dimensionen, gehe zurück zu individuell-psychologischen Überlegungen und versuche, die Zusammenhänge und Verbindungen dieser Ebenen deutlich zu machen.

Die Betrachtung jeder dieser Ebenen für sich ist unzureichend. Nur in ihrer Zusammenschau, ihrer kreativen Integration wird ein sinnvolles und effektives Führungsverhalten erkennbar und möglich. Ich versuche einerseits, die Redundanz in meinen Ausführungen so gering wie möglich zu halten: Andererseits unterstützt Wiederholung das Verständnis und die Lesbarkeit jedoch erheblich, so dass einige Übungen und Überlegungen in verschiedenen Zusammenhängen in abgewandelter Form wieder auftauchen. Auf diese Weise kann Ihnen die Verwobenheit der einzelnen Schritte immer deutlicher werden. Kein Lernelement dieses Buches steht für sich allein. Alle Schritte und Übungen haben ihren Sinn nur im Gesamtzusammenhang.

Dabei schreitet dieses Buch mit zunehmender Komplexität voran. Zuerst erscheinen die Übungen noch relativ einfach angelegt, im weiteren Verlauf des Buches wird jedoch der Stellenwert und die wachsende Verwobenheit und Komplexität der Übungszusammenhänge deutlich.

Neue Kompetenzen erwerben

Wir wissen heute, dass die Verbesserung der Kommunikation in der Arbeitswelt, die Teamarbeitsfähigkeit, die Bereitschaft zur Synergie und die systemisch-organisatorischen Kompetenzen zur Optimierung von Arbeitsabläufen wesentliche Produktionsfaktoren darstellen. Führungskräfte und andere, die unmittelbar mit Menschen zu tun haben (Vertrieb, Büro, Pflege etc.), brauchen bei zunehmender Komplexität von Entscheidungs- und Vernetzungsprozessen eine berufsbegleitende Weiterbildung, Unterstützung und Supervision, um den gewachsenen Anforderungen der hochtechnisierten und globalisierten Kommunikationsprozesse gerecht werden zu können.

Das in diesem Buch dargestellte Weiterbildungskonzept ist ein Curriculum zur Vermittlung der nachfolgenden Kompetenzen:

- *Soziale Kompetenzen*: Die LeserInnen können lernen, ihr eigenes Sozialverhalten zu beobachten, zu verstehen und situationsgemäß so zu verändern, wie es ihren Zielen entspricht. Diese Förderung der sozialen Kompetenz ist in der Regel mit höherer Effektivität der Kommunikation und höherer Arbeitszufriedenheit verbunden.
- *Arbeitsmethodische Kompetenzen*: Die LeserInnen können lernen, ihre eigenen Arbeitsabläufe von Planung über Durchführung bis hin zur Evaluation von Führungsaufgaben selbst zu verbessern und Reibungsverluste durch unstrukturierte Prozesse zu verringern.
- *Theoretische Kompetenz*: Die LeserInnen können erfahren, wie Theoriekonzepte helfen können, handlungsrelevante Modelle zum Verständnis von beruflichen Kommunikationsprozessen zu erhalten.
- *Handlungsrelevante Kompetenzen*: Die Fähigkeit zur Umsetzung von Erkenntnissen und Erfahrungen ist der wesentliche Gewinn eines Führungskräftetrainings. Eine Fülle von Übungen und Checklisten bildet den praktischen Teil dieses Buches. Sie erhalten konkrete Hinweise, wie Sie Erkenntnisse übend und reflektierend in Erfahrung umwandeln können.
- *Geistig-seelische Erfahrung*: Die Dimension des Seelischen als Bereich, in dem wir uns als ganzer Mensch gemeint und ergriffen fühlen, bildet den Hintergrund, vor dem die Übungen und manchmal technisch wirkenden Hinweise ihren Sinn und Horizont erhalten. In diesem Erfahrungsbereich entsteht und wurzelt Charisma als wesentliche Führungskompetenz. Den Umgang und die Fähigkeit zur Anwendung dieser Kompetenzen nenne ich „Inner Management".

Dabei ist dieses Buch eher für Fortgeschrittene. Die „Beginners-Übungen" sind auf den ersten 107 Seiten von *Kontakt, Intuition und Kreativität* (Junfermann 1999) erläutert. Dennoch wird auch der mit ihnen nicht vertraute Leser aus diesem Buch einen praktischen Gewinn ziehen können.

In diesem Buch sind die Erfahrungen aus 25 Jahren Praxis mit verschiedenen Leitungs- und Führungsaufgaben verarbeitet. Alle hier beschriebenen Führungsmethoden sind zwar für den beruflichen Alltag formuliert, können jedoch genauso gut im persönlichen Bereich, in der Familie, in der Ehe und in Vereinen angewandt werden. Diesen praktischen Nutzen wünsche ich Ihnen jedenfalls und hoffe, dass Ihnen das Lesen ebensoviel Freude bereitet, wie es für mich immer wieder das Vermitteln dieser Erfahrungen bedeutet.

Was ist Inner Management?

Eine Studie der Gallup Organisation, an der 80 000 Manager teilnahmen, fand heraus, dass nicht Bezahlung und andere Vergünstigungen entscheidend sind, um die „Ressource Mensch" zu nutzen. Vielmehr ist entscheidend, wie die unmittelbaren Vorgesetzten mit ihren Mitarbeitern umgehen. Zufriedenheit entscheidet über das Ausmaß des Engagements. Gallup fand heraus, dass talentierte Mitarbeiter, die ihrer Firma kündigen, nicht ein Unternehmen, sondern einen Manager verlassen. Man weiß heute, dass der Wert eines Unternehmens von der Qualität der Mitarbeiter bestimmt wird. Wie können Führungskräfte also ihre Mitarbeiter fördern und motivieren? Dieses Buch wird Ihnen zahlreiche Anregungen dazu geben.

Es geht weniger darum, Antworten zu geben, als darum, die richtigen Fragen zu stellen. Die traditionellen Maßnahmen sorgen häufig für Demotivation und Überforderung. Fertige Antworten und Problemlösungen wie Leistungssteigerung, Total Quality Management (TQM), Downsizing, Umstrukturierungen, Empowerment, Reingeneering, ja sogar das Allheilmittel Teamarbeit lösen die anstehenden wirklich brennenden Fragen nicht. Menschen suchen heute immer mehr eine tiefe innere Befriedigung in ihrer Arbeit. „Die Menschen sind es leid, ihren müden Kopf mit zur Arbeit zu bringen, ihr Herz aber zu Hause zu lassen" (L. H. Secretan).

Traditionelle Führungstheorien wurzeln in einer Theorie der Persönlichkeit – die Seele, unser lebendiger Kern bleibt in der akademischen
Psychologie außen vor. Das ist aus der wissenschaftlichen Tradition
der Verhaltenswissenschaften zu erklären und hatte für eine gewisse
Zeit seinen Sinn und seine Berechtigung. Die Zeit, in der wir uns nur
mit unserer Persönlichkeit, also mit dem, was außen von uns sichtbar
ist, beschäftigen, ist überholt. Es geht nicht mehr darum, noch effizi-
enter zu manipulieren, zu kontrollieren und geschickter zu motivieren,
sondern es geht um wirkliche und authentische Begegnungen von
Menschen und deren Herzen. Dass dies möglich ist und die Produktivität sogar noch erhöht, zeigen unsere alltäglichen Erfahrungen in
zahlreichen Unternehmen und Organisationen.

Die Grundlage unserer Führungskonzeption ist die Erfahrung, dass
wir am effektivsten arbeiten, wenn wir von innen heraus, aus unserem
Innersten arbeiten. Zu diesem Innersten müssen wir jedoch zuallererst
wieder Kontakt aufnehmen, da uns der Zugang oft im Laufe unserer
Entwicklung verstellt ist.

Diese Fragen sollen hier zur Einleitung nur kurz angedeutet werden. Ich werde diese Thematik im zweiten Teil des Buches ausführlich
erläutern.

2. Warum man neue Management- und Führungskonzepte braucht

Wenn in Ihrer Firma alles perfekt, effektiv und mit hohem Gewinn läuft, sollten Sie lieber jetzt mit Ihren Freunden und Ihrer Frau oder Ihrem Mann Golf spielen gehen oder andere Freizeitaktivitäten genießen, anstatt dieses Buch zu lesen. Falls Sie jedoch glauben, dass es irgendwo in Ihrer Organisation oder Produktion noch Verbesserungsmöglichkeiten geben könnte, werden Sie in diesem Buch zahlreiche Antworten und Hinweise darauf bekommen, warum es in einigen Bereichen Ihrer Organisation nicht optimal läuft und *wie* Sie diese Prozesse dort optimieren können.

In Gesprächen mit Führungskräften, Personalleitern und anderen mit dem Thema Führung beschäftigte Experten stelle ich immer wieder fest, dass selbst im Jahre 2000 Führung ein oftmals tabuisiertes Thema ist. Viele haben Angst oder zumindest Bedenken, hier Position zu ergreifen und ein deutliches Wort für eine klare und konsequente Führung und Führungskompetenz einzulegen.

Führung ist erlaubt – aber welche?

In einem Führungstraining in einer süddeutschen Universitätsklinik wurde im Gespräch mit einem Chefarzt deutlich, dass er in den 15 Jahren, in denen er eine Abteilung leitete, immer noch nicht den Mut entwickelt hatte, seine Mitarbeiter wirklich zu führen. Er war verblüfft, als sich im Gespräch herausstellte, dass Führung nicht als etwas Schlechtes, sondern sogar als etwas Begrüßenswertes anzusehen ist.

Es wurde ihm klar, dass er sich immer noch um seine Führungsaufgaben herumlavierte und damit für sich unnötigen Stress und für seine Gesamtabteilung zu geringe Effektivität bewirkte. Erst als ihm in diesem Gespräch bewusst wurde, dass es sich hier um ein altes persönliches Tabu handelte, konnte er vorsichtig damit beginnen, sich mit der Notwendigkeit von Führung anzufreunden und langsam die in diesem Buch beschriebenen Trainingsschritte in Angriff nehmen. Ein halbes Jahr, nachdem wir dieses Training gemeinsam durchgeführt hatten, berichtete er mir von deutlich gewachsener Zufriedenheit in seiner Arbeit. Auch seine Mitarbeiter hätten berichtet, dass seine klarere und konsequentere Führungsnahme ihnen allen eine größere Zufriedenheit und Entspannung ermögliche.

Ich bin damit schon bei einer der Hauptaussagen dieses Buches: Klare und konsequente Führung erleichtert unser Arbeitsleben. Sie führt zu größerer Effektivität, geringeren Reibungsverlusten und letztlich zu mehr Freizeit, Freiheit und Genuss.

Es geht uns um Effektivität. Und Effektivität ist ohne Führung und Klarheit in der Ausrichtung nicht möglich. Auch in den chaotischen Prozessen wachsender Komplexität moderner Organisationen und Produktionsprozesse braucht es immer wieder Punkte der Klarheit, der Führung, der Visionen. Dieses Buch zeigt Ihnen, wie Sie zuerst Ihre Einstellungen und Ihre Handlungen und schließlich die Ihrer Mitarbeiter konkret ändern und positiv beeinflussen können.

Ich versuche, Ihnen keine festen Dogmatismen und fertigen Meinungen zu verkaufen, sondern Gedanken anzuregen, Problembewusstsein zu erzeugen und einige handhabbare konkrete Umsetzungsmöglichkeiten anzubieten. Ich empfehle Ihnen, die in diesem Buch oftmals vertretenen neuen Gedanken erst einmal zuzulassen, bevor Sie sie ablehnen. Es gibt in uns einen alten Mechanismus, Dinge, die unsere Erfahrung stützen, anzunehmen und Informationen, die unsere Erfahrung in Frage stellen, abzulehnen. Machen Sie sich diesen Automatismus bewusst und werden Sie nicht zum Sklaven dieser inneren Reaktionsbildung.

Wer ist mein Boss?

Die entscheidende Lebensfrage, die Sie beim Durcharbeiten dieses Buches beantworten werden können, ist: „Wer sitzt am Steuer meines Lebensfahrzeugs?" Die Inangriffnahme und schließlich Beantwortung dieser Frage ist ein grundlegendes Handwerkszeug zu einer erfüllenden und effektiven Führungskompetenz.

Wenn wir die Frage: „Was will ich wirklich?" mit der Frage: „Was ist jetzt?" verbinden, haben wir zwei wesentliche Hebelwirkungen einer effektiven Führungskraft erkannt. Diese Fragen können für Führungskräfte so einschneidend sein, dass sie ihr Leben verändern. So berichteten mir Führungskräfte vier Monate nach einem Siemens-Führungskräfte-Training, dass sie den Bildschirmschoner ihres Computers so verändert haben, dass dort immer die beiden Fragen auftauchen: „Was ist jetzt? Was will ich wirklich?" Dies habe ihren Alltag radikal verändert und damit auch den Alltag ihrer Mitarbeiter. Verhalten ist nämlich in jeder Sekunde ein radikaler situativer, subjektiver Preisvergleich. In jeder Situation vergleichen wir Alternativen und wählen. Wir machen uns dies nur nicht immer bewusst. Wenn wir uns deutlich machen, dass wir bei einer Entscheidung Alternativen abgewählt haben, um uns entscheiden zu können und dies dem Bezahlen eines Preises gleichkommt, haben wir eine größere Bewusstheit in der Wahl. Ohne Bewusstheit unserer Wahlfreiheit kommen wir niemals zu einer wirklichen inneren Führungskompetenz.

Wir können lernen, dass wir alles tun können, wenn wir uns der Konsequenzen bewusst sind und bereit sind, diese zu verantworten. Es gibt keine Handlung ohne Konsequenzen. Wenn wir beginnen, in diesem Bewusstsein zu leben, gehen wir aus der Opferrolle heraus und hören auf, anderen die Schuld zuzuschreiben für unseren Mangel an Lebensqualität. Grundsätzlich gilt: Je mehr Konsequenzen etwas hat, desto wichtiger ist es.

Je wichtiger etwas ist, desto mehr Konsequenzen hat es. Wenn es keine Konsequenzen hat, ist es nicht so wichtig. Wir haben nur eine große Scheu davor, den Preis für unsere Entscheidungen zu zahlen, und das zu tun, was ansteht. In jeder Minute wählen wir und können uns ständig fragen: „Bin ich bereit, die Verantwortung für die Konsequenzen zu übernehmen?" Wenn ich dies tue, habe ich schon erste Schritte auf dem Weg zu einer kraftvollen charismatischen Führungskraft unternommen. Charisma und Verantwortungsübernahme sind verwandte Begriffe.

Die wache Verantwortungsübernahme im Entscheidungsprozess gibt uns Kraft, uns beharrlich für das einzusetzen, was uns wirklich wichtig ist. Wenn wir uns nicht mehr voll einsetzen, sind wir nicht mehr ganz dabei, sind wir innerlich schon emigriert und haben nur noch eine geringe Effektivität.

Wir können uns dazu entscheiden, dorthin zu gehen, wo wir wirklich das bekommen, worauf wir nicht verzichten wollen. Und dennoch ist ein Preis fällig. Nur das lohnt sich, wobei unser Herz brennt. Wenn wir mit Entschiedenheit etwas ändern wollen in unserer Abteilung, unserer Beziehung, unserer Familie oder in unserem Freundeskreis, nur dann bewegt sich etwas. Dieses Buch wird Ihnen zeigen, wie Sie dieses neue Handeln realisieren können.

Sie bekommen von Ihrem Leben das zurück, was Sie selbst in jedem Augenblick hineingeben: In jeder Kontaktsituation, in jedem Gespräch mit einem Mitarbeiter ist das die Grundregel. Nur wenn ich ganz da bin, mit meiner ganzen Anwesenheit und Aufmerksamkeit, kann ich eine optimale Effektivität erreichen. Wir werden Ihnen zahlreiche Übungen anbieten, wie Sie Aufmerksamkeit verwirklichen können. Sind wir nicht in jedem Moment voll bewusst, rutschen wir in eine Situation, die heutzutage das allgemeine Problem in den Unternehmen ist – extreme Unter- oder Überforderung. Dadurch, dass die Organisationsentwicklung der möglichen Bewusstseinsentwicklung viele Jahre hinterher hinkt, sind viele fähige Führungskräfte unterfordert. Denn alle Menschen wollen leisten, sind zutiefst bereit, ihre Energie, ihre Kraft und Leistung einzubringen. Deswegen müssen wir als Führungskräfte uns selbst und unseren Mitarbeitern ein gutes Maß an Herausforderung ermöglichen.

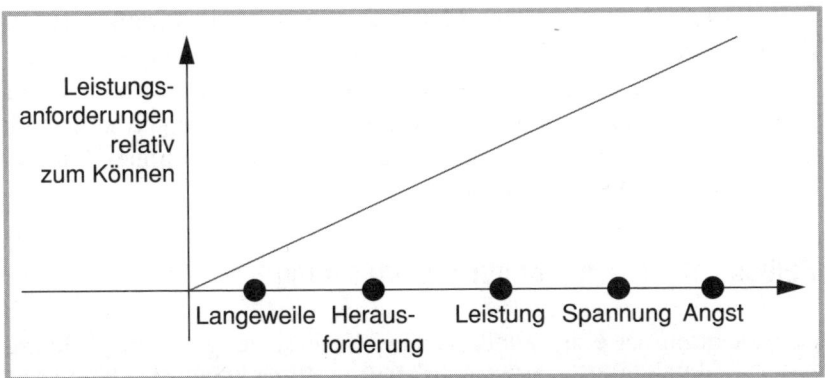

Abb. 1: Verhältnis Anforderung und Leistung

Wenn Sie dieses Buch durcharbeiten, machen Sie sich bitte bewusst, dass nichts, was bleiben soll, schnell kommen kann. Alles, was wirklich von Bedeutung ist, braucht Zeit, braucht Übung und wiederholte Übung.

Als weitere Hauptthese möchte ich herausarbeiten, dass Führung und Kontakt sehr eng zusammenhängen. Jedes Führungsdefizit ist auch ein Kontaktdefizit und jede Führungsqualität ist die Fähigkeit zu optimalem Kontakt. Im Kontakt ist es gut, zwischen der Personenorientierung und der Leistungsorientierung zu unterscheiden. Der Person gegenüber gilt es, unbedingte Zugewandtheit, absolute Aufmerksamkeit und Freundlichkeit auszudrücken, sie in ihrer Person und ihrem Sein wahrzunehmen. Dies ist ein menschliches Grundrecht.

Bezogen auf Leistung geht es um Klarheit und Konsequenz. Es kann nicht darum gehen, Nebel zu verbreiten, sondern es müssen sehr klare und eindeutige Mitteilungen über die Qualität einer Leistung gemacht werden. Eine Führungskraft kann und muss sich darüber klar sein, dass auf der Beziehungsebene immer eine Aussage über Wertschätzung stattfindet. Die Beziehungsebene bestimmt die Inhaltsebene eines Kontaktes. Das heißt, dass die Beziehungsebene eine stärkere Auswirkung hat als die Inhaltsebene, dass sie diese dominiert. Wir wissen inzwischen, dass die Beziehungsebene zwischen Mitarbeitern und vor allem zwischen Mitarbeitern und Vorgesetzten die Arbeitszufriedenheit in hohem Maß prägt. Arbeitszufriedenheit ist jedoch ein wesentlicher Faktor der Effektivität und der motivationserhaltenden Zugehörigkeitsempfindung zu einer Organisation. Diese Wertschätzung anderen Mitarbeitern gegenüber zu zeigen ist jedoch nur möglich, wenn die Führungskraft selbst über ein hohes Maß an eigener Wertschätzung verfügt.

Selbstachtung geht vor der Fremdachtung

Selbstachtung ist eine grundlegende Voraussetzung für die Achtung des Gegenübers. Wir werden in diesem Buch über Möglichkeiten sprechen, wie Sie Ihre Selbstachtung erhöhen, wie Sie Ihre Mitarbeiter fordernd fördern können und wie Sie eine optimale Auswahl Ihrer Mitarbeiter realisieren können, denn hier liegt schon ein wichtiger Teil des Führungskräfte-Trainings, nämlich in einer sinnvollen Auswahl von fähigen Führungskräften. Hiermit ist jedoch nicht gesagt, dass nicht auch weniger begabte Persönlichkeiten sich zu Führungskräften entwickeln können. Vielmehr geht dieses Buch davon aus, dass auch normal begabte Menschen bei einiger Übung charismatische Ausstrahlung erreichen können. Diese Erfahrung machen wir seit 25 Jahren in unseren Persönlichkeitsentwicklungsseminaren. Ist eine Person erst einmal motiviert, etwas zu ihrer eigenen Sache zu machen und spürt sie, dass sie sich selbst daran entwickeln kann, wird sie mit nötiger Unterstützung auch eine charismatische Kraft entwickeln.

Ein weiteres Thema dieses Buches wird die Einführung der Unternehmung oder des Unternehmerbewusstseins in einer Organisation sein. Es geht nicht nur darum, besser zu funktionieren oder mehr zu wissen. Das Problem ist nicht das Wissen, sondern die Kraft für notwendige Entscheidungen. Da wir nie genug wissen, überfordert uns die komplexe Situation in den modernen turbulenten Zeiten. Deswegen ist das Steuern von Organisationen nicht mehr nur mit organisationssoziologischen Techniken zu leisten, sondern nur noch über ganzheitliche, ständig die Ebenen wechselnde und auf diese Weise integrierende Steuerungsmechanismen.

Wir werden in diesem Buch viele Fragen stellen und reale Probleme angehen und uns nicht mit halben Antworten begnügen. Deswegen kann es manchmal eine harte Herausforderung sein, sich durch die jeweiligen Fragen und Übungen hindurchzuarbeiten. Manchmal sind die geahnten Konsequenzen unangenehm, aber dennoch kommt man nicht darum herum, die notwendige Verantwortung zu übernehmen. Nur Freiheit macht verantwortlich.

Das neue Management in komplexen Zeiten

Das neue Management braucht ein an den Persönlichkeiten orientiertes Führen. Unbestritten ist inzwischen bei wirklich erfolgreichen Führungskräften die entscheidende Rolle von Gefühlen für den Prozess optimaler Führung. Die Industrial Society hat in England Führungskräftefähigkeiten untersucht und sie daraufhin überprüft, welche von den fähigsten Führern als wichtig eingeschätzt werden. Dabei ist interessant, dass die meisten dieser Eigenschaften nichts zu tun haben mit Intellekt oder technischen Fertigkeiten. Sie können hier eine erste Selbstüberprüfung durchführen, indem Sie sich fragen, welche der folgenden Qualitäten Sie bei sich erkennen. Nehmen Sie diese Checkliste als freundliche Selbstbeurteilung und benennen Sie Ihr Verhalten ohne Wertung.

Checkliste: Eigenschaften und Verhalten fähiger Führungs- kräfte

Die fähige Führungskraft

1. zeigte Enthusiasmus.

2. unterstützte andere Menschen.

3. nahm individuelle Bemühungen wahr.

4. hörte den Ideen und Problemen ihrer Mitarbeiter zu.

5. gab Richtungshinweise.

6. stellte persönliche Integrität unter Beweis.

7. handelte nach dem, was sie verkündete.

8. unterstützte Teamarbeit.

9. unterstützte Feedback aktiv.

10. sorgte für Entwicklungsmöglichkeiten anderer Menschen.

11. unterstützte das Selbstbewusstsein, den Selbstwert ihrer Mitarbeiter.

12. versuchte Prozesse zu verstehen, bevor sie Urteile abgab.

13. nahm Fehler als Lernmöglichkeiten.

14. gab den Menschen, die Aufgaben zu erledigen hatten, auch die Möglichkeit, Entscheidungen zu fällen.

15. unterstützte neue Wege, die Aufgaben anzugehen.

16. unterstützte das Verständnis der wesentlichen Aufgabenstellungen.

17. achtete auf mögliche zukünftige Herausforderungen.

18. sorgte für die Übereinstimmung in den Zielen.

19. traf Entscheidungen.

20. verringerte so weit möglich jede Form von Angst.

Nutzen Sie diese Checkliste wirklich als objektive Beschreibung und gehen Sie dabei nicht zu streng mit sich um. Wir können unser Verhalten nicht verändern, wir können es nur beschreiben – und dann (das ist das Paradoxe) – erst dann verändern wir uns.

Den wirklichen Spitzenführungskräften ist inzwischen bewusst, dass die zukünftigen Organisationsformen von ihrer Fähigkeit abhängen, ein emotional reifes Lernfeld und eine emotional sichere Umgebung zu schaffen. Spitzenkräfte verstehen immer mehr, dass es darauf ankommt, für wesentliche Entscheidungen einen Face-to-Face-Kontakt herzustellen, um Gefühle und Beziehungen aufzubauen und zu er-

möglichen. Gerade auch über Unterschiede der Mitarbeiter sich klar-
zuwerden, sie zu würdigen und auf deren Hintergrund den Mitarbeiter
zu respektieren, wird immer mehr zu einem wesentlichen Produktivitätsfaktor. Den feinen Unterschied zwischen autoritärem Verhalten
und natürlicher Autorität gilt es zu erfassen, auch zwischen Führen
durch Überzeugen und Führen über manipulative Entscheidungen von
oben. Selbst oder gerade in einer klaren Hierarchie ist Partnerschaft
möglich, ohne die Entscheidungswege zu verwischen.

Eine andere schmale Brücke, die wir jedesmal wieder in unseren
Überlegungen schlagen müssen, verbindet individuelles und organisa-
tionales Lernen, verbindet emotionale und rationale Intelligenz. Rein
emotionales oder rationales Lernen wird nicht alle Probleme eines Unternehmens lösen.

Die Sprache der Gefühle lernen

Wir können nicht alle emotionalen und individuellen Blockierungen
abbauen. Es wird nicht möglich und auch nicht sinnvoll sein, allen Ärger und alle Gefühle hochzubringen, die sich teilweise über Jahre und
Jahrzehnte in einer falschen Organisationsform abgesetzt haben. Es ist
unsere Aufgabe als Führungskräfte, Berater und Trainer, in jeder In-
tervention, die wir setzen, auch eine organisationale Ebene mit einzu-
beziehen, sei es im individuellen Coaching, sei es in der Teamarbeit
oder wenn wir als Vorgesetzter oder Berater mit einem gesamten Or-
ganisationssystem arbeiten.

Was wir tun können, ist, den Menschen eine Sprache zu vermitteln,
die ihnen hilft, Ziele zu identifizieren und sie dann zu befähigen, die
Ziele in die Wirklichkeit zu tragen. Auch wenn uns die Wichtigkeit
des Gesamtsystems bewusst ist: Oftmals ist es sehr hilfreich und öffnet plötzlich Tore, wenn wir in unserer Arbeit die Prozesse zuerst in
Begriffen der Gefühle neu definieren und übersetzen. Die entscheidende Frage dabei ist, ob wir in der Lage sind, die Bewusstheit der
Menschen dann anschließend auf eine organisationale Ebene zu heben
und nicht nur mit der individuellen Ebene zu arbeiten. Das heißt, wir

müssen auch die Themen von Macht und Machtstrukturen mit in den Blick nehmen.

Bestimmte Formen der Arbeit wie Arbeit mit dem Körper, mit Kunst, mit Ausdruck, mit verschiedenen Medien und inneren und äußeren Räumen mögen zuerst etwas befremdend erscheinen. Unsere Erfahrung zeigt uns jedoch, dass wir es uns gar nicht mehr leisten können, diese kreativen und imaginativen, inspirativen Bereiche unseres Bewusstseins zu vernachlässigen. Die humanisierenden und innovativen Effekte, die diese Form von Kunst und Körperarbeit im Business haben, sind sehr weitreichend.

Paradigmenwechsel in der Wirtschaft

Natürlich entstehen überall und immer neue zumeist komplexe Probleme, die oftmals nicht leicht zu lösen sind. Aber das eigentliche Problem sitzt im Manager selbst: sein Weltbild. Seine Gefühle, sein Selbst- und Fremdbild und seine internen mentalen Modelle. Der innerlich enge Manager ist nicht in der Lage, sich vom toten Material der Fakten und Zahlen zu lösen. Der wirklich erfolgreiche Manager bemüht sich heute immer mehr, in den Strom des wirklichen Lebens seiner Organisation integriert zu sein. Er ist zunehmend in der Lage, auf die Softsignale, d.h. auf Stimmungen, Intuitionen, Gefühle, Gespräche und nonverbale Interventionen und Informationen zu achten.

Das Bewusstsein wird in wachsendem Maße auf das Erahnte, auf das Noch-Nicht, das Unklare und Unvollständige gerichtet. Der wirklich kreative, bewusste und selbstbewusste Manager weiß heute, dass er die aktuelle Dynamik der unterschiedlichen Systeme nie vollständig kennen kann und dass er nicht aus einer lückenlosen Informationslage heraus entscheiden kann. Er akzeptiert, dass die Wirklichkeit so komplex ist, dass er sie nicht umfassend versteht. Nur dann hat er eine realistische Grundlage für seine Entscheidungen.

In traditionellen Betriebswirtschaftslehren ist der Mensch quasi ausradiert worden. Die Psychologie, das Menschliche, die Unberechenbarkeit menschlichen Fühlens und Handelns werden nicht zum Thema gemacht, oder wenn sie thematisiert werden, dann als Störfaktoren. Oftmals ist noch das mechanistische Weltbild dominierend. Viele erfolgreiche Manager nehmen jedoch heute Abschied von der Anmaßung der Vernunft und wollen immer weniger das Unmögliche, nämlich die unbeherrschbare Komplexität zu beherrschen. Sie erkennen immer mehr, dass sie mit der Komplexität gehen müssen und dass das alte Modell der Beherrschbarkeit überholt ist. Ein systemisches Management setzt immer mehr auf Autonomie und Selbstorganisation. Wir können Techniken erlernen, um zukünftige Entwicklungen gemeinsam eher sehen zu können und sie danach durch kollektive Imagination (innere Verbildlichung) mit wirklich gemeinsamer Kraft zu versehen. Dadurch entsteht echte Veränderungskraft. Neue Manager suchen keine Ersatzsicherheit. Der neue systemische Managementansatz geht davon aus, dass jeder im Prinzip Topmanager auf seiner Ebene ist. Firmen haben sowieso nie eine zentrale Steuerung und damit linear-direktives Management gehabt. Die Annahme direktiver Beeinflussbarkeit ist Teil der Illusion der Beherrschbarkeit, die durch schöne Organigramme geschaffen und aufrecht erhalten wurde.

Es zeigt sich heute eindeutig, dass eine zentrale Steuerung praktisch nie möglich war und ist. Das hierarchische Modell der Managementimpulse hat noch nie funktioniert, weil die meisten Mitarbeiter auf den verschiedensten Ebenen immer schon ihre ergänzenden Führungskräfte waren. Sie machten auf den unterschiedlichsten Ebenen das möglich, was unmöglich gewesen wäre, wenn man die Anweisungen von oben wirklich sklavisch durchgeführt hätte. Gerd Gehrken fasst diese Tatsachen des Selbst-Managements der MitarbeiterInnen und die damit verbundenen Konsequenzen für Management in seinem Buch *Der neue Manager* zusammen. Sie können sich wiederum fragen, welche dieser Qualitäten bei Ihnen vorliegen und welche nicht.

Checkliste: Der systemische Manager

1. setzt voll auf die Emanzipation seiner Mitarbeiter.

2. setzt auf Ordnung durch Fluktuation, was bedeutet, dass eine Organisation eine ständige Umorientierung braucht, um sich den wechselnden Bedingungen anpassen zu können.

3. ändert seine Auffassung von Zielen regelmäßig. Ziele können nicht mehr direkt lineare Prozesssteuerung leisten, sondern sie müssen jeweils den inneren unterschiedlichen Innen- und Außen-Subsystemen angepasst werden.

4. vollzieht permanent das ganzheitliche Problemlösen. Durch regelmäßige Entspannungsarbeit und gezielte schnelle Entspannungstechniken ist er in der Lage, auf eine vertiefte Brainqualität (Ganzhirnigkeit) umzuschalten.

5. konzentriert sich auf die Organisation geistiger und indirekter Prozesse. Diese Tätigkeit ist von logisch höherer Ordnung als der Prozessablauf selbst (Gehrken 1995, S. 59).

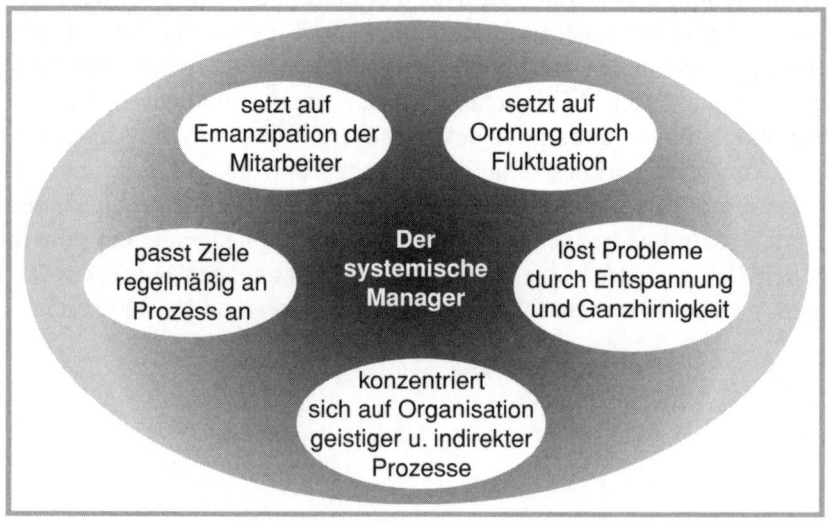

Abb. 2: Der systemische Manager

Nach dieser allgemeinen Einführung in den konzeptuellen Hintergrund moderner Führungsdiskussion werden wir uns nun in den nächsten Kapiteln den konkreten und persönlich strukturierten Themen optimaler Führung zuwenden.

3. Handwerkszeug für die Führung

Führung heißt: Lernprozesse optimal gestalten. Die grundlegende Haltung einer effektiven Führungskraft ist: Ich kann, darf und muss Prozesse steuern. Viele Führungskräfte scheuen sich, wirklich die Führung in die Hand zu nehmen, Richtungen vorzugeben und Verantwortung zu übernehmen. Teils ist dies immer noch ein Reflex auf die oftmals autoritäre Erziehung, die Menschen erlebt haben, teils einfach die Scheu, sich zu zeigen und in den Vordergrund zu stellen. Wenn eine Führungskraft nicht wirklich führt (in dem Sinne, wie unten beschrieben: als Mitgehen mit den Energien und sie bündeln), dann entsteht Energieverschwendung, Richtungslosigkeit und Stress.

Nun ist es ja nicht so, dass alle Mitarbeiter und MitarbeiterInnen willige, motivierte und höchst begabte und leistungsorientierte Menschen sind. Die Realität ist, dass viele Menschen ihre Arbeit nur als lästigen Broterwerb betrachten und ihr eigentliches Leben erst nach 17 Uhr zu beginnen scheint. Ich habe das selbst in Führungskräftetrainings oft gehört und erlebt.

Die meisten MitarbeiterInnen und ManagerInnen nutzen Freiräume für ihre eigenen Interessen aus, verhalten sich bei zu laschem Führungsstil wie früher als SchülerInnen. Bei strengen Lehrern wurden die Hausaufgaben gemacht, bei nachgiebigen waren sie unaufmerksam, störend und bequem. Sie haben immer ausgelotet, wie weit sie gehen können, ohne bestraft zu werden. Auch Erwachsene probieren im Berufsleben, wieweit sie sich verstecken, krankmachen und halben Dampf schieben können. Hinzu kommt, dass der Grad der Ausbildung, der sozialen Kompetenz, des Einfühlungsvermögens oft nur gering ist und die Fähigkeit und Bereitschaft, sich auf neue Herausforderungen (seien es Gefühle oder kognitive Leistungen) einzustellen, bei vielen Menschen einfach noch nicht entwickelt ist. Wenn wir diese einschränkenden Tatsachen nicht vorurteilsfrei wahrnehmen und als Realität würdigen, neigen wir in der Personalführung zu leicht dazu, die Menschen zu überfordern und zu große Lernschritte auf einmal zu erwarten. Lernplanung muss sich – wie überall – an den Lernvoraussetzungen der Beteiligten orientieren, d. h. für jede Führungsintervention sollte ich vorher „abchecken", wer meine Zielgruppe ist, was ihre Lernvoraussetzungen sind und welches der nächste erreichbare Schritt sein könnte, der die MitarbeiterInnen motiviert und sie weder unter- noch überfordert.

Wir möchten als Führungskräfte und auch als deren Trainer gerne von dem harmonischen Bild ausgehen, dass der Mensch gut, edel und hilfreich sei. Genau genommen ist er das auch, jedoch oft zutiefst in seinem Kern verborgen. Unser Kern ist reine Vitalität, Kraft und Bezogenheit auf das Ganze. Nur: Um diesen kraftvollen Kern jedes Menschen liegen die verschiedenen Persönlichkeitsschichten, die durch unsere Erziehung verbogen, verkrustet und gebremst sind. Was ich weiter unten als spiraliges Entwicklungsmodell darstellen werde, lässt sich ebenso als Zwiebelmodell verstehen. Im Spiralmodell ist mehr auf den Entwicklungsprozess abgehoben, die Zwiebel zeigt deutlicher den Schichten- und Schutzaspekt der Persönlichkeitsbereiche des Menschen auf.

Auch wenn die Annahme von den verkrusteten Persönlichkeitsschichten etwas desillusionierend klingt: Diese Annahme ist dennoch Teil eines grundlegend positiven Menschenbildes. Unsere Grundannahme ist, dass wir Menschen in unserem Kern (Core) eine licht- und liebevolle Substanz haben oder besser sind. In der von uns CoreDynamik genannten Methode beschreiben wir Wege, wie wir durch die Schlacken und Panzer der um den Kern gelagerten Persönlichkeitsschichten hindurch dringen und die ursprüngliche Kraft des Core wieder freilegen können. Diesem Kraftzentrum entspringen alle Lebensimpulse, dort geschieht Heilung und Ganzwerdung. Diese Tatsache haben wir in der Arbeit mit Tausenden von Menschen erleben und belegen können.

Mitgehen und lenken

Das wesentliche Handwerkszeug von Führung ist der gekonnte und situationsangemessene optimale Wechsel zwischen Mitgehen und Leiten, auch *Pacing* und *Leading* genannt.

Für einen zeitgemäßen Führungsstil sind die Grundkompetenzen des *Pacing* und *Leading* ein unverzichtbarer Aspekt der Kompetenz. Ein situationsangemessener Wechsel von Pacing und Leading schafft die Möglichkeiten zu spüren, was in dieser Situation wirklich an Führungsverhalten notwendig ist. Eine Führungskraft sollte zuerst spüren, wahrnehmen, erahnen, aufnehmen und verstehen, was da ist, welche Strebungen, Tendenzen, Bedürfnisse und Motivationen in einer Gruppe, einem Team, einer Organisation und im gesamten gesellschaftlichen Umfeld aktuell vorhanden sind.

Ich kann als Führungskraft nämlich nicht gegen den Strom führen. Ich kann nicht gegen vorhandene Tendenzen an arbeiten, wenn ich nicht große Reibungsverluste und Ineffizienzen in Kauf nehmen will. Die Frage ist: „Wohin will das Schiff?" und ich als Kapitän lenke das Schiff dann dahin, wohin es selbst und der Strom es führen will. Das klingt paradox und indirekt, aber wirksame Führung funktioniert erfahrungsgemäß genau so. Als Führungskraft bin ich im Wesentlichen Diener des Prozesses, bringe natürlich meine Impulse ein, muss mich aber als Teil des strömenden Ganzen, des Flusses sehen, um möglichst effektiv meine Visionen zu verfolgen. Meine Aufgabe ist also:

- Spüren, was da ist, es bündeln und auf den Punkt bringen.
- Spüren, was sich wohin bewegen will, und den Prozess begleiten.

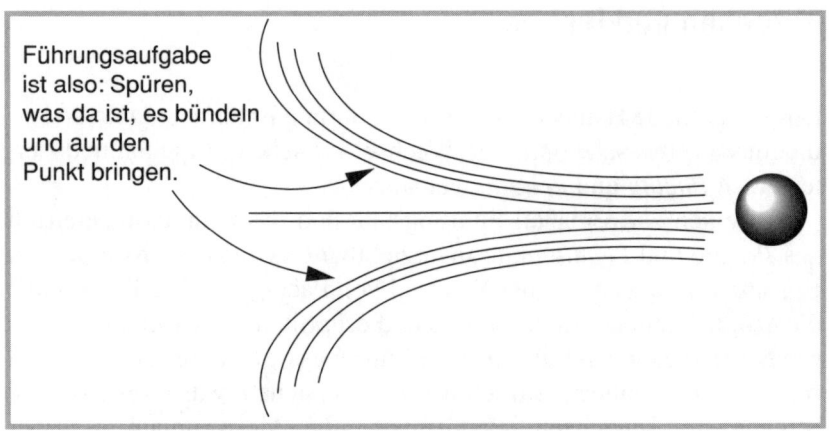

Führungsaufgabe ist also: Spüren, was da ist, es bündeln und auf den Punkt bringen.

Abb. 3: Bild vom Bündeln des Stroms

Gutes Führen heißt spüren, was die Tendenzen, Strebungen in einem Team, einer Abteilung, einem Marktsegment sind und, diese aufnehmend, das Werkzeug und die Konzentration anbieten, damit das Ziel erreicht wird. Ich brauche die Richtungen nicht vorzugeben, sondern mein Job ist es, die vorhandenen Richtungen zu unterstützen, zu fördern und zu bündeln.

Dies ist das Prinzip des Aikido: Ich kämpfe nicht gegen den Gegner an, will ihn nicht zerstören, sondern nehme seine Angriffsenergie auf, lenke sie so um, dass der Gegner zu Fall kommt und dabei noch etwas lernt, nämlich, dass es keinen Sinn macht, frontal anzugreifen und jemanden zerstören zu wollen. Im Vertrauen darauf, dass ich in der richtigen Organisation, im richtigen Team bin, brauche ich nur mitzugehen. Das ist das Prinzip des Pacing. Es ist ein generelles Prinzip. Es ist die eine Hälfte optimalen Kontakts, sei es im Beruf, im Freundeskreis oder in der Partnerschaft.

Natürlich wechsele ich auch zur Kraft des Leading. Ich frage mich immer: „Ist das die richtige Richtung? Will ich wirklich dorthin? Ist das langfristig ein sinnvolles Ziel? Stimmt es mit meinen tiefsten Grundüberzeugungen und Lebensplänen überein?" Wenn nicht, dann lenke ich, gebe Richtungen vor. Dies ist die zweite Hälfte des generellen Prinzips optimalen Kontakts. Beides muss ausgewogen sein.

Aber auch im Leading verfahre ich nach dem weichen Prinzip des Ai-kido: Ich spüre die Richtungsenergie, spüre, wohin die Menschen wollen, nehme ihre Richtungsenergie auf und lenke sie in die Richtung, die ich vorgeben will. Auch hier ist frontaler Zusammenprall dysfunktional, auch hier führt reine Konfrontation zu nichts außer zu Blockaden und festgefahrenen Situationen. Wenn ein Prozess zu sehr gegen meine Ziele verstößt, kann es auch sein, dass ich mich von Mitarbeitern trennen muss, die nicht in diese Richtung wollen und dadurch dem ganzen Vorhaben schaden.

Die Meisterschaft besteht in einem Leading auf der Grundlage des Pacing. Was das im Einzelnen bedeutet, wird letztlich nur aus dem Gesamtzusammenhang dieses Buches deutlich werden können. Ich stelle die Prinzipien dieser beiden Grundbewegungen des Kontakts noch einmal im Zusammenhang dar.

Pacing

Mit Pacing sind alle Verhaltensweisen des Begleitens und Mitgehens gemeint: Wenn wir interessiert nachfragen, unser Gegenüber versuchen zu verstehen, wenn wir hinschauen, wenn wir durch unsere Körpersprache signalisieren, dass wir verstanden haben und noch mitgehen, dass wir zuhören und es genau wissen wollen.

Pacing wird durch kleine Laute wie Mmh, durch Kopfnicken und durch (verkürztes und umschreibendes) Wiederholen des vom Gegenüber Gesagten ausgedrückt. (Bitte nicht einfaches „Nachleiern", dadurch fühlt man sich nicht ernst genommen.) Pacing kann auch dadurch geschehen, dass wir die Körpersignale des Anderen für kurze Zeit übernehmen, wie z.B. Körperhaltung, Atemrhythmus, Tonfall, die Atmosphäre in der Stimme. Um der Gefahr der Symbiose, der Verwischung von Grenzen und damit des Verlusts von Kontakt zu entgehen, sollte der Führende oder Coach jedoch bald zu seinen eigenen Impulsen zurückkehren.

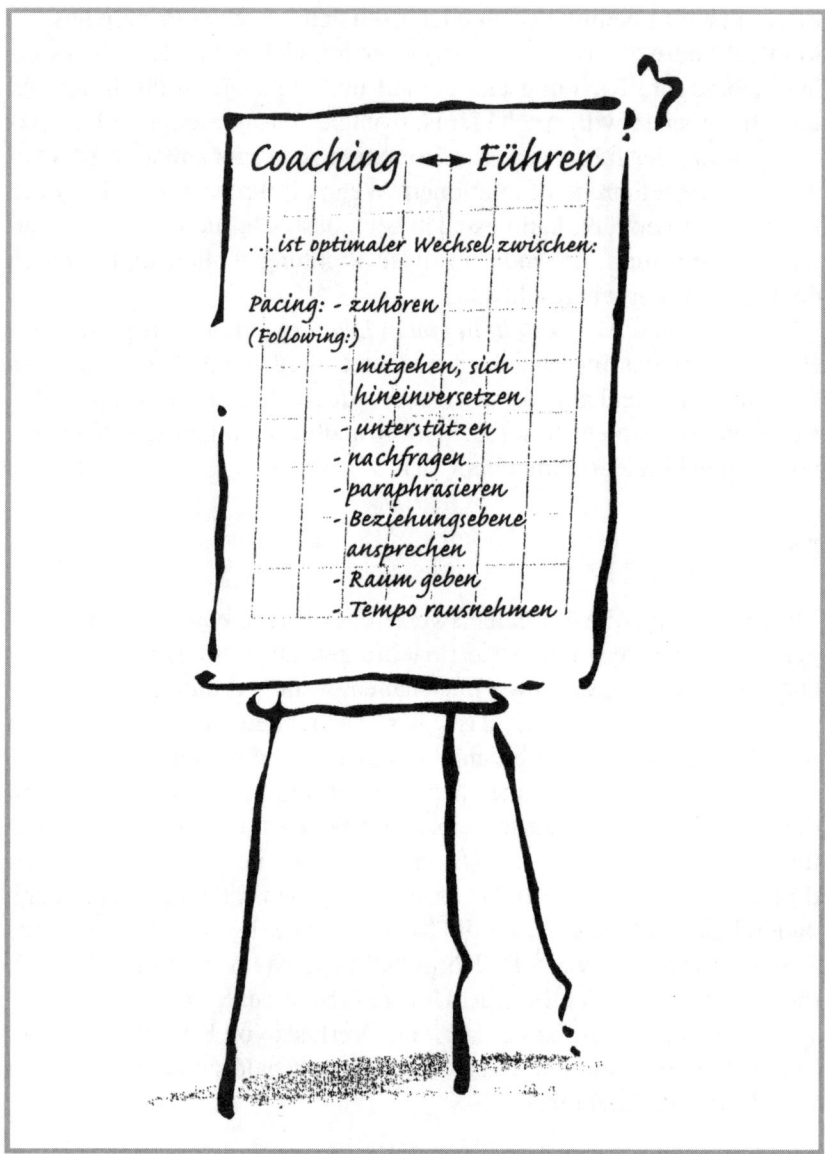

Abb. 4: Führen durch Pacing ...

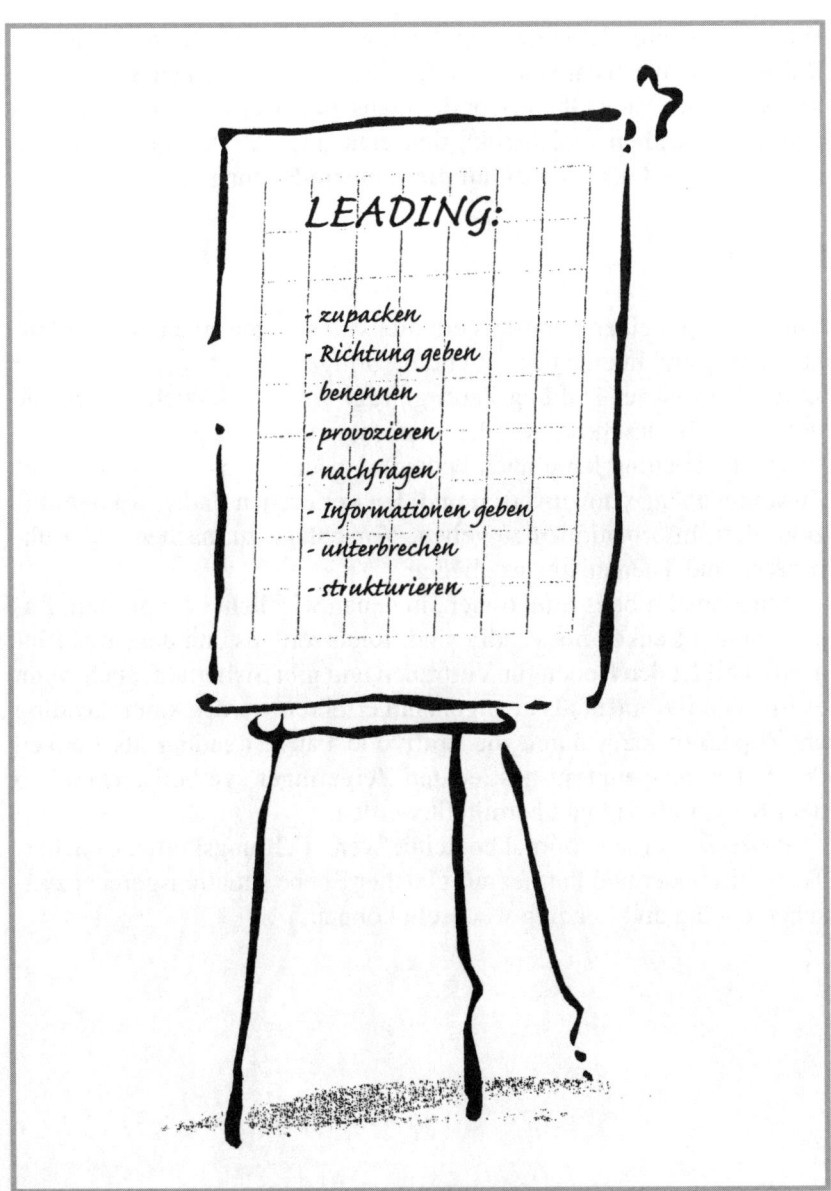

Abb. 5: ... und Leading

Wichtige innere Haltungen des Pacing sind das Da-Sein, die innere Präsenz und Wachsamkeit, die Zurücknahme des eigenen Standpunktes. Man wird ganz Ohr, erlebt die menschliche Anwesenheit des Gegenübers wirklich und drückt sich echt aus. Als Symbol kann die geöffnete Hand den Körper auf diese innere Haltung einstellen.

Leading

Mit Leading meinen wir alle Verhaltensweisen, die einen Prozess lenken, leiten und in eine neue Richtung bringen.

Auch in dieser Haltung kann gefragt werden. Jedoch sollten die Fragen auf Neues hinweisen, herausfordern und auch provozieren (mit Respekt). Leading kann auch bedeuten, neue Themen zu setzen, auf Zusammenhänge hinzuweisen und den verlorenen Faden wieder aufzugreifen, Informationen zu geben, Vorschläge zu machen, zu strukturieren und Themen abzuschließen.

Manchmal gibt es Situationen, in denen wirkliches Eingreifen, Zupacken und Lenken notwendig sind. Rechtzeitiges und dosiertes Eingreifen bildet den Boden für Vertrauen und gibt Sicherheit, auch wenn es im ersten Moment als unangenehm erfahren werden kann. Leading als Zupacken kann durch die kraftvolle Faust, Leading als Lenken durch den entspannt ausgestreckten Zeigefinger symbolisiert und so dem Körper als Signal übermittelt werden.

Prozesse werden optimal begleitet, wenn Führungskräfte, Coaches, Teammitglieder und Partner auf gleicher Ebene situationsgerecht zwischen Pacing und Leading wechseln können.

Führung als Coaching-Prozess

Führung und Coaching vollziehen sich im Wesentlichen nach vergleichbaren Methoden. Der Führungs- oder Coaching-Prozess ist die individuelle und persönliche Begleitung eines Mitarbeiters oder einer Führungskraft.

Es sollte mit der Selbstverantwortung, dem Prozessbewusstsein und der Eigenaktivität des Mitarbeiters oder der Führungskraft gearbeitet werden. Zu unterscheiden sind:

- die Ebene des Hier-und-Jetzt-Kontakts;
- die Ebene von Rollen, Strukturen und Aufgaben;
- die Ebene der inhaltlichen Vorgaben und Zielvereinbarungen.

Führung als Coaching kann zu einer intensiven Form des persönlich bedeutsamen Lernens für beide, für Führungskraft und Mitarbeiter, werden. Ich möchte Ihnen diese Führungsdimensionen deutlicher erklären:

Checkliste: Führungsdimensionen

Führung vollzieht sich in verschiedenen Dimensionen, die wir jeweils dem Pacing (P) oder Leading (L) zuordnen können. Sie können in der folgenden Checkliste überprüfen, welche dieser Verhaltensweisen Sie zeigen, welche nicht:

1. Zuhören und zusehen

2. Nachfragen

3. Unterstützung geben

4. Selbstausdruck fördern

5. Bedeutungen klären

6. Konfrontation

7. Informationen geben

8. Zielvereinbarungen

1. Zuhören und zusehen (P)

Zuhören gibt den Mitarbeitern die Möglichkeit, „sich auszusprechen". Die Führungskraft wird beim Zuhören auch auf die Dinge achten, die nicht explizit gesagt werden. Sie wird den Inhalts- und Beziehungsaspekt unterscheiden und auf die dahinterstehenden Bedürfnisse der Mitarbeiter achten.

Sie wird ebenso ihre Aufmerksamkeit auf den Körper, auf die Atmung der Mitarbeiter, auf deren Mimik und Gestik lenken. Dies dient dazu, einen wirklichen und authentischen Kontakt zu ermöglichen. Nur durch diese komplexe Betrachtungsweise wird ein tiefes Feedback und eine vertrauensvolle Beziehung möglich.

2. Nachfragen (P + L)

Führungskräfte folgen ihrer Neugier und ihrer Intuition, indem sie Fragen stellen. Diese Fragen sollten manchmal überraschend sein und aus einem anderen Denk-Bezugssystem kommen, um den Mitarbeitern neue Denk- und Sichtmöglichkeiten zu eröffnen. Offene Fragen, W-Fragen und Fragen, die zu Detailüberlegungen anregen, sind wichtig. Fragen sollten jedoch nur aus einer inneren Haltung des doppelten o.k. gestellt werden (d.h. ich bin o.k. und du bist o.k.).

3. Unterstützung geben (L)

Falls die Mitarbeiter unsicher sind hinsichtlich ihrer Meinungen, Entscheidungen und Absichten, kann die Führungskraft sie unterstützen, indem sie sie ermuntert, ihr Informationen anbietet und im Wesentlichen immer wieder *Erlaubnis gibt*, mit alten und neuen Möglichkeiten zu experimentieren. *Erlaubnis geben vom stützenden Eltern-Ich her ist eine wesentliche Führungsaufgabe.* Unterstützung kann im Laufe der Zeit immer mehr auf die Ebene erwachsener, gleichberechtigter Begegnung führen.

4. Selbstausdruck fördern (L)

Die kommunikativen Möglichkeiten der Mitarbeiter können manchmal eingeschränkt sein, vielleicht ist ihre Sprache nüchtern und versachlicht, im Ausdruck von Gefühlen können sie gebremst sein. Die Führungskraft kann sie bei der Äußerung von Gefühlen unterstützen. Dies ist ein sehr sensibler Prozess, der viel Vertrauen verlangt. Es hängt davon ab, über wieviel Kontaktfähigkeit die Führungskraft verfügt, ob sie ihr Herz für die Mitarbeiter öffnen kann und ob sie ein wirkliches Interesse an diesem konkreten Gegenüber hat.

5. Bedeutungen klären (L)

In jedem Kontext gibt es unterschiedliche Kommunikationsgewohnheiten, gelten andere Dinge als erlaubt oder unpassend. Indem die Führungskraft mit ihren MitabeiterInnen deren Verhalten und auch das Verhalten anderer in seiner kontextgebundenen Bedeutung klärt und zu verstehen sucht, entsteht ein komplexer, aber angemessener Zugang zur Welt. Tabus können beseitigt und neue Handlungsspielräume eröffnet werden.

6. Konfrontation (L)

Die effektive Führungskraft ist ehrlich. Sie stellt den MitarbeiterInnen deutliche und klare Aussagen gegenüber, die sich von der Wahrnehmung und dem Denken der Mitarbeiter erheblich unterscheiden können. Dies ist als freundlicher Support im Sinne der kreativeren Problemlösung zu verstehen. Wenn die Konfrontation sehr stark ist, setzt sie eine tragfähige Beziehung zwischen beiden voraus.

7. Informationen geben (L)

Informationen, Erklärungen und Einsichten sind zwar selten eine hinreichende, oft aber eine notwendige Bedingung für die Unterstützung von Entwicklungsprozessen.

8. Zielvereinbarungen (L)

Die Führungskraft arbeitet zusammen mit den Mitarbeitern konkrete Ziele aus:

● Was erwarte ich?
● Was soll in welcher Zeit erledigt sein?
● Was ist verschiebbar und was nicht?
● Welche Rahmenbedingungen müssen dafür gegeben sein?
● Welche Entlohnung ist dafür verbindlich vorgesehen?

Die Vorteile dieses Kommunikationsstils

Werden diese acht Qualitäten einer Führungskraft im Wechsel und nicht einseitig gelebt, kann eine lebendige kreative Kommunikation zwischen Mitarbeitern und Leitung entstehen. Ausführlicher und systematisch zeigt diesen Kontaktprozess die Spiralgrafik in 16 Schritten (Abb. 6).

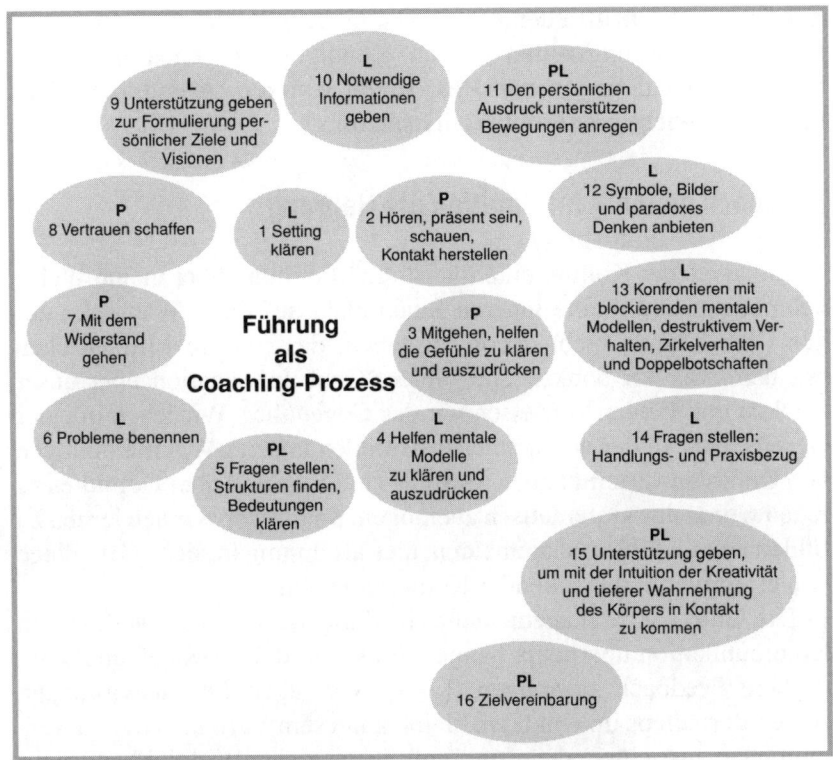

Abb. 6: Führung als Coaching-Prozess

Ich werde oft gefragt, ob dies alles zu berücksichtigen nicht ein zu hoher Anspruch sei und zuviel Zeit koste. Die Erfahrung bei Führungskräften, die diese Prinzipien wirklich langfristig anwenden, zeigt, dass es zum einen nicht viel Zeit kostet, sondern eher Zeit spart. Wir verringern die Reibungsverluste dadurch, dass wir spüren, wo unser Gegenüber ist, an welchem Bahnhof wir ihn abholen können und wie wir ihn nicht unnötig verpassen.

Pacing sieht also nur in den ersten Minuten wie Zeitverschwendung aus, ist jedoch langfristig viel effektiver, weil es die vorhandenen Energien aufgreift, nutzt und ohne Widerstand auf den Punkt bringt. Zum anderen verhindert ein kollegialer, am Coaching orientierter Führungsstil viel Unzufriedenheit und damit Kündigungen, gefolgt von neuen Einarbeitungszeiten. Durch Kündigungen gehen unwiederbringliche Erfahrungen und Ressourcen verloren. Arbeitszufriedenheit ist der wichtigste Produktivitätsfaktor.

Feedback geben – Information als Nahrung

Grundlage jeder Kommunikation ist die Mitteilung über meine Wahrnehmungen und meine inneren Reaktionen auf diese Wahrnehmungen. Wir können nicht davon ausgehen, dass unsere Mitmenschen erahnen, was wir denken und fühlen. Ohne Information über unser Denken und Fühlen verpassen wir das Gegenüber. Wir leben in einer Gesellschaft, in der wir spontanes Mitteilen unserer Wahrnehmungen von Gefühlen verlernt haben. Gefühle zu fühlen und über Gefühltes zu reden wurde uns systematisch aberzogen. So müssen wir neu lernen zu fühlen und Gefühle rückzumelden, dies als unumgängliche Grundlage von effektiver und erfüllender Kommunikation.

Die Güte von Managemententscheidungen sowie die Qualität von Kommunikation überhaupt hängen direkt mit dem Ausmaß an realistischem Feedback zusammen (Loos). Wer über die Auswirkungen seines Verhaltens im Unklaren bleibt, kann sein Verhalten nur an Vermutungen ausrichten, die oftmals mit der sozialen Wirklichkeit wenig zu tun haben.

Ein weiterer unerlässlicher Baustein im Lernen von Führung ist deswegen das genaue Üben von Feedback-Geben. Durch Feedback erfahren wir mehr darüber, wie andere uns wahrnehmen, und können so unser Verhalten kritisch überprüfen. Im Gegenzug können wir üben, anderen Rückmeldung über ihr Verhalten zu geben, so wie es bei uns ankommt. Wechselseitiges Feedback als Geben und Nehmen ist Grundlage einer effektiven und befriedigenden Kommunikation und damit einer optimalen Führung, da für Kontakt nicht allein entscheidend ist, wie ich im Wesen bin, sondern auch, wie die anderen mich wahrnehmen.

Da die meisten Menschen Schwierigkeiten haben, ihre Empfindungen anderen gegenüber offen auszusprechen, müssen wir diese Fähigkeit in einem geschützten Rahmen üben können, in dem es keine Sanktionen für Mitteilung von Wahrnehmungen gibt.

Die Unterteilung des Feedbacks in die Bereiche Wahrnehmung, eigene Empfindung und Unterstützungsangebote verlangt am Anfang viel Disziplin. Zuerst steht immer die Mitteilung: „Ich nehme wahr, dass ...", „Ich habe beobachtet, gesehen, dass ...". Dazu muss die Information kommen, was die Auswirkung davon für mich ist: „Und das bewirkt in mir ... oder löst in mir aus ..." (Gefühle, Empfindungen).

Schließlich kommt noch ein wichtiger dritter Punkt hinzu, das Unterstützungsangebot: „Ich möchte zur Veränderung beitragen, indem ich Ihnen anbiete, ...".

Die häufige und spontane Reaktion zu diesem dritten Punkt „Und ich möchte, dass Sie das und das ändern ..." hilft in der Regel nicht viel weiter, weil es wie ein Befehl klingen und damit Widerstände auslösen kann oder weil die betreffenden Personen es selbst schon probiert haben. Es wirken oft innere Hemmungsmechanismen, Widerstände oder einfach nur Unfähigkeiten, die uns daran hindern, unsere guten Vorsätze in die Tat umzusetzen.

Gerade dieser dritte Aspekt des Feedbacks, das Unterstützungsangebot, ist wichtig, damit alle, vor allem die Führungskräfte, lernen, dass der einzige Mensch auf der Welt, den sie verändern können, sie selbst sind.

Wenn der Kontakt auf diese Weise dennoch nicht gelingt, können später immer noch durch Vertragsverhandlungen (siehe *Kontakt, Intuition und Kreativität*) auch Verhaltensänderungen des Gegenübers vereinbart werden. Feedback soll als Angebot gegeben werden, nicht als Druck. Wichtig ist, Feedback möglichst bald nach der Beobachtung zu geben anstatt die „schlechten Gefühle" in Rabattmarkenheftchen zu sammeln und lange Zeit später als erdrückende Beweislast aufzutischen. Ein öffnendes Angebot kann sein, die Möglichkeit eines Irrtums in der Wahrnehmung nicht auszuschließen. Feedback-Nehmer sollen lernen, zuerst nur zuzuhören, sie sollen nicht argumentieren oder sich rechtfertigen.

49

Es gehört zu einer effektiven Führungs- und Teamkultur, dass es offiziell als gemeinsame Norm erlaubt und erwünscht ist, um Feedback zu bitten und regelmäßige Sitzungs- und Gesprächszeit dafür zur Verfügung zu stellen.

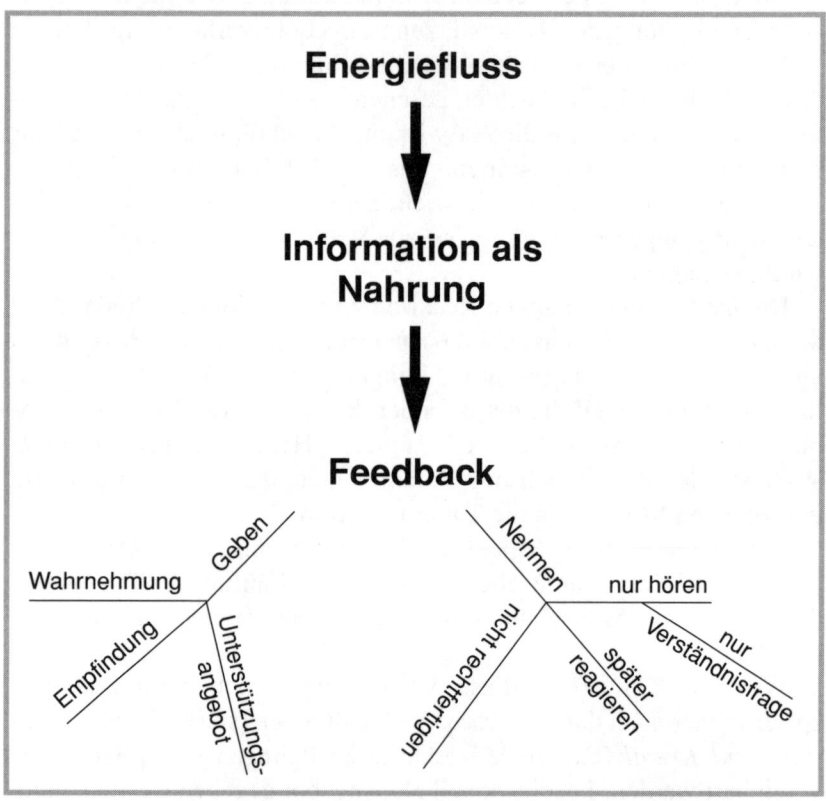

Abb. 7: Zusammenschaubild über Feedback

4. Typgerechte Effektivierung beim Führen

In diesem Kapitel stellen wir Ihnen eine neue Methode des typgerechten Führens vor. Nun legen wir eine weitere Grundlage für effektives Führen und sinnvollen Umgang mit Konflikten: Wir Menschen sind verschieden und es gibt Landkarten, um die unterschiedlichen Reaktionstendenzen und Verhaltensweisen von Menschen zu erkennen und zu verstehen. Sie lernen in der Selbst- und Fremdanalyse nicht nur verschiedene Persönlichkeitsmodelle kennen, sondern auch ein sicheres und wirkungsvolles Umgehen damit. Die diagnostischen Grundfähigkeiten, die Sie erwerben werden, dienen der Optimierung Ihres Führungsstils auf doppelte Weise:

● Sie lernen einerseits, sich und Ihre MitarbeiterInnen präzise einzuschätzen,
● andererseits, das für Ihren Persönlichkeitstypus und den der Mitarbeiter angemessene Führungsverhalten zu finden.

Beide Aspekte des Führungsverhaltens werden sich sinnvoll zu einer Gesamtstrategie verbinden. Themenschwerpunkte werden also sein:

● verschiedene Typenmodelle kennenlernen
● Fremd- und Selbsteinschätzung üben
● den persönlichen Führungsstil finden
● angemessener auf den jeweiligen Typ von MitarbeiterIn eingehen

Ihr Nutzen im Kontakt wird sein: Sie vermeiden unnötige Konflikte und lösen die Probleme auf der Ebene, auf der sie angesiedelt sind. Abschließend werden die Verbindungsmöglichkeiten der verschiedenen Modelle erfasst und es wird Komplexitätsbewusstsein erarbeitet. Nur in der Zusammenschau der Modelle bekommen sie praktische Relevanz, d.h. die Chance zur Umsetzbarkeit im Alltag.

Von der Notwendigkeit typgerechten Führens

Wir sind als Menschen individuell und einmalig und passen letztlich niemals in eine einfache Schablone. Jedoch ist es offensichtlich, dass wir beschreibbar unterschiedliche Grundüberzeugungen zum Leben haben. Diese Grundüberzeugungen lassen sich zu Mustern zusammenfassen. Es gibt zahlreiche Typologien und Modelle, die menschliche Unterschiede unter bestimmten Überschriften zu beschreiben versuchen. Es ist gut, mehrere dieser Typenmodelle zu kennen und Selbst- und Fremdeinschätzung damit zu üben.

Typgerechtes Führen meint immer zweierlei: Zum einen den Führungsstil zu finden, der meinen persönlichen Grundmustern entspricht, mit dem ich in Übereinstimmung mit meinen Mustern gut leben und mich im Spiegel mit Respekt betrachten kann. Zum anderen, dass ich als Führungskraft dem Typus der jeweiligen Mitarbeiter und Mitarbeiterinnen oder meiner Freunde oder meiner Familienmitglieder entsprechend reagieren kann.

Es geht dabei nicht ums „Schubladisieren", sondern um das Verstehen von menschlichen Dynamiken. Für dieses Verstehen werden Hilfen angeboten, denn: „Man sieht nur, was man weiß". Mit anderen Worten: Nur wenn ich eine Landkarte für eine bestimmte menschliche Problematik habe, kann ich sie erstens überhaupt wahrnehmen und zweitens auch nur dann verstehen. Diese Typologien sind also Landkarten, um unser Verhalten und das unserer Mitmenschen besser zu verstehen und die Zusammenhänge besser einzuordnen, die dahinterliegenden Dynamiken zu identifizieren, sie als allgemein-menschliche Themen zuerst zu benennen und damit zunächst der Reflexion und schließlich der Veränderung zugänglich zu machen.

Ich nutze Persönlichkeitsmodelle in meinen Führungstrainings, da sich durch das tiefere Selbst- und Fremdverständnis das soziale Netz eines Teams verstärkt. Wir können nur dann in Kontakt miteinander treten und uns nur dann wirklich verstehen, wenn wir die Welt auch einmal aus der Sicht des Anderen anschauen. Und diese Sicht ist oft in einer typischen Weise ausgeprägt, die ganz bestimmte Gefühle und Einstellungen auslöst. Wenn wir typbeschreibende Wahrnehmungsmuster zu Hilfe nehmen, ohne sie zu dogmatisieren, bauen wir Verstehensbrücken zum Mitmenschen.

Wir beginnen mit einfachen Modellen, fügen differenziertere hinzu und legen die unterschiedlichen Konzepte dann zu einer komplexen Wahrnehmungsstruktur über- und nebeneinander. Beginnen Sie immer mit Ihrer Selbsteinschätzung. So erkennen Sie zuerst Ihre eigenen Persönlichkeitsanteile und können dann ähnliche oder abweichende beim Gegenüber besser erkennen. Unsere bewusste Selbsteinschätzung erlaubt uns, die Relativität unseres Standpunktes, unserer Lebensphilosophie zu sehen und somit uns und diese „Theorie" nicht zum Maßstab für uns und andere Menschen zu machen. Es ist wie eine Sprache zu lernen, mit der wir auf einmal Dinge entdecken, die uns vorher verschlossen waren, ja, die vorher nicht einmal für uns existierten.

Die binäre Wahrnehmung der Welt

Vielleicht wird es Sie wundern, wenn ich Ihnen jetzt das einfachste aller Modelle vorstelle, und Sie werden denken, dass die Welt doch wirklich etwas komplexer ist. Ja, Sie haben Recht, die Welt ist sehr viel differenzierter. Und dennoch ist das folgende binäre Modell der Weltwahrnehmung sehr hilfreich in der Führung von Mitarbeitern. Salopp gesagt, gibt es zwei Sorten von Menschen:

1. Es gibt Menschen, die erleben die Welt als positive Herausforderung unter einem *Plus*-Vorzeichen, freuen sich über neue Aufgaben und genießen es, wenn sie gefordert sind, wenn sie etwas leisten können und dürfen. Sie bejahen das Leben, sehen das Leben als insgesamt positiv und fühlen sich meistens glücklich und erfüllt. Sie schauen gerne zurück oder nach vorn und sind meist im Moment des Jetzt ganz da im Kontakt. Man kann sie spüren und wahrnehmen. Sie sind da, in dem Sinne von „Somebody at home". Wir sind meist gerne mit ihnen zusammen. Sie denken von sich: „Ich bin o.k."

2. Die zweite Gruppe von Menschen erlebt das Leben eher als Last, erfährt es unter einem *Minus*-Vorzeichen. Herausforderungen können für sie leicht zu einer Überforderung werden, und sie neigen dazu, sich eher selbst zu entwerten und das Negative in einer Situation zu sehen oder herauszuarbeiten. Sie denken ungern an die Vergangenheit oder Zukunft und sind selten ganz im Jetzt da. Eine latent negative, traurige Grundstimmung ist ebenso zu beobachten wie eine gewisse Abwehrhaltung dem Positiven, Lebendigen und Ekstatischen gegenüber. Sie denken von sich: „Ich bin nicht o.k."

Übung: Grundgefühl beschreiben

1. Zuerst: Ordnen Sie sich bitte jetzt einer dieser beiden Gruppen zu!

2. Beschreiben Sie (möglichst schriftlich) für sich Ihr Grundgefühl der Welt gegenüber in diesen einfachen Kategorien des Plus und Minus. Versuchen Sie, ehrlich zu sein. Diagnostik sollte freundliche, aber vorurteilsfreie Beobachtung ermöglichen. Je genauer Sie sich in dieser einfachen Dimensionierung beschreiben, umso besser ist anschließend Ihre Orientierung.

3. Danach gehen Sie Ihre Mitarbeiter und Bekannten und Freunde durch und ordnen Sie sie nach Möglichkeit jeweils einer Gruppe zu. Sie werden merken, dass Ihnen das bei den meisten Menschen gut gelingt. Bei einigen werden Sie unsicher sein und beide Aspekte ausgewogen sehen. Bei den meisten ist jedoch eine Zuordnung möglich.

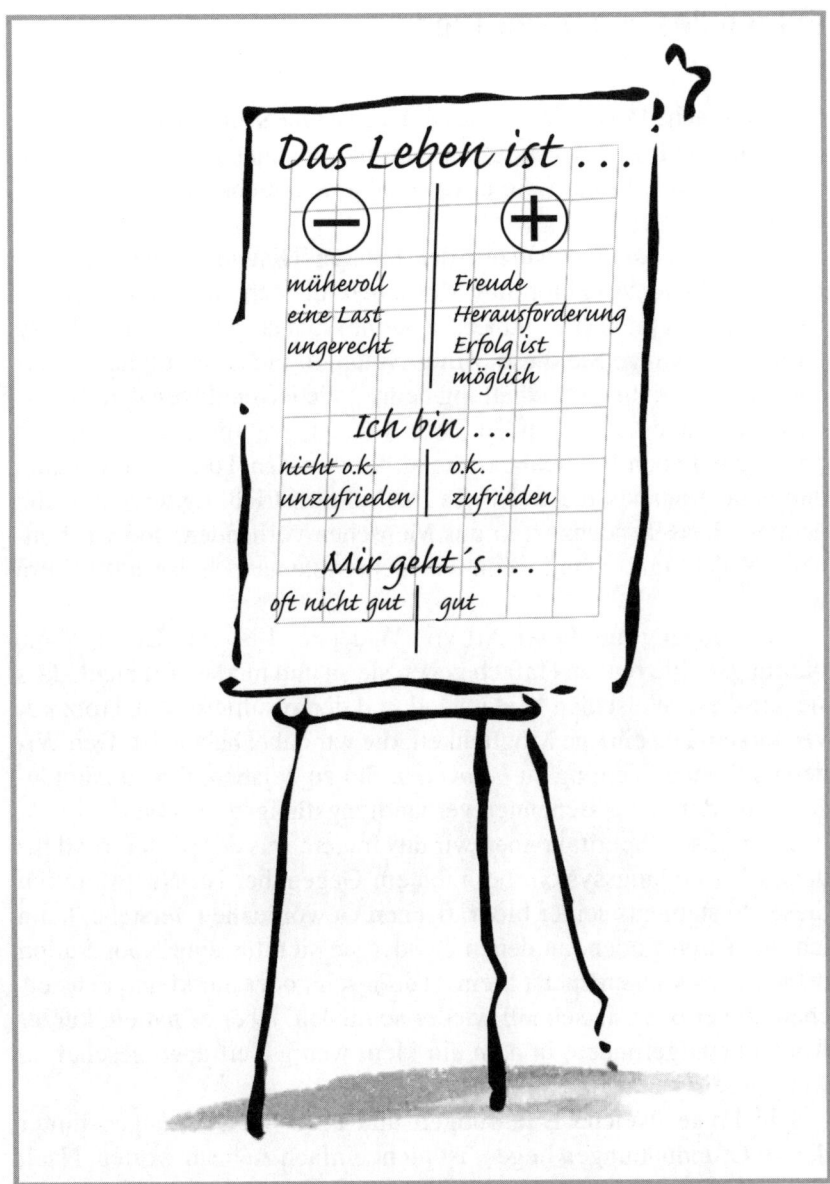

Abb. 8: Die Plus/Minus-Liste

Führen des negativen Typs

Diese einfache Plus- oder Minusanalyse ist eine sehr grundlegende Art der Diagnostik von uns selbst und unseren Mitmenschen. Sie ist zwar mit einem Tabu belegt („So etwas macht man nicht") aber sie ist sehr hilfreich und nützlich.

Der entscheidende Nutzen der binären Diagnostik ist: In einer Kommunikationssituation mit Menschen, die sehr stark vom Minus-Vorzeichen geprägt sind, haben Sie keine Chance, etwas Sinnvolles zu erreichen, solange Sie diese Minus-Situation nicht als solche ansprechen. Diese Minus-Grundhaltung nennen die Psychologen den Widerstand, in seiner umfassenden Form können wir ihn als Widerstand gegen das Leben bezeichnen. Freud hat dies den Todestrieb genannt und andere nennen dieses Minus Destruktionstrieb. Egal wie wir ihn nennen, diese Tendenz ist in uns Menschen vorhanden, und wir können sie nicht ignorieren, wenn wir nicht systematisch daran scheitern wollen.

Der Umgang mit dieser Art von Widerstand ist eine Kunst. Viele Führungskräfte rennen einfach gegen sie an und merken oft nicht, dass sie auf diese Weise den Widerstand und den resultierenden Trotz nur verstärken. Die einzige Möglichkeit, die wir dabei haben, ist: Den Widerstand ohne Wertung zu *benennen*, ihn zu bejahen, ihn zu „umtanzen" und durch das Benennen verhandlungsfähig zu machen.

Im nächsten Schritt können wir uns fragen, was der Hintergrund für dieses Einstellungssystem bei meinem Gegenüber ist. Nur wenn ich dieses System aus seiner biografischen Gewordenheit verstehe, kann ich die Türen finden, an denen er oder sie sich für eine Kooperation öffnet. Dies können zuerst kleine Türen sein, oder nur kleine Fensterchen, die er oder sie schnell wieder schließen. Aber es hat ein kurzer Kontakt stattgefunden, in dem ein klein wenig Vertrauen geschaffen worden sein kann.

Die Frage, welche Erfahrungen und auch Veranlagungen hinter diesen Grundhaltungen liegen, ist nicht einfach zu beantworten. Nach meiner Erfahrung ist einer der Hintergründe für diese Grundhaltungen der mehr oder weniger vorhandene Zugang zur eigenen Mitte, zum eigenen Kraftzentrum, zum Wesenskern oder Core. Wenn im Leben von Menschen sehr früh starke Verletzungen oder Vernachlässigungen stattgefunden haben, wird der ursprünglich vorhandene Kontakt des Kindes zu seinem vitalen Wesenskern, zu seinen vitalen Lebensfunktionen immer mehr unterbrochen und gestört. Die ursprünglich positive Haltung zur Welt verringert sich zunehmend und negative Annahmen gewinnen die Oberhand.

Nach unserer Theorie sind wir Menschen als Persönlichkeiten wie eine Zwiebel aufgebaut und unser Verhalten lässt sich mit einem Zwiebel- oder Schichtenmodell beschreiben (siehe vorne): Innen trägt uns unsere grundlegende Lebensfunktion, unsere Seele oder auch Vitalität (Core), weiter nach außen kommen dann der Körper, die Gefühle, dann die Gedanken, Bilder und schließlich die Rollen und Klischees, mit denen wir unseren Kern und unser Wesen schützen. Wird der freie Fluss zwischen diesen verschiedenen Ebenen unserer Existenz durch mangelnde Spiegelung, durch häufige Frustration und Verletzung unterbrochen, entstehen Blockierungen, die sich als negative Stimmungen, als kritische Grundhaltungen, als Angst und Widerstand gegen den Lebensfluss zeigen. Ist nämlich der Lebensfluss erstmal unterbrochen oder gestört, führt jede vitale Lebensäußerung dazu, dass diese Unterbrechung dem Organismus schmerzhaft zu Bewusstsein kommt.

Lebendiger Ausdruck also kann schmerzhaft sein, wenn die Lebenskanäle durch negative Erfahrungen verstopft sind. Dies ist die Situation, in der die Menschen mit einem Minus vor ihren Erfahrungen leben. Dies kann ein sich im Laufe der Zeit negativ stabilisierender Prozess werden, d.h. das Minus-Zeichen wird immer stärker, weil die Erfahrungen sich durch die Vorerwartungen weiter als negativ bestätigen. Diesen Teufelskreis können und müssen wir durchbrechen. Wir können jedoch nicht einfach guten Willens dagegen anrennen, Appelle formulieren, die Schönheit der Welt zeigen und optimistische Stimmung verbreiten. Das ist sogar kontraindiziert.

Die Hauptmethode ist Förderung von Bewusstheit, das Benennen, das Ansprechen in konkreten Situationen, auch wenn es weh tut.

Wenn wir das Minus nicht ansprechen, so tun, als ob wir die Störung im Kontakt nicht merken und darüber hinweg gehen, hat das zur Folge: Wir verschlimmern die Situation, weil wir einmal mehr die negative Erwartungshaltung bestätigen: „Siehst Du, keiner sieht und versteht mich." Das Ansprechen ist natürlich nicht einfach, weil wir in unserer Kultur nicht gewohnt sind, direkt zu sein, offen und ehrlich das anzusprechen, was sowieso jeder sieht und merkt. Aber das Ansprechen ist die einzige Lösung, wollen wir uns nicht immer tiefer in Indirektheit und den folgenden Ärger und eine Kontaktverschlechterung verstricken.

Ich habe jedoch auch schon Menschen erlebt, deren Kontakt zu ihrer Vitalkraft, zu ihrem Kern von Zeit zu Zeit sehr gut ist und die diesen Kontakt jedoch oftmals wieder verlieren. Das fühlt sich dann für sie wie eine Vertreibung aus dem Paradies an, und die Folge ist, dass sie müde und verzweifelt zur Negativ-Wahrnehmung der Welt zurückkehren.

In beiden Fällen gilt: Bei generellem genau wie bei temporärem Verlust des Kontakts zur Vitalkraft hilft nur eines: einfühlsames Darauf-Eingehen, Metakommunikation und eigener Abstand von der herunterziehenden Energie des Gegenübers. Wir müssen die Gefahr erkennen, dass wir uns in den negativen Sog hineinziehen lassen könnten, und dann genügend Abstand nehmen, so dass wir die Minus-Einstellung aus freundlicher Distanz verständnisvoll anschauen können und sagen: „Das ist deine Sicht der Welt im Moment. Dagegen komme ich nicht mit Argumentieren an. Ich kann diese Einstellung nur hinnehmen und gleichzeitig meinen konstruktiven Weg weiter verfolgen. Ich bin Ich und du bist du. Ich verstehe dich und unterstütze dich gerne. Aber ich bin nicht für dein Unglück verantwortlich. Im Minus zu sein ist dein innerer Prozess und nur du kannst Verantwortung dafür zu übernehmen lernen." In dieser klaren, verständnisvollen Abgrenzung können wir dem Minus-Prozess am besten begegnen.

Die Motivation, die oft schwierige Arbeit am Kontakt zu leisten, können wir daher nehmen, dass wir uns bewusst machen, dass diese Menschen, die das Leben mit einem Minus-Vorzeichen erleben, im Hintergrund meist über hervorragende Qualitäten verfügen (siehe unten: Existenzberechtigung), auf die wir in unserem Team oder unserer Abteilung nicht verzichten wollen. Wir können auch unsere Betriebe nicht nur mit Menschen besetzen, die mit einem Plus-Vorzeichen leben, denn dann würden wir eine einseitige Ausrichtung unserer Kultur erreichen, die sich langfristig als dysfunktional erweisen würde. Dies wird man am Ende des Kapitels deutlicher verstehen.

Führen des positiven Typs

Der Umgang mit den Menschen mit Plus-Vorzeichen scheint einfacher zu sein. Diese Annahme gilt jedoch in Bezug zu unserer eigenen Grundhaltung zum Leben. In der Regel fallen uns Kontakte mit ähnlich gelagerten Zeitgenossen leichter als mit unterschiedlich gepolten Menschen. Also kann es z. B. auch sein, dass ein sensibler Mensch mit einer gewissen Negativ-Polung einen sehr stark positiv gepolten Menschen kaum ertragen kann und umgekehrt.

Bei der positiven Polung kommt es wiederum sehr auf das Ausmaß an. Extrem positive Weltsicht kann den Blick vernebeln für die Realität, für die kleinen, aber notwendigen Zwischenschritte und die alltäglichen Mühseligkeiten, die Voraussetzung für Erfolg sind. Bei den „positiven Menschen" müssen wir oft weitere Diagnostik anstellen: Handelt es sich um ein extremes Nähebedürfnis (s. u.), ist die Positiveinstellung mit Maßlosigkeit oder mit Intensitätssucht gekoppelt oder resultiert die bejahende Sicht aus dem undifferenziert-naiven Impuls des Jugendlichen. Oft liegt auch ein so starkes Harmoniebedürfnis vor, dass eine differenzierte Wahrnehmung und Konfliktbereitschaft nicht mehr gegeben sind. Zwischentöne werden nicht mehr gesehen, und ein grundsätzlicher Optimismus macht blind für reale Gefahren und Probleme. Eine fortwährende Rosarot-Färbung ist genauso ineffektiv wie eine grundsätzliche Negativhaltung.

Wir können bei den „Positiven" jedoch anders und direkter ansetzen. Es ist eher ein „Grundarbeitsvertrag", ein „Grundarbeitsbündnis" gegeben, das die Beziehung nicht sofort in Frage stellt. Wir können die Energie des Positiven leichter lenken, jedoch ist auch hier eine wache Aufmerksamkeit für notwendige Grenzsetzungen und Strukturen erforderlich. Oftmals hat bei Schönfärbern entweder eine starke Verwöhnung oder eine Mangeltraumatisierung stattgefunden, so dass jetzt Schutz in der Idealisierung gesucht wird. Auch dies kann angesprochen und in einem solidarischen Gespräch herausgefunden werden. Sie werden merken, wie die Fragen der folgenden Übung Ihre Wahrnehmungs- und Diagnosefähigkeiten sehr bald deutlich wachsen lassen und Sie zu effektiveren Kommunikationsweisen kommen werden. Diese Plus-Minus-Einteilung zieht sich durch alle auch unten beschriebenen weiteren Typisierungen durch und gibt diesen die jeweils eigentümliche Färbung und Atmosphäre.

Übung: Was ist hier los?

Entscheidend ist wie immer die Bewusstheit der Situation: Ich muss zunächst beschreiben, was da ist. *Die Wirklichkeit will wahrgenommen werden*, sonst rächt sie sich durch Bremsen, Konflikte und Sand im Getriebe.

1. Beginnen Sie damit, dass Sie sich in jeder Situation fragen: „Bin ich selbst hier mit einer Plus- oder einer Minus-Haltung *bei mir* in Kontakt und inwieweit projiziere ich diese auf die Situation und mein Gegenüber?"

2. Dann im zweiten Schritt machen Sie es sich zur Gewohnheit zu fragen: „Resultiert die Reaktion meines Gegenübers aus einer Plus- oder einer Minus-Haltung zum Leben hin? Ist diese Haltung der Ausdruck eines Mangels oder eines Überflusses? Wird mit dieser Haltung eine dahinterliegende Grundhaltung versteckt? Was sagt meine Intuition zu diesem Verhalten? Welche inneren Bilder kommen mir, wenn ich dieses Verhalten auf mich wirken lasse?"

Typen der Kontaktunterbrechung

Neben der einfachen +/- Typisierung gibt es fünf weitere Möglichkeiten, das Verhalten von Menschen in Mustern einzuordnen und zu verstehen. Menschliches Handeln kann beschrieben werden als Kontaktverhalten, Kontakt zu Personen, Ideen oder Dingen. Wenn der volle Kontakt be- oder verhindert wird, sprechen wir von Kontaktunterbrechung.

In der Tradition der Gestalttherapie von Fritz und Laura Perls sprechen wir von 5 Kontaktunterbrechungen:

1. Konfluenz
2. Projektion
3. Introjektion
4. Retroflexion
5. Egotismus

Wir alle haben die Tendenz zu diesen fünf Kontaktunterbrechungen und es kommt darauf an, die eigene typische Hauptkontaktunterbrechung und die übrigen Weisen, einen wirklichen Kontakt zu vermeiden, zu erkennen. Die Selbstbeschreibung und die Fremddiagnose sind schon die ersten Schritte zur Verbesserung des Kontakts oder gar zur Heilung.

1.　Konfluenz – Verschwimmen – ohne Grenzen

Die erste Kontaktunterbrechung ist gekennzeichnet durch das Fehlen von Grenzen bei einem oder beiden Kontaktpartnern. Daraus resultiert ein Verschwimmen von einem oder beiden, es ist nicht bewusst, wer handelt, wo der eine anfängt oder der andere aufhört, alles fliesst ineinander und die Konturen verschwimmen. Dieses Verhalten ist mit dem Verlust von Eigenständigkeit, Konturen, Autonomie und Prägnanz verbunden.

Damit irgend etwas bemerkt werden kann, muss es sich von seinem Hintergrund abheben. „Wenn das Individuum überhaupt keine Grenze zwischen sich und der Umwelt fühlt, wenn ihm ist, als seien sie beide eins, dann ist es in Konfluenz mit der Umwelt. Die Teile und das Ganze sind voneinander nicht zu unterscheiden." (Perls 1979, S. 56)

An anderer Stelle schreibt Perls: „Ohne diese Umgrenztheit – den Eindruck, dass da etwas anderes ist, das ich bemerken, angehen, greifen oder geniessen kann – können sich Figur und Grund nicht bilden und entwickeln, also gibt es kein Gewahrwerden, keine Erregung, keinen Kontakt." (Perls 1979, S. 124)

Also ist Konfluenz ein Zustand der Kontaktlosigkeit. Da Konfluenz die Nichtexistenz oder Nichtbewusstheit von Grenzen bedeutet, kann auch keine Entwicklung eines Kontakts hin zu Kreativität und produktiver Auseinandersetzung entstehen.

Wie bei allen anderen Typisierungen muss auch hier zuerst einmal der Vorgang der Konfluenz benannt, beschrieben und diagnostiziert werden. Danach ist es die Aufgabe des Coaches oder der Führungskraft, die Grenzlinien wiederherzustellen. Dies geschieht durch das Vermitteln von Gewahrsein darüber, dass die einzelnen Personen Teile sind, die voneinander abgegrenzt werden können und müssen. Diese Abgrenzung ist die Grundlage auch von Konfliktfähigkeit, von Selbsterfahrung und Selbstausdruck. Wenn durch das Entstehen einer Grenze auch der Orientierungssinn wiederhergestellt ist, kann die Fähigkeit entstehen, sich selbst und die Umwelt konstruktiv zu steuern. Denn jeder gesunde Kontakt erfordert Gewahrsein, das Bewusstsein von Figur und Grund, Erregung und Grenze. Nur so kann ein Bewusstsein des gesamten Feldes entstehen, als Bedingung für prägnanten Kontakt.

2.   Projektion – Die Grenzen sind zu weit draußen

Die oben beschriebene Konfluenz, das Fehlen der Ich-Grenze, ist wesentlich für die Entwicklung von Projektionen. In der Projektion wird das eigene Innere nach draußen gepackt, das Gegenüber wird für eigene innere Prozesse verantwortlich gemacht, sei es im positiven wie im negativen Sinne. Beispielsweise in der Verliebtheit (einer Extremform der Projektion) werden alle eigenen positiven inneren Gefühle der Erregung, der Schönheit und positive Eigenschaften auf das Gegenüber projiziert. Der Andere ist nun so schön und vollkommen, wie es in der eigenen inneren Vorstellung ausgemalt wird.

In der Projektion bleiben wir abhängig vom Gegenüber, Selbstausdruck kann sich nicht entwickeln, da er das Anerkennen und Handhaben von Grenzen voraussetzt.

Egal, was projiziert wird, ob nun Aggression, Initiative oder Verantwortlichkeit, zurück bleibt eine unvollständige Persönlichkeit, die nicht zwischen innen und außen unterscheiden kann und damit keine wirkliche Handlungskraft besitzt. Helmut Volk-von Bialy und Jeanette von Bialy haben in *„Siebenmal Perls auf einen Streich"* (Junfermann 1998) die wesentlichen Aspekte von Projektion zusammengetragen. Hier soll eine Kurzfassung genügen und vor allem der Umgang mit Projektionen skizziert werden:

Auch bei der Projektion ist der erste Schritt die Bewusstmachung und Beschreibung des Vorgangs. Sodann kann zweitens daran gearbeitet werden, dass die auf andere Personen projizierten Inhalte bei einem selbst gesucht, gefunden und angenommen werden. Dies ist manchmal ein schwieriger und schmerzhafter Prozess, da die Projektion ja in sich den Widerstand darstellt, diese Eigenschaften in sich selbst zu sehen und anzuerkennen. Hat der oder die Betreffende jedoch erst einmal erkannt, dass durch das Zurücknehmen von Projektionen in die eigene Verantwortung Wachstum und größere Vollständigkeit der Persönlichkeit erreicht werden, können hiermit Brücken zu einem realeren Kontakt gebaut werden.

3. Introjektion – Die Grenzen sind zu weit innen

In der dritten Form der Kontaktunterbrechung, der Introjektion, nehmen wir Fremdes nach innen. Wir haben früher z.B. von Eltern irgendwelche Selbstzuschreibungen gehört (Du bist böse, faul, usw.) und haben diese Zuschreibungen nun als Selbstbeschreibung nach innen genommen, d.h. ungekaut und unverdaut als ein Eigenes akzeptiert. Die alten Informationen liegen oft wie schwere unverdaute Brocken im Magen und können, wenn sie nicht als solche erkannt werden, unser Verhalten sehr stark prägen, insbesondere durch Schuldgefühle, Leistungsdruck, angepasstes Verhalten oder andere Verhaltensmuster, die unser Verhalten einengen, beschränken und auf vielfältige Weise prägen.

Der Introjektor ist ein Mensch, dessen Verhalten also außengesteuert ist und sich damit viel Kraft, Prägnanz und Klarheit nimmt. Es zeichnet sich durch reduzierte Kreativität und Initiative aus. Perls schreibt hierzu: „Was das Kind von den liebevollen Eltern aufnimmt, das assimiliert es auch, denn es passt zu ihm und ist seinen eigenen Bedürfnissen, während es wächst, gemäß. Introjiziert, ganz geschluckt werden müssen die gehässigen Eltern, obwohl sie den Bedürfnissen des Organismus zuwider sind. Zugleich werden die echten Bedürfnisse des Kindes ausgehungert, seine Auflehnung und seine Abscheu verdrängt. Das „Ich", das sich aus Introjekten zusammensetzt, bewegt sich nicht spontan, denn es besteht aus Vorstellungen über das „Selbst" – aus Pflichten, Normen und Ansichten über die „Natur des Menschen", die ihm von außen aufgenötigt wurden (Perls 1979, S. 190).

In der Heilung von Introjekten geht es darum, den Mundraum wieder empfindsam zu machen, die zusammengepressten Kiefer wieder zu mobilisieren und die eigene Aggression und das Beißen und Kauen zu intensivieren (Perls 1980, S. 46).

Die Schwierigkeit bei der Beseitigung von Introjekten liegt darin, dass wir uns dessen gewahr werden müssen, was nicht wahrhaft unser Eigenes ist. Wir können eine wählerische und kritische Einstellung zu allem Angebotenen gewinnen und die Fähigkeit ausbilden, angebotene Normen und Vorstellungen zu zerkauen, d.h. so zu verarbeiten, dass wir nur gesunde Nahrung daraus für uns herausziehen.

Dem Introjektor muss also vor allem der Unterschied zwischen Schuld und Schuldgefühl klargemacht werden, es können ihm freiheitlichere Vorstellungen und Normen zur Auswahl angeboten und mit ihm gemeinsam daran gearbeitet werden, die alten Vorstellungen auszuspucken, loszulassen und zu wählen, welche Normen er für sich als gültig wählen und empfinden möchte. Dies ist u.a. sehr gut möglich mit der Übung „Antreiber, Bremser und Erlauber", die ich in *„Kontakt, Intuition und Kreativität"* beschrieben habe sowie durch ein bewusstes Arbeiten an den Werten und Zielvorstellungen des eigenen Lebens (s.o. Arbeit an der Wertesäule).

4. Retroflexion – Die Grenzen nach außen sind zu stark

In der Kontaktunterbrechung der Retroflexion werden Impulse, die eigentlich nach außen gerichtet sein wollen, gegen sich selbst gewandt. Wenn z.B. ein aggressiver Impuls nach außen durch starke Normen und Grenzsetzungen verboten ist, wendet sich die Bewegung, noch bevor sie das Gegenüber erreicht hat, gegen sich selbst und wird dort zu einem selbstschädigenden Eigenschmerzimpuls.

Dies ist jedoch auch mit positiven Impulsen denkbar, wie z.B. bei dem narzisstischen Menschen, der anstatt seine Liebe einem Objekt zuzuwenden, sich in sich selbst verliebt. „Der Retroflektor kann eine Grenze zwischen sich und der Umwelt ziehen. Er zieht sie sauber und ordentlich genau in der Mitte – aber er zieht sie durch seine eigene Mitte (Perls 1976, S. 58). Retroflexion ist gekennzeichnet durch das Wort „selbst". Selbstliebe, Selbstkontrolle, Selbstbestrafung, Selbstzerstörung und dergleichen. Objektbeziehungen werden ersetzt durch eine Ich- und Selbstbeziehung.

In der Mitarbeiterführung ist der Umgang mit Retroflexion nicht einfach. Oft handelt es sich um ein gut geübtes Muster der Persönlichkeit und die Auflösung von Retroflexion widerspricht oft den sogenannten moralischen Grundsätzen der Beteiligten. Das Gewissen ist sehr stark, moralische Tabus und Angst vor Konsequenzen stützen das Persönlichkeitssystem. Aktivitäten nach außen würden den Kontakt zur Welt wiederherstellen, aber das ist oftmals verboten. Es geht im Coaching und in der Mitarbeiterführung bei dieser Art der Kontaktunterbrechung darum, den verbogenen Pfeil wieder geradezubiegen und dorthin zu richten, wo der Impuls eigentlich hin möchte. Im Grunde genommen geht es auch hier im Wesentlichen um Bewusstheit. Wenn der Begriff Retroflexion, also Gegen-sich-wenden, zunächst einmal verstanden ist, ist schon ein großer Teil der Aufgabe gelöst. Wir können damit beginnen uns bewusst zu werden, dass alle Sätze mit dem Wort „mich" einer kritischen Prüfung unterzogen werden können und müssen. Zweitens werden alle Selbstvorwürfe kritisch geprüft und untersucht, was dabei an Retroflexionen enthalten sein kann. Und drittens kann man überlegen, warum sich Aktivitäten nicht gegen andere Personen kehren sollten. Es geht darum, die Rationalisierung aufzuspüren, das moralische Tabu zu benennen und den Widerstand gegen aktive Impulse nach außen zu beschreiben. Wir können den Mitarbeitern klarmachen, dass bei Selbstaggression weniger Schuld vorhanden ist, als wenn man sich gegen andere wendet. Aber auch in der Retroflexion findet sich Aggression gegen andere, dies ist oftmals eine passive Aggression und auch der können und müssen wir uns gewahr werden und sie anerkennen. Die Beschreibung der Gefährlichkeit von passiver Aggression ist ein Weg zu einer vernünftigen und einer gesunden Aggression nach außen. Ein weiterer gefährlicher Teil der Retroflexion ist die Selbstverachtung oder das Minderwertigkeitsgefühl. Wenn jemand dauernd auf schlechtem Fuße mit sich selbst lebt, wenn er sich gering schätzt und damit auch den Wert seiner Arbeit schlecht macht, raubt er sich die eigene Energie und damit auch die mögliche Energie eines Beitrags für das Team.

5. Egotismus – Die Grenzen sind unklar

Die fünfte Form der Kontaktunterbrechung ist der Egotismus. Die Impulse nach außen werden nicht abgeschlossen, der Kontakt wird zwar vollzogen, aber im entscheidenden Moment wird der Handlungsvollzug nicht gewürdigt und die Ergebnisse werden nicht integriert und wertgeschätzt. In dieser Kontaktunterbrechung beobachten wir ein Bremsen der Spontaneität und ein ausschließliches Interesse an den eigenen Grenzen, an der eigenen Identität, nicht aber am Gegenstand des Kontakts. Es liegt ein geringer Kontakt mit der gegenwärtigen Situation vor, oftmals ist es eine Flucht in die Vergangenheit oder in ein hoch differenziertes Bewusstsein, in dem kein wirklicher Kontakt oder schöpferischer Impuls mehr real ist. Es entsteht oftmals die Atmosphäre von „als ob", von nicht authentischem „as if", das eine wirkliche produktive Kreativität vermeidet.

Der Umgang mit diesem Typ von Kontaktunterbrechung ist auch nicht einfach, da diese Menschen oftmals freundlich, sympathisch, intellektuell und sehr differenziert sind und scheinbar ein befriedigender und konstruktiver Kontakt vorliegt. Schaut man jedoch genauer hin, entziehen sie sich im letzten Moment, und es bleibt ein schales Gefühl von Nichtbegegnen zurück. Auch hier ist eine vorsichtige und klare Benennung und Konfrontation mit dem Verhaltensmuster des Ausweichens notwendig und heilsam.

Zusammenfassung:

Wir alle schützen uns durch diese fünf Formen der Kontaktunterbrechungen in unterschiedlichem Maße in verschiedenen Situationen. Es ist erlaubt und sinnvoll, sich selbst und/oder seinem Gegenüber häufig und zeitnah ein Feedback darüber zu geben, welche Kontaktunterbrechungen gerade vorliegen und beobachtet werden. Allein die respektvolle Etikettierung eines Verhaltens als Projektion oder Introjektion kann eine Vertiefung der Begegnung und des Kontakts für die gegenwärtige Situation bedeuten oder auch eine langfristige Verbesserung der Authentizität und Direktheit von Begegnungen ermöglichen. Zu wissen, dass ich oder mein Gegenüber gerade über zu geringe Grenzen oder zu weit nach draußen verlegte Grenzen verfüge, kann im Coaching oder im Führungsverhalten langwierige Konflikte unterbinden und zu einem direkten effektiven Verhalten führen. Vorausgesetzt ist die Bereitschaft, ein Feedback zu geben und zu nehmen und eigene Verhaltensmuster im Interesse größerer Befriedigung und Effektivität in Frage zu stellen.

5. Vier Grundhaltungen von Führungskräften und Mitarbeitern

Neben der Plus-Minus-Einteilung und den Kontaktunterbrechungen gibt es noch zahlreiche andere Diagnostik-Möglichkeiten. Wir unterscheiden vier weitere Grundformen der Wahrnehmung oder auch Verhaltensmuster, die wir einerseits bei uns selbst, aber auch bei unseren Mitarbeitern und Familienmitgliedern finden können und verstehen lernen müssen (vgl. Riemann). Während Sie nun die folgenden Abschnitte lesen, fragen Sie sich bitte:

● Welche dieser Tendenzen sind mir vertraut?
● Welche dieser Verhaltensweisen unterstützen mich in meinem Alltag, welche behindern mich?
● Wo würde ich mich selbst zuordnen?
● Welche Einstellung ist mir fremd oder sogar zuwider?

Anschließend fragen Sie sich:

● Welche meiner Freunde oder MitarbeiterInnen lassen sich so beschreiben?
● Was davon kann ich aus deren Biografie verstehen?
● Wo und wie ärgert oder stört mich diese Grundhaltung meiner Mitmenschen? Wo unterstützt sie mich?

Anschließend können Sie Ihre Selbsteinschätzung und auch die Einschätzung anderer Bezugspersonen in das Koordinatensystem eintragen und dadurch leicht Überschneidungen oder Unterschiede erkennen.

Diese vier Grundthemen menschlicher Auseinandersetzung mit der Welt und den Mitmenschen haben ihren Ursprung in bestimmten Phasen unserer sozial-emotionalen Entwicklung. Ich werde das weiter unten genauer ausführen. Hier nur eine kurze Zusammenfassung: Zuerst

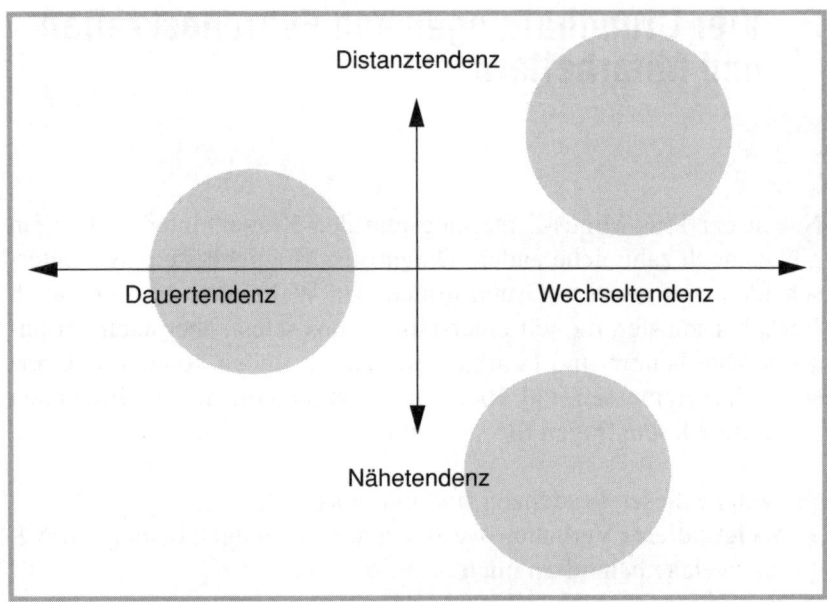

Abb. 9: Die Grundtendenzen im Koordinatensystem

kommt das Thema von Grundvertrauen und damit Nähe und Distanz in unser Leben. Wird dem Grundvertrauen in den ersten Lebensmonaten nicht angemessen Boden gegeben, entsteht eine Distanztendenz. In der zweiten Entwicklungsphase (erstes bis zweites Lebensjahr) werden Versagung von Bedürfnissen oder Verwöhnung die vordergründigen Lebensthemen. Daraus kann die Nähetendenz resultieren. Einschränkungen, die der Vitalität und motorischen Expansivität im zweiten bis vierten Lebensjahr des Kindes entgegengebracht werden, können zur Ausprägung des dritten Reaktionsmusters führen, der Dauertendenz. In der nächsten Phase (viertes bis siebtes Lebensjahr) kann ein Mangel an Orientierung, Klarheit und Identifikation zur Wechseltendenz führen.

Das Verstehen dieser Grundtendenzen eines Menschen ist deshalb von so großer Bedeutung, weil es bei Konflikten für eine mögliche Konfliktlösung unumgänglich ist. Wir müssen verstehen, welche Persönlichkeitsanteile des Konfliktpartners am Entstehen eines Konflikts beteiligt sind. Diese Anteile sorgen in aller Regel für spezifische Überempfindlichkeiten und besondere Wahrnehmungen der Welt. Wir können lernen, wie mit solchen Überempfindlichkeiten umgegangen werden kann.

Wege zum Distanztypen

Das erste Thema, das uns in unserem Leben beschäftigt, ist die Existenzberechtigung verbunden mit der Möglichkeit zu vertrauen, der Erlaubnis von Grenze und dem Gefühl von Sicherheit. Sind diese Basisgefühle bedroht, entsteht die Distanztendenz. Wir können diese Tendenz in uns mit einer einfachen Checkliste überprüfen. Jedoch erst alle vier Checklisten zusammen ergeben ein klares Bild.

Wir Menschen brauchen Raum, Abstand und Grenzen. Dieses Distanzbedürfnis ist ein allgemein menschliches und ist nur unterschiedlich stark ausgeprägt. Viele Konfliktsituationen im zwischenmenschlichen Bereich lassen sich allein dadurch verstehen und erklären, dass einige Beteiligte sich abgrenzen müssen, mehr Raum und den durch die Abgrenzung erzielten Schutz notwendig brauchen – notwendig hier im tiefsten Sinne: Diese Abgrenzung wendet ihre Not. Sie können sich nur unter dieser Bedingung sicher fühlen und damit den Kontakt aufrechterhalten.

Führen und allgemeinen guten Kontakt herstellen mit Menschen, die Distanz brauchen, verlangt zunächst einmal klaren Respekt vor diesem menschlichen Grundbedürfnis. Gutes Führen bedeutet das Feedback, dass dieses Bedürfnis wahrgenommen und akzeptiert wird und dass auf dieser Grundlage verhandelt werden kann, was kleinschrittiges Aufeinander-Zugehen anbetrifft. Wie alles Verhalten hat auch das Bedürfnis nach Distanz zwei Seiten.

Checkliste: Selbsteinschätzung Distanztendenz

Zuerst testen Sie sich selbst und fragen Sie sich:

1. Ich bin ein eher distanzierter Mensch.

2. Ich fühle mich leicht angegriffen.

3. Häufig fühle ich mich erschöpft.

4. Vieles wird mir oft zuviel.

5. Argumente sind wichtiger als Emotionen.

6. Ich bin oft leicht aggressiv.

7. Ich bekomme leicht Angst und fühle mich unsicher.

8. Ich habe oft ein Gefühl von Ungeborgenheit.

9. Ich kann Zusammenhänge leicht und tief analysieren.

10. Ich habe ein Ohr für Zwischentöne.

11. Zuviel Kontakt bedeutet Stress für mich.

12. Ich fühle mich sicherer, wenn ich alleine bin.

Wenn Sie den Großteil dieser Aussagen mit Ja beantwortet haben oder deutlich mehr Ja -Aussagen haben als bei den unten folgenden drei Fragelisten, dann können Sie von der Annahme ausgehen, dass Sie eher ein Distanz suchender Mensch sind.

Schattenaspekt

Diese Menschen brauchen Abstand und Sicherheit, um sich wohl zu fühlen. Nähe macht ihnen Angst. Sie können und wollen sich nur auf sich selbst verlassen. Im Extremfall können wir eine Tendenz zur Spaltung, zur Existenzbedrohung und mangelnden Daseinsberechtigung beobachten. Das Leben ist eine Last und oft eine Überforderung. Das Lebensgefühl dieser Menschen ist oft, als ob sie sich permanent in Feindesland befänden.

Sie sind leicht aggressiv, zynisch, frotzeln und sticheln gern. Sie fühlen sich leicht abgelehnt, ungeborgen und können sich dauernd getestet fühlen. Oft sind sie misstrauisch und, was den Kontakt insgesamt sehr erschwert, sie unterschätzen die Wirkung ihrer Aggression auf andere. Ihre Angst, abgelehnt zu werden, kann dazu führen, dass sie bei kleinster Gefahr oder Enttäuschung feindselig reagieren, spitze, häufig ironische bis sarkastische, teilweise auch zynische Bemerkungen machen oder andere durch ihre intellektuelle Überlegenheit klein zu machen versuchen.

Im privaten Bereich kann das Gefühlsleben geprägt sein durch Angst vor Nähe und Hingabe. Diese Menschen können Zuneigung als Bedrängnis empfinden und können Gefühle oft nur schwer äußern. Dennoch haben sie natürlich wie alle anderen Menschen eine große Sehnsucht nach Liebe und Geborgenheit.

Diesen Hintergrund muss man immer im Bewusstsein haben, wenn man das oft scheinbar unverständliche und skurrile, ja widersprüchliche Verhalten dieser Menschen zu verstehen versucht. So werben sie statt mit Gefühlsäußerungen mit testender Aggression oder Distanz und wollen lieber die Handelnden sein, um nicht in ein schmerzhaftes Opfergefühl zu kommen. Sie wirken oft absonderlich, fern, kühl und distanziert. Im Arbeitsbereich neigen sie eher zu theoretischen Arbeiten und haben Schwierigkeiten, gleichberechtigt in einem Team zu arbeiten. Immer kommen irgendwelche scheinbar unnötigen Konflikte auf, da sie ihre meist negative Grundstimmung auf andere übertragen, so dass Konkurrenz, Unsicherheit, Abstand und Zweideutigkeiten die Situation bestimmen.

Sie fühlen sich zwar von helfenden Berufen angezogen, sind jedoch der Intensität der Gefühle und Beziehungen dort oft nicht gewachsen und neigen infolge des Überforderungsstresses leicht zu Ausstiegstendenzen („Ich gehe hier weg! Ich steige aus!").

Stärken

Das starke Unabhängigkeitsbedürfnis kann der Hintergrund dafür sein, dass diese Menschen besondere Fähigkeiten entwickeln:

● zu führen
● sich auseinanderzusetzen
● eigenständige Entscheidungen zu fällen
● gegensätzliche Standpunkte zu vertreten

Sie entwickeln Rationalität und Analysefähigkeit und lernen

● unbestechlich zu denken,
● scharf zu beobachten,
● Dinge auf den Punkt zu bringen.

Diese Menschen können selbstsicher, konsequent, unbeirrbar, kritisch und zielstrebig sein. Sie sind distanzierungsfähig, eigenständig und entscheidungsfreudig.

Lernchancen: Wir sind nicht Opfer der Grundhaltungen

Wie gehen wir am besten mit Menschen um, die diese Persönlichkeitsanteile sehr in den Vordergrund stellen und die Welt aus der Grundhaltung der Distanz und Berührungsangst erleben?

Zuerst einmal müssen wir ihre Stärken sehen und würdigen, was sie Positives zu einer Arbeitsgruppe oder einer Organisation beitragen können. Kontakt geschieht an der Grenze. Wenn alles verschwimmt und zerfließt, sind Kreativität und Produktivität nicht mehr möglich. Deswegen ist die Auswahl und Förderung von Menschen mit klaren Grenzen, mit dem Bedürfnis nach Raum und Prägnanz sehr wichtig für das optimale Zusammenspiel in einer Organisation.

Und wir können uns immer wieder bewusst machen: Diese Menschen sind in früher Kindheit gekränkt, verletzt und zu sehr geängstigt

74

worden. Deswegen bringt ein Gegenhalten gegen ihre Aggression, die ja nur der Ausdruck von Hilflosigkeit ist, nichts. In Konflikten mit diesen Menschen ist es gut, sich erstmal aus der kritischen Gefahrenzone zu entfernen. Allein für sich, sollten Sie den inhaltlichen, sachlichen Kern des Konflikts zu verstehen suchen. Wenn Sie selbst einen Fehler gemacht haben, ist es unumgänglich, dass Sie sich entschuldigen.

Wenn Sie sich korrekt verhalten haben, grenzen Sie sich ruhig von der Aggression des Gegenübers ab und denken Sie daran, dass Menschen mit Distanztendenz das Ausmaß ihrer eigenen Aggression immer unterschätzen. Man muss es ihnen sagen, wie sie wirken. Das kann dazu führen, dass die Achtung Ihnen gegenüber wächst. Generell ist es unumgänglich, diesen Menschen eine sichere Geborgenheit mit warmen, aber nicht aufdringlichen Gefühlen anzubieten. Es geht also darum, ihnen genau das anzubieten, woran sie früher Mangel gelitten haben.

Ich werde oft gefragt, ob das nicht schon Therapie sei und ob denn Therapie im Arbeitsleben etwas zu suchen habe. Die Antwort ist: Natürlich geht ein guter Therapeut/eine gute Therapeutin auch so vor, dass er/sie vertrauensvolle Geborgenheit anbietet. Aber was ein guter Therapeut macht, ist noch lange nicht im Alltag abzulehnen, wenn es einfach nur einfühlsames, verständnisvolles und sinnvolles mitmenschliches Verhalten ist. Warum soll ein Tankwart nicht auch Zeitungen und Schokolade anbieten, nur weil er nur Benzin verkaufen gelernt hat?

Wer im Berufsbereich mit Menschen arbeitet, deren Gefühlsleben durch Angst und Distanzwünsche geprägt ist (und es gibt viele Menschen mit dieser Grundhaltung), sollte

- sie mit Einzelleistungen und Führungsaufgaben betrauen,
- keine Teamleistungen auf gleichberechtigter Ebene erwarten,
- ihr kritisches Denkvermögen und ihre gegenteiligen Standpunkte nicht als Kritik, sondern als Gewinn schätzen lernen,
- grundsätzlich sehr intensiv zuhören,
- die teilweise unangemessenen Aggressionen nicht persönlich nehmen.

75

Die Haltung von Großeltern (s. u.) („Ja, ja, so ist das, das brauchen sie so") ist hier unbedingt von Nutzen. Sich nicht in das Muster hineinziehen lassen, freundlich außerhalb ihrer Weltwahrnehmung stehen bleiben und „die Verkehrsampel nicht dafür beschimpfen, dass sie gerade rotes Licht zeigt".

Nur Authentizität zählt

Als Wichtigstes muss hier die Authentizität genannt werden: Jede Art von Taktik und Unechtheit würde von diesen so sensiblen und wahrnehmungsfähigen Mensch sofort erspürt und durchschaut. Echtheit, vorsichtiges Ansprechen der Beziehungsebene (Metakommunikation), Verständnis für ihre Differenziertheit und das Anbieten von Ruhe, Pausen, Verringerung der Intensität und der Lautstärke, des Tempos und der allgemeinen Belastungen sind Hilfsmaßnahmen, für die diese Menschen Ihnen stets dankbar sein werden.

Wenn Sie sich selbst diesem Typ der Lebensanschauung zuordnen, empfehle ich Ihnen: Sie können sich ruhig zugestehen und erlauben, dass Sie im Grunde einfach nur dazugehören wollen. Sie dürfen Distanz halten. Aber wie wäre es mal mit vorsichtigen Versuchen, nur ein klein wenig näher zu rücken, oder einfach nur den Anderen anzuschauen, zu beobachten. Auch Sie brauchen emotionalen Austausch, deswegen dürfen Sie sich Menschen wählen, die gut zuhören können und Ihre Bestimmtheit nachvollziehen und verstehen können.

Und machen Sie sich klar: Sie reagieren auf Verletzungen empfindlich. Aber auch andere Menschen sind verletzlich und es gibt andere Ausdrucksmöglichkeiten als Aggression und Spitzfindigkeit. Das Leben darf manchmal einfach schlicht und ganz einfach und ganz normal sein.

Weitere Erlaubnisse finden Sie weiter unten unter dem Thema Existenzberechtigung.

Umgang mit dem Nähetypen

Den Gegenpol zum Distanztypen bilden Menschen, die Nähe, Beziehung und Wärme brauchen. Diese Menschen wollen geben und nehmen, Kontakt ist wichtiger als Leistung. Wenn wir lernen wollen, mit diesen Menschen sinnvoll umzugehen, müssen wir zunächst uns selbst in dieser Verhaltensdimension einschätzen, d.h. unsere eigenen Anteile an der Nähetendenz ohne Wertung sehen und annehmen.

Checkliste: Selbsteinschätzung Nähetendenz

Zuerst wieder der Selbsttest:

1. Es fällt mir leichter, für andere da zu sein, als für mich selbst.
2. Ich habe immer ein offenes Ohr für andere.
3. Ich kann schlecht nein sagen, aus Angst, andere zu verlieren.
4. Ich gebe eher nach, als dass ich mich durchsetze.
5. Ich lasse mich leicht ausnutzen.
6. Ich kann eine warme vertrauensvolle Atmosphäre herstellen.
7. Ich brauche die anderen.
8. Ohne Nähe fühle ich mich allein.
9. Ich bin eher bedrückt und schwer als leicht und froh.
10. Manchmal kann ich schlecht unterscheiden, was Meins und Deins ist.
11. Harmonie ist mir wichtig.

Wiederum schätzen Sie bitte subjektiv ein, wie stark diese Ausprägung Ihres Verhaltens ist, später auch im Vergleich zu den anderen drei Typisierungen.

Wieder können wir unsere Mitmenschen und deren Reaktionen besser verstehen, wenn wir uns klarmachen, dass der Wunsch nach Nähe eine zutiefst menschliche Bedürfnisstruktur ist. Für das Kleinkind ist Nähe mit Schutz verbunden. Für den Erwachsenen ist Nähe assoziiert mit Nicht-Alleinsein, Nicht-Verlorensein im großen Universum, Wärme, gesehen und akzeptiert werden. Wir haben alle diese Wünsche, nur in unterschiedlicher Ausprägung.

In der wirtschaftlichen Umwelt werden diese Bedürfnisse oft nicht ernst genommen, ja sogar abgewertet oder mit Ironie kommentiert. Vor allem männliche Führungskräfte dürfen diese sehr menschliche Eigenschaft bei sich nicht wahrnehmen oder gar annehmen. Nähewünsche werden oftmals durch Leistungsdruck, Härte und Perfektionsdrang kompensiert. Wir gewinnen jedoch sehr an Lebenslust, Gesundheit, Ausdruckskraft und Authentizität, wenn wir unser Bedürfnis nach Nähe in seiner hellen und dunklen Seite vorurteilsfrei und liebevoll anschauen und untersuchen.

Schattenaspekt

Manchen Menschen ist Nähe so wichtig, dass sie Angst bekommen, wenn andere auf Distanz gehen. Sie brauchen Nähe, Wärme und akzeptierende Gefühle, um sich sicher zu fühlen. Menschsein heißt für sie In-Beziehung-Stehen. Wir finden bei Menschen mit extremem Nähebedürfnis auch oftmals Schwere, Gedrücktheit und großen Hunger nach Zuwendung. Das Leben kann als schwer erlebt werden.

Dieser Typ Mensch glaubt, dass er oft nicht genug bekommt. Er kann in eine Selbstabwertungsspirale geraten, die hinunter bis zur Depression führt. Ihre Aggressionen sind gebremst, weil sie glauben, doch nichts ausrichten zu können. Sie erleben Widerspruch als persönliche Ablehnung und können deswegen Spannungen und Auseinandersetzungen als fast unerträglich empfinden. Sie neigen zu Schuldgefühlen und überschätzen ihre eigenen Fehler.

Die übermäßige Anpassung, das dauernde Sich-zuviel-Aufhalsen, führt zu einer latenten Überforderung, so dass das Fass nach einem

Tropfen zuviel mit einem Knall plötzlich überlaufen kann. Solche Menschen explodieren dann mit einer Unangemessenheit, die sie sich hinterher wieder vorwerfen. Damit ist der Teufelskreis der eigenen Schuldvorwürfe geschlossen.

Stärken

Menschen mit ausgeprägter Nähetendenz sind resonanzfähig, einfühlsam, hilfsbereit und anhänglich. Wir finden bei ihnen kooperatives, kompromissbereites und empfindsames Verhalten. Sie fassen ihren Beruf als Berufung auf, können gut kooperativ im Team arbeiten und neigen dazu, sich unentbehrlich zu machen.

Salopp gesagt, sind auch diese SozialarbeiterInnen unverzichtbar für ein ausgewogenes Zusammenleben und -arbeiten. Ohne sie entsteht zuviel Kälte, Leistungsorientiertheit und zuviel Prägnanz, in der dann Gefühle und Wärme zu wenig Raum haben. Diese „Mütter" des Teams, diese Ernährer der Organisation im emotionalen Sinne sollten ebenfalls bewusst ausgewählt werden, auch wenn die fachliche Leistung nicht extrem ist. Wir nennen diese wärmenden, umsorgenden und stützenden Funktionen die Erhaltungsrollen.

Ohne diese emotionale Stütztendenz fehlt der Boden für Risikobereitschaft, Identifikation mit dem Team und der Organisation und fehlt der Boden, der auch in der Lage ist, schmerzhafte und schwierige Entwicklungen gemeinsam zu tragen.

Lernchancen

Schätzen Sie sich also glücklich, wenn Sie solche einsatzbereiten Mitarbeiter haben. Übertragen Sie ihnen klar definierte Aufgabenbereiche, lassen Sie sie im Team und überhaupt im Kontakt mit Menschen arbeiten. Aber hüten Sie sich, die Einsatzbereitschaft auszunutzen. Insbesondere, wenn vorsichtige und unsichere Versuche zu einem „Nein" kommen, überrennen Sie diese zarten Pflänzchen nicht und unterstützen Sie ihre Autonomiebestrebungen. Langfristig zahlt sich

79

das aus. Wenn Sie selbst zu dieser Gruppe von Menschen gehören, ist es gut für Sie, wenn Sie als oberstes Lernziel formulieren: „Ich will Nein sagen lernen". Denn ein schwaches Nein bedeutet auch ein schwaches Ja, und das wirkt sich in allen Lebenslagen fatal aus. Die ständig mitlaufende Frage ist: „Was will ich wirklich?" „Was ist mir jetzt wirklich wichtig?" Und Sie sollten sich und anderen die Erlaubnis geben: „Ich darf wollen, mich abgrenzen und eigenen Interessen nachgehen."

Führen des Dauertyps

Vor jeder Verhaltensoptimierung steht die Diagnose. Im Laufe der Zeit können wir ein schnelles und sicheres Gespür für die vier unterschiedlichen Verhaltenstendenzen entwickeln. Zuerst müssen wir jedoch Schritt für Schritt die Diagnosekriterien kennenlernen und an uns und an unseren Mitarbeitern üben. Das Bedürfnis nach Festhalten, Bewahren und Sicherheit drückt sich aus in der Dauertendenz.

Wir Menschen sind oftmals mit einer Tendenz zum Bewahren ausgestattet. Wir sind konservativ und Langsamlerner. Mir ist wichtig, dies immer wieder zu betonen. Der menschliche Organismus ist auf Bewahren hin ausgerichtet. Wir suchen Sicherheit im Bewährten, im Bekannten. Nur wenn wir diese Tendenz in uns verstehen und akzeptieren lernen, können wir auch die Möglichkeiten von Lernherausforderungen erkennen und die damit einher gehenden Lernblockaden besser einordnen und verstehen.

Einige von uns haben diese allgemeinmenschliche Eigenschaft besonders ausgeprägt. Wir bezeichnen diese Personen dann als rigide, hartnäckig, stur, beharrend, oder es besteht einfach nur Angst vor dem Neuen, dem Wechsel. Wenn wir diese Tendenz als eine allgemeinmenschliche sehen lernen, können wir ein tieferes Verständnis für diesen Aspekt in uns und in unseren Mitmenschen entwickeln.

Checkliste: Selbsteinschätzung Dauertendenz

Jetzt sind Sie schon Experte für den Selbsttest:

1. Ich lasse lieber alles beim Alten.

2. Ich denke lange nach, bevor ich entscheide.

3. Vertrauen ist gut, Kontrolle ist besser.

4. Ich muss genau sein.

5. Ich erfülle Aufgaben mit Gewissenhaftigkeit.

6. Ich bin zuverlässig.

7. Ich bereite mich gut auf neue Situationen vor.

8. Ich will einer Sache ganz sicher sein.

9. Ich halte mich an die Regeln und erwarte das auch von anderen.

10. Ich bin belastungsfähig.

11. Neues und Unklares kann mir Angst machen.

12. Ordnung, Pünktlichkeit und Zuverlässigkeit sind mir wichtig.

Schattenaspekt

Diesen Mitarbeitern oder Familienmitgliedern ist Kontinuität und Ordnung das Wichtigste. Sie bekommen Angst, wenn etwas ohne System und Ordnung geschieht. Sie fühlen sich nur sicher, wenn alles vorausgeplant ist. Wichtig ist ihnen das Bewahren. Das kann bis zur Rigidität gehen. Wir finden Festhalten an Altem und Angst vor Neuem. Das kann auch dazu führen, dass solche Menschen jegliche Affekte unterdrücken, trödeln, passiv trotzen, besserwisserisch sind. Sie neigen zu Dogmatismus, Eigensinningkeit und wollen sich immer absichern. Es fällt ihnen schwer, Dinge einfach geschehen zu lassen.

Im Arbeitsbereich kann das soweit gehen, dass aus dieser Angst heraus vor allem Berufe gewählt werden, die Sicherheit geben und Ge-

81

nauigkeit und Sorgfalt erfordern, und bei denen es mehr auf Ausdauer als auf Initiative ankommt. Neuerungen können bekämpft werden, auch wenn diese Menschen den inhaltlichen Sinn des Neuen erkennen.

Stärken

Die Qualitäten dieses Typs liegen in seiner Gründlichkeit, Genauigkeit, Pünktlichkeit und systematischen Arbeitsweise. Er kann ausdauernd und fleißig sein, verlässlich und korrekt planend.

Für die Zusammensetzung von Teams ist es wichtig, dass mindestens ein Mitarbeiter dabei ist, der diese Qualität vertritt. Jemand, der langfristige Überlegungen mit einbezieht, auf den man sich, was Genauigkeit betrifft, verlassen kann, der auch morgen noch an diesen Ideen festhalten wird und der wahrscheinlich auch noch nächstes Jahr zur Firma gehören wird, um Traditionen, Wissen, Kulturen etc. zu erhalten, zu tragen und sozusagen die Geschichtlichkeit einer Organisation durchträgt. Wir sollten diese Mitarbeiter folglich dort einsetzen, wo Genauigkeit und Ausdauer verlangt werden. Sie brauchen es, dass ihre Konsequenz und Verlässlichkeit anerkannt wird und sie nicht durch die Erwartung an Spontaneität und Veränderung überfordert werden.

Wir brauchen die Erneuerer (s. u.) für Kreativität und den Durchbruch. Wir benötigen jedoch genauso dringend die kontinuierlichen Träger, die den langen Atem haben und noch wissen, welche Kunden in den letzten Jahren zu bestimmten Fragen eine Rolle gespielt haben. Insofern ist typgerechtes Führen hier auch eine Frage der Auswahl, eine Frage der bewussten Zusammensetzung von Teams und Organisationen. In keinem Team sollte eine Person mit ausgeprägter Dauertendenz fehlen. Von keiner Tendenz darf ich zuviel und zu wenig im Team oder in mir haben, weil sonst das Gleichgewicht ins Wanken kommt.

Gerade in den heutigen Zeiten des schnellen Wandels ist die Dauertendenz für unsere Seele, die das Alte und Bewährte schätzt, von großer, heilsamer Bedeutung. Auch wenn es manchmal unangenehm bis nervig sein kann, dass einige Mitarbeiter auf Ordnung, Klarheit und Kontinuität, auf Treue und Wahrhaftigkeit bestehen, so kommt das langfristig der Organisation jedoch unverzichtbar zugute.

Lernchancen: Beweglichkeit in der Dauer

Dauertypen müssen gefördert und auch systematisch gefordert werden in eine Beweglichkeit hinein, die ihr eigenes Muster transzendieren kann. Die Grundlage bleibt jedoch: Ich muss zuallererst den Wunsch nach Regelmäßigkeit und Bewahren sehen und akzeptieren. Indem ich als Führungskraft die Grundtendenz und das Bedürfnis nach Beständigkeit und Sicherheit würdige (und damit der Gefahr entgehe, diese Mitarbeiter durch zu hohe Flexibilitätsansprüche zu überfordern), kann ich durch leichte Impulse in Richtung Flexibilität optimale Lernbedingungen für diese Menschen schaffen. Es kann wie ein gemeinsames Spiel werden: „Wir wissen ja beide, wie wichtig Ihnen die Konstanz und Sicherheit ist. Vor diesem Hintergrund können wir überlegen, welche kleineren Risiken Sie einzugehen bereit sind und ab wann es eine Überforderung für Sie wäre, sich auf Wandel einzulassen." Auch hier ist das ständige Kommunizieren über das Muster, nicht gegen das Muster, der Königsweg zu einem gelungenen Kontakt.

Für unsere eigenen Anteile in dieser Persönlichkeitsstruktur können wir uns sagen:

- Meine Zuverlässigkeit und Genauigkeit haben Vorteile.
- Ich darf mein Sicherheitsbedürfnis leben.
- Ich darf meinen Perfektionismus genießen.
- Ich werde ganz vorsichtig damit beginnen, mir durch einfache Übungen ein gutes und zu mir selbst freundliches Körpergefühl anzueignen.

Führen des Wechseltyps

Der Gegenpol zum Dauertyp wird gebildet von einer Grundhaltung, die den Wechsel, die Intensität, das Neue und die starken Gefühle in den Vordergrund stellt. Damit wir andere treffsicher erkennen können, müssen wir unsere eigenen Anteile in diesem Verhaltensmuster kennen. Unser eigenes Muster ist die Perspektive, aus der heraus wir die Welt wahrnehmen. Wenn wir uns selbst in einem Verhaltensmuster verstehen und annehmen können, gelingt uns dies auch leichter bei unseren Mitmenschen.

Checkliste: Selbsteinschätzung Wechseltendenz

Selbsttest:

1. Ich bin kreativ und beweglich.

2. Ich bevorzuge intensive Gefühle.

3. Ich mag keine Grenzen und Einschränkungen.

4. Ich bin lebendig, charmant und attraktiv.

5. Ich neige zu Unpünktlichkeit und Inkonsequenz.

6. Ich kann schlecht warten oder geduldig sein.

7. Ich riskiere es selten, meine Meinung zu sagen.

8. Ich kann eine ganze Gesellschaft unterhalten.

9. Ich mag erotische Atmosphären.

10. Ich kann schlecht an einer Sache dran bleiben.

11. Intensität und Neues ist mir wichtiger als Regelmäßigkeit.

12. Innovationen geben mir mehr Sinn als das Alte.

Es gibt Menschen, die wollen häufig oder ständig Neues erleben, haben eine Sehnsucht nach Abwechslung, nach Variation der Reize, nach neuen Herausforderungen und Lernmöglichkeiten. Neue Reize können uns wach machen, ja, vieles Verhalten ist nur durch die Suche nach neuen Reizen zu verstehen. Die Neuheit an sich scheint einen großen Reiz, einen Belohnungscharakter in unserem Nervensystem darzustellen.

Mit diesem Trick arbeitet ein Großteil der Werbung: Neu ist besser, vor allem vor dem Hintergrund von Vertrautheit, weil beide Tendenzen dann ideal gemischt sind. Der Belohnungscharakter von neuen Impulsen ist wahrscheinlich ein wesentlicher Antriebsmotor von Erfindungen, Entdeckungsreisen und der geistigen Evolution überhaupt. Die Suche nach neuen Partnern, nach neuen Ideen, neuen Arbeitsplätzen, neuen Bildern – alles scheint eine menschliche Suche nach Abwechslung, nach Neuheit zu sein. Beständigkeit kann tiefe Ruhe und Entspannung ermöglichen, kann aber auch zur Folter werden.

Schattenaspekt

Diese Menschen können sich nur spüren, wenn das Leben voll ist von Spontaneität, Wechsel und neuen Erfahrungen. Intensive Gefühle sind für sie das Wichtigste im Leben. Wir finden bei Ihnen Offenheit und Spontaneität. Alles bewegt sich, Grenzen sind unangenehm oder fremd. Alles muss intensiv sein. Beschränkungen sind nicht willkommen.

Menschen mit Wechseltendenz fühlen sich leicht unsicher und können jederzeit innerlich einbrechen. Sie fühlen sich leicht angegriffen und gekränkt. Ein deutliches Merkmal ist: Sie haben einen kurzen Spannungsbogen, so dass sie lang andauernde Leistung, Warten und kleinschrittiges Arbeiten als unerträglich empfinden können. Sie fühlen sich schnell überfordert, haben Angst davor, festgelegt zu werden.

Auf andere Menschen wirken manche ihrer Persönlichkeitsanteile leicht pathetisch und nicht ganz echt bis unberechenbar. In der Arbeit nehmen sie zuerst den Mund sehr voll und können dann schnell die

Lust verlieren, wenn eine Aufgabe nicht gleich gelingt. Sie sind oft unpünktlich und unzuverlässig.

Stärken

Hier finden wir wendiges und spontanes Verhalten, flexible, innovative, großzügige und abenteuerfreudige Züge. Diese Menschen können risikofreudig und reaktionsschnell sein. Sie sind wendig, kontaktfreudig und anpassungsfähig. Sie können überall dort glänzen, wo es auf Charme, körperliche Attraktivität und spontanes Verhalten ankommt.

Auch Wechseltypen sind unverzichtbar. Wie schon bei der Dauertendenz betont, ist typgerechtes Führen hier auf drei Beine zu stellen:

1. Auswahl dieser Menschen in ein Team.
2. Würdigung dieser Qualität, indem ich die für den Gesamtprozess notwendigen Eigenschaften sehe.
3. Dosiertes Herausfordern und Fördern in Richtung der Gegentendenz, die noch nicht so stark entwickelt ist, um langfristig eine integrierte Persönlichkeitswerdung zu unterstützen.

Auch hier kann es manchmal unangenehm sein (je nachdem, welche Tendenz ich selbst in mir vorherrschend habe), mit der Spontaneität, ja Sprunghaftigkeit dieser Menschen konfrontiert zu sein. Die Intensität der Gefühle, das leichte Gekränktsein und das Aufbrausende, laute Verhalten kann manchmal an die Grenze zur Überforderung für die Umwelt gehen.

Die aufrüttelnde, wachmachende Qualität dieses Verhaltens ist jedoch unverzichtbar und bietet für jedes Team eine vitalisierende Energie, ohne die emotionale Intelligenz (und was anderes ist denn Kreativität?) nur schwer zu leben ist. Wir können lernen, ihre mitreißende Art zur Motivation anderer Mitarbeiter zu nutzen und sie in einem Team arbeiten lassen, das ihre kreativen Ideen dann in praktische,

handfeste Taten umsetzt. Wir sollten von ihnen nicht allzu viel Klein-
kram und Genauigkeit erwarten.

Lernchancen

Wenn Sie selbst solche Charakteranteile bei sich entdecken:

● Achten Sie auf Echtheit aller Ihrer Äußerungen.
● Lernen Sie, Grenzen zu genießen und auch einzufordern.
● Lernen Sie zu akzeptieren, dass Kleinschrittigkeit eine hohe Kunst
  ist und letztlich nur ganz wenige Menschen etwas einfach durch
  Genialität schaffen.
● Prüfen Sie, ob Sie Ihre Versprechen auch einhalten können.
● Verantwortung heißt: Ich antworte mit meinem innersten Wesen
  auf etwas, das ich mir selbst zur Aufgabe gemacht habe. Ich bin in
  der Verantwortung niemandem verpflichtet außer mir selbst. Das
  gibt mir die Freiheit, die selbst gesetzten Grenzen einzuhalten.
● Grenzen sind Energiegeber, nicht Energieräuber.
● Grenzen geben Schutz und Freiheit.
● Ich kann lernen, dass Struktur und Form nicht notwendigerweise
  Freiheit nehmen, sondern sie vielleicht erst eröffnen.

Zusammenfassung

Die vier Muster Nähe-Distanz sowie Dauer-Wechsel stehen sich polar
gegenüber. Oftmals suchen und finden sich die entsprechenden Ge-
genpole. Solche Paare tendieren zu Symbiosen, da der andere etwas
hat, was man sehnlichst sucht, oder zu heftigen Kämpfen, da der andere etwas lebt, was man in sich zutiefst ablehnt.

Hilfreich für Kooperation und Zusammenleben ist, die dunklen Seiten dieser Tendenzen zu kennen und zu würdigen und die positiven
Qualitäten dieser Grundhaltungen zu sehen und zu unterstützen. Der
integrierte Mensch sollte diese vier Strebungen als polare Impulse
möglichst gleichberechtigt leben. Der Zauber des Neuen, der Reiz des

Unbekannten gehört ebenso zum Leben wie der Wunsch nach Dauer, Zuverlässigkeit und Wiederholung. Ebenso ist der Ausgleich zwischen Individuation und mitmenschlicher Verbundenheit für ein erfülltes Leben unumgänglich. Ich verweise noch einmal auf die Abbildung 10 auf Seite 70 und empfehle Ihnen, in dieses Koordinatensystem Ihr eigenes Eigenschaftsfeld einzutragen.

Störungen im Zusammenleben können durch Unausgewogenheit dieser Grundimpulse entstehen. Mit Hilfe dieser Landkarte der vier Grundtendenzen kann ich verstehen lernen, warum einige Teams oder Abteilungen wenig effektiv arbeiten, sich im Kreise drehen oder für lange Zeit in eine falsche Richtung gehen, ohne dass interne Korrekturvorschläge kommen. Dies kann dann neben anderen Gründen an der unausgewogenen Zusammensetzung des Teams liegen.

Neben der Tatsache, dass wir Teams so zusammenstellen sollten, dass alle vier Grundtendenzen menschlichen Strebens vertreten sind, ist dieses Modell auch hilfreich für die Beschreibung individuellen Wachstums: Welche dieser Qualitäten habe ich in mir entwickelt, welche sind noch zu einseitig oder gar kaum entwickelt? Sind die Schatten- und Lichtseiten einigermaßen ausgewogen oder nicht?

Auch kann ich mit Hilfe dieser Landkarte ein sehr konkretes innerpersönliches Lernprogramm für mich und meine Mitarbeiter entwickeln, welches deutlich macht, was es zu fördern und zu fordern gilt.

6. Die fünf Archetypen menschlicher Entwicklung

Die Orientierung an Grundqualitäten des Verhaltens, die durch die wesentlichen, auf die Lebensphasen bezogenen Muster geprägt sind, hat sich in der Persönlichkeitsentwicklung generell und speziell in der Weiterbildung von Führungskräften bewährt.

Als vertiefende Dimension des Verstehens werden hier fünf weitere Grundmuster menschlichen Verhaltens vorgestellt, um Kontaktsituationen besser verstehen und analysieren zu können: Kind, Mädchen/Jüngling, Frau/Mann, Mutter/Vater und die Weise oder den Weisen. C.G. Jung nennt diese Muster *Archetypen*.

Wir durchlaufen entwicklungsbedingte Phasen unserer seelischen Entwicklung, und jede dieser Phasen hat ihre eigentümlichen Qualitäten und auch Schattenseiten.

In Settings, die eine tiefere Persönlichkeitsentwicklung erlauben, beginnen wir diese Arbeit mit dem Kontakt zum *inneren Kleinkind* oder *Baby*. Wir nehmen Kontakt auf mit der eigenen Hilflosigkeit, dem Bedürfnis nach Schutz und Geborgenheit, der Oralität und Grenzenlosigkeit. Wir erfahren wieder das Bedürfnis, zu spielen, zu toben, sich unkontrolliert zu verhalten und erleben die Abhängigkeit von der elterlichen Zuwendung. Dies ist für viele Menschen, die das in einem geschützten Raum erleben können, eine heilsame Erfahrung, die sich im Alltag als Stabilisierung und Unterstützung des grundlegenden Selbstwertgefühls auswirkt.

In kürzeren Führungskräftetrainings ist es auch möglich, auf diese erste Entwicklungsphase unserer Verhaltensmuster zu verzichten und gleich bei den Kräften, Chancen und Problemen einer Entwicklungszeit zu beginnen, die im beruflichen Alltag eine große Rolle spielt: der Pubertät.

Während Sie die nächsten Seiten lesen, können Sie wieder parallel spüren und darüber nachdenken, welche dieser Qualitäten bei Ihnen

vorkommen oder welche Ihnen unbekannt sind, womit Sie sich identifizieren und was Ihnen eher fremd ist. Sie können dann in ein Kreisdiagramm eintragen, wie Sie Ihre Anteile dieser fünf Qualitäten
einschätzen. Auch hier wiederum geschieht dies völlig ohne Wertung,
es ist einfach Diagnose.

Das folgende Kreisdiagramm soll als mögliches Beispiel dienen,
wie Sie Ihre unterschiedlichen Persönlichkeitsanteile veranschauli-
chen können.

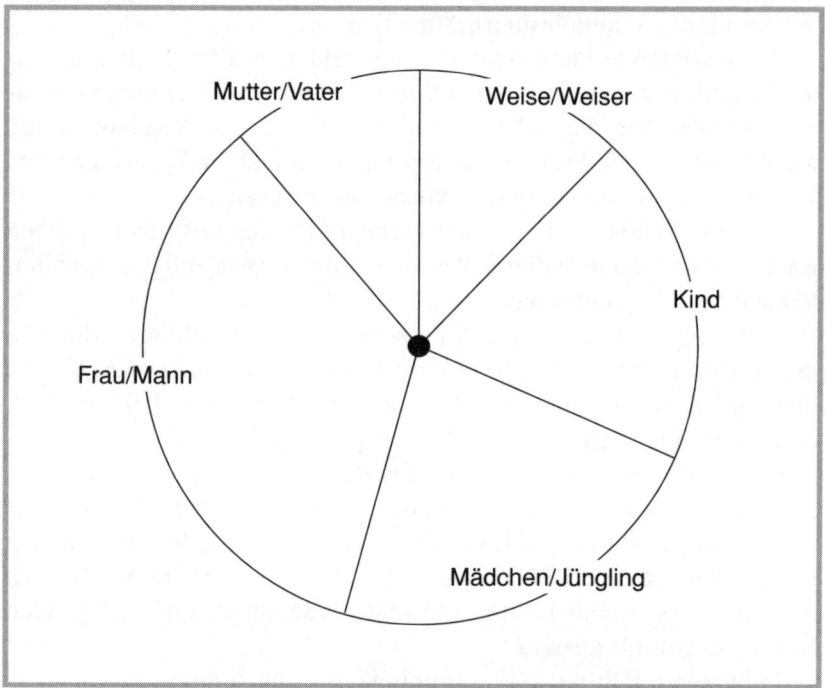

Abb. 10: Darstellung der Persönlichkeitsanteile

Führung und Integration der fünf Archetypen

1. Das Kind

Das *innere Kind* in uns steht für die grundlegenden Lebensimpulse von Bewegung, Schutz, Nahrungsaufnahme und körperlicher Zuwendung. Ganz wesentlich ist das Spiel, die Selbstvergessenheit und das völlige Aufgehen in einer Situation, in der wir keine Verantwortung für den Gesamtrahmen haben, einfach nur sein und genießen dürfen.

Wenn wir mit diesem oft vergessenen oder verdrängten Teil in uns Kontakt aufnehmen, können einerseits Gefühle der Freude, andererseits aber auch der Trauer und des Schmerzes darüber entstehen, dass wir dieses innere Kind so lange vernachlässigt und im Keller des Vergessens eingesperrt haben. Der Beginn eines Gesprächs mit diesem inneren Anteil kann sehr bewegend und auch informativ dahingehend sein, welche Lebensimpulse bei anstehenden Entscheidungen in den Vordergrund treten wollen.

2. Der/die Jugendliche

Nach der Kleinkindphase kommt die Entwicklung zum Jugendlichen. Die nächste Phase, der nächste Archetyp ist der *des Jünglings, des jungen Mädchens* in uns. Sie oder er möchte gefallen, schön sein, versucht den Kontakt durch äußere Reize, durch Charme, romantische Gefühle, Phantasie und Verführung zu gestalten.

Die jugendliche Energie dieses Teils in uns gibt uns Kraft und Tatendrang, wir fühlen uns stark, spielen mit unserer erotischen Ausstrahlung und schwelgen in romantischen Gefühlen. Diese Qualität in uns (auch Erwachsene können diese Aspekte in ihrem Erleben spüren) ist wie ein inneres Muster oder wird sogar als eine innere Person erlebt, die unser Erleben und Verhalten prägt oder auch nur beeinflusst. Manche Menschen leben stark in diesem Persönlichkeitsanteil, manche weniger. Wer in diesem Teil seines Seins hängen bleibt, wird

„Ewiger Jüngling" (puer aeternus) genannt und verweigert somit das Erwachsenwerden, die Verantwortung und die Würde der Autonomie.

Die Schattenseiten

Der Schattenaspekt ewiger Jugend ist eine unrealistische, meist auf Projektionen beruhende Wahrnehmung der Welt, ein undifferenziertes Revoluzzertum, ein selbstüberschätzendes Agieren und ein sich selbst zum Maßstab aller Dinge machen.

Es ist beeindruckend zu sehen, wenn Erwachsene allein durch das Angebot, dass sie diesen Teil noch in sich tragen, und die Frage, ob und wieweit sie diesen Teil in sich genügend gelebt oder verdrängt haben, in tiefe emotionale Prozesse kommen können und neue Seins-Dimensionen entdecken.

Mitarbeiter, die auf der Ebene des Jünglings oder des jungen Mädchen stehengeblieben sind, sind leicht zu erkennen: Sie legen großen Wert auf ihr Äußeres, haben meist eine verführerische Atmosphäre um sich herum und verbreiten eine Aura der Leichtigkeit, des Genusses, der Bildhaftigkeit und der feinen erotischen Zwischentöne. Es kann schwer sein, sie zur Leistung zu motivieren, der Knabe (puer) oder das Mädchen (puella) in uns will eher spielen und tanzen, auf Feste gehen und sich amüsieren.

Der erste Schritt im Umgang mit „jugendlichen Erwachsenen" (auch Fünfzigjährige können noch den Flair des Jünglings haben) ist, sich selbst und den Betreffenden klar zumachen, dass hier ein Entwicklungsstillstand stattgefunden hat. Wieder zählt zuallererst das Prinzip der nicht abwertenden Beschreibung, indem wir dieses Verhaltensmuster einfach benennen, beschreiben und den Betroffenen Gelegenheiten geben, die Vor- und Nachteile dieser Verhaltensweisen selbst im inneren Dialog zu erfahren.

Sie können als Leser sich zuerst klar machen, dass Sie diesen Teil in sich tragen, und anschließend durch inneres Sprechen Kontakt mit ihm aufnehmen.

- Wie fühlte ich mich als 16- bis18-Jährige/r?
- Habe ich mein Leben damals in dieser Zeit wirklich intensiv gelebt?
- Oder bin ich da irgendwo hängen geblieben? Habe ich etwas versäumt zu leben und will ich es deswegen in meinem gesamten Leben immer noch nachholen?

D.h. es muss uns gelingen, diesem Persönlichkeitsanteil eine Stimme zu geben, ihn sprechen zu lassen, zuerst gleichsam zu sich selbst, und dann zu den übrigen Persönlichkeitsanteilen. So z.B. zu dem Teil in uns, der den nächsten Entwicklungsabschnitt darstellt: dem erwachsenen Mann, der erwachsenen Frau.

3. Die Frau/Der Mann

Wir können den jugendlichen Anteil unseres Menschseins integrieren, d.h. bejahen und dennoch weiter wachsen. Die nächste Entwicklungsstufe nennen wir *die Frau* oder *den Mann*. Es ist das innere Erleben und äußere Ausdrücken von Erwachsensein, von Klarheit, von in der eigenen Kraft sein. Diese neue Erlebensqualität ist oft nur dann erfahrbar, wenn der/die Jugendliche wirklich gelebt hat, wenn das romantische Abenteurertum genossen wurde und so der Weg frei ist für eine autonome Bejahung der eigenen Männlichkeit oder Weiblichkeit, der wirklichen Kraft, die sich in diesem Archetyp als direkte Sexualität und ungebrochener Kontakt zur eigenen Körperlichkeit ausdrückt.

Wenn wir uns zum *Mann*/zur *Frau* weiterentwickeln, können wir aus diesem Archetyp heraus handeln, gestalten und erleben. In dieser Seinsqualität nehmen wir Kontakt auf mit unserer erwachsenen Stärke, fühlen uns von innen her lebendig, können direkten und kraftvollen, gut abgegrenzten Kontakt gestalten, sind leiblich, sexuell erfüllt, bodenständig, gerade heraus und im Kontakt mit unserem Körper. Die positive Kraft dieser Qualität ist ungebrochene Direktheit, der schier nicht enden wollende Support an kraftvoller Energie, die Durchhaltefähigkeit und die Orientierung an vitalen Werten.

Die Schattenseiten

Auch diesen Teil in uns müssen wir uns dadurch aneignen, dass wir ihn zuerst als Möglichkeit in uns wahrnehmen, ihn dann körperlich spüren und ihm schließlich eine Stimme geben (oder je nach Fähigkeit zuerst eine Stimme geben und dann spüren). Die Aggressivität dieses Persönlichkeitsanteils in uns ist einerseits kreativ, weil sie alte Muster zerbricht, öffnet und andererseits auch gefährlich, weil sie sich durchsetzen will, und dies manchmal auf Kosten anderer.

Die Schattenseite kann eine Fixierung auf direkte Sexualität, kann eine ausschließliche Orientierung an Körperlichkeit und Genuss bedeuten. Als etwas scherzhaftes Symbol nehmen wir hier z. B. Tarzan, der sich mit unbändiger Kraft naturverbunden durch den Urwald schwingt. Welche Vor- und Nachteile dieses Verhalten für den beruflichen Alltag beinhaltet, liegt auf der Hand.

Dies sind die kraftvollen, durchsetzungsfähigen Power-Persönlichkeiten, die mit ihrem Willen alles zu meistern glauben und die selten Rücksicht nehmen auf Schwächere und Langsamere und vielleicht auch Leistung über Kreativität setzen.

4. Die Mutter/Der Vater

Die Aggressivität in dieser Frau/Mann-Grundhaltung wird eingeschränkt durch eine weitere mögliche Qualität unseres Seins, das Grundmuster des *Vaters* oder der *Mutter*. Wird (um im Bilde der leiblichen Entwicklung zu bleiben) der sexuell orientierte Mann/Frau nämlich irgendwann real-leiblich oder symbolisch Mutter oder Vater, muss er neue Qualitäten entwickeln, um mit den neuen Herausforderungen fertig werden zu können.

Es muss Abstand von den eigenen impulsiven Spontanbedürfnissen entstehen, es muss die Kraft wachsen, etwas halten, aushalten, schützen und stützen zu können und dies auch wirklich zu tun. Die Kraft des Dableibens wird sich entwickeln und die Kraft der Sorge für andere. Dieser versorgende, Geborgenheit gebende Anteil in uns öffnet uns

für warme Gefühle, Verantwortung, Verstehen und Trost, Langfristig-
keit und für den Impuls des Gebens und Liebens.

Die positive Qualität dieses Verhaltens liegt auf der Hand. Diese
mütterlichen und väterlichen Qualitäten dürfen bei keiner Führungskraft fehlen, will sie nicht zu einer technokratischen Leistungsopti-
mierungsmaschine verkommen.

Die Schattenseiten

Die Schattenseiten können zu starke Identifizierungen mit der Mut-
ter-/Vaterrolle sein, so dass nur noch aus dem Pflichtgefühl heraus ge-
handelt wird und die eigenen vitalen Bedürfnisse aus scheinbarer
Verantwortlichkeit vernachlässigt werden.

Auch diesen Teil können Sie jetzt in sich aufsuchen, ihn erforschen
und ihm eine Stimme geben, indem Sie ihn einfach über sich sprechen
lassen:

● wie er sich fühlt,
● was er möchte,
● ob er erfüllt ist oder nicht
● und zu welchem der anderen Persönlichkeitsanteile er einen guten
  Kontakt hat und zu welchen nicht.

5. Der/die Weise

Gehen wir weiter in unserer Entwicklung, kommen wir mit dem Archetyp *des/der Weisen* in Kontakt. Eine bildliche Vorstellung dieses
Archetyps könnte sein, siebzigjährig mit weißem Haar in aller Ruhe
auf einem hohen Berg zu sitzen und auf mein Leben und das Leben
meiner Mitmenschen zu schauen. Aus diesem Abstand und aus der
Unabhängigkeit von den Gefühlen entsteht eine innere Abgeklärtheit,
die die Öffnung der Intuition und einer inneren Weisheit erlaubt, die
uns vorher nicht möglich schien.

Abb. 11: Bildliche Darstellung des „Weisen"

Ich bin immer wieder berührt, wie tief TeilnehmerInnen von Führungskräftetrainings Kontakt aufnehmen zu diesem vorher völlig unbekannten Anteil ihrer Persönlichkeit und wie sie selbst beeindruckt sind von der Qualität, Weitsichtigkeit und Ruhe dieser inneren Stimme, die ihnen einen neuen oder einfach nur beruhigenden Weg in aktuellen Problemen zeigt.

In dieser Qualität entwickeln wir Reife, Überblick, Zentrierung, Mitte, Wahrheit und Wissen von Sinn und Weisheit. Die Energie im Archetyp des/der Weisen ist klar, einfach, direkt und ist von einer übergeordneten Menschenliebe geprägt.

Synthese in der Gesamtpersönlichkeit

Wir leben, fühlen und handeln immer aus einer Mischung dieser verschiedenen Aspekte. Um diese Qualitäten in ihrer Bedeutung für unser

Verhalten jedoch klar abgrenzen zu können, üben wir in unseren Trainings zuerst das Trennen dieser Aspekte und untersuchen die Auswirkungen von Wahrnehmungen und Verhalten aus diesen Grundhaltungen. In Rollenspielen werden alltägliche Situationen aus den fünf archetypischen Haltungen und deren Kombinationen heraus erprobt.

Diagnostisch gesehen ist interessant, wo für einzelne Personen ihr Schwerpunkt in den Archetypen liegt, welche Kombinationen sie bevorzugen und wo welche Entwicklungsmöglichkeiten für einen befriedigenderen Kontakt liegen.

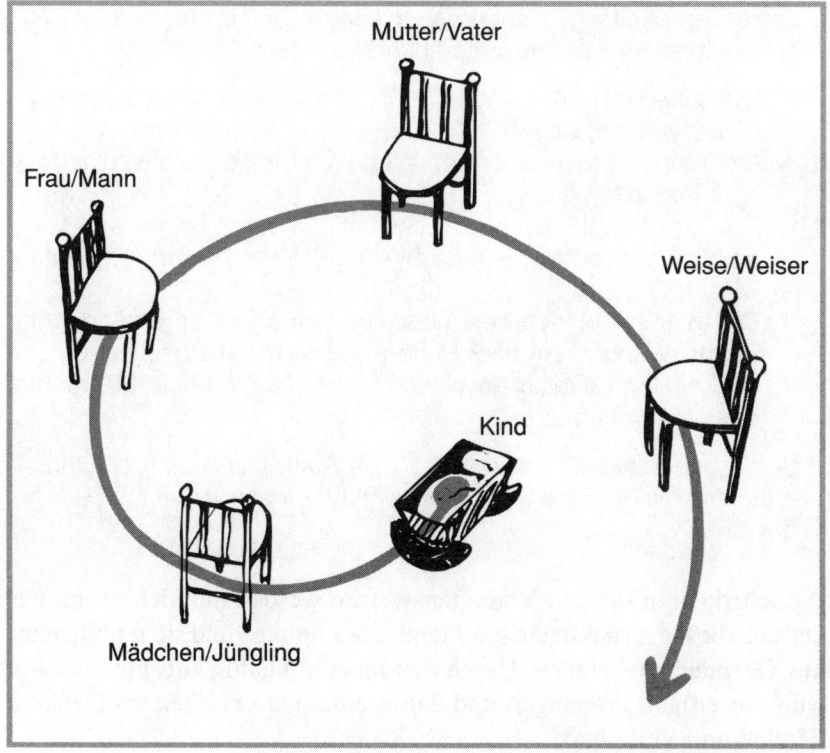

Abb. 12: Die „Gesprächsrunde" der Persönlichkeitsanteile

Übung: Dialog der Persönlichkeitsanteile

Wie das Bild zeigt, können wir damit experimentieren, dass wir vier Stühle und ein Kissen für das Kind im Kreis aufstellen. Dieser Kreis symbolisiert den Lebenskreis. Nehmen Sie sich nun viel Zeit, auf einem Stuhl Ihrer Wahl zu sitzen und die Qualität dieses Lebens- und Verhaltensmusters in sich zu spüren.

Beispiel *Jüngling*: „Ich fühle mich so kraftvoll, die ganze Welt gehört mir und ich werde morgen meinen Chef davon überzeugen, dass ich die gesamte Firmenleitung übernehmen kann und werde. Ich werde alle Maschinen mit bunten Bildern bemalen und alle sollen es sich gutgehen lassen können. Ich brauche nicht viel zu tun, alles wird mir geschenkt und es kommt auf mich zu."

- Der *Vater* antwortet: „Aus dem Blickwinkel der Verantwortung muss ich dazu sagen, …"
- Der *Mann* schaltet sich ein: „Wenn ich meine Durchsetzungskraft ins Spiel bringe, …"
- Das *Kind* sagt: „Mich berücksichtigt wieder keiner. Ich will spielen und von all diesen schwierigen Entscheidungen nichts wissen …"
- Der *Weise* hört sich das alles eine lange Zeit an und spricht dann: „Wenn ich in aller Ruhe aus hohem Abstand auf euch blicke, dann sagt mein Herz in allem Verständnis für euch, dass die Erlaubnis …"

So sprechen alle fünf eine lange Zeit. Auch wenn es zuerst lang erscheinen mag: Eine Stunde hat sich für diesen wichtigen Dialog bewährt.

Neue Erkenntnisse und Verhaltensweisen werden möglich, wenn wir lernen, diesen Aspekten in uns Gehör zu schenken und sie miteinander ins Gespräch zu bringen. Durch den inneren Dialog entsteht Abstand von einseitigen Prägungen und damit eine neue Freiheit im Denken, Fühlen und Verhalten.

Fragen wir uns, was ein optimaler Führungsstil ist, kommt aus diesen fünf Qualitäten ein praktische Antwort: Eine Situation kann dann am sinnvollsten gemeistert werden, wenn sie in unterschiedlicher Ausprägung alle archetypischen Qualitäten im Verhalten vereinigt. Eine Führungskraft muss immer im Kontakt mit ihrer inneren Weisheit sein. Von dorther holt sie die Kraft zu Abstand, Reflexion und Überblick. Von hierher kommt eine übergreifende Werteorientierung und der Kontakt zum inneren Wesenskern, dem Core, der die eigentliche Weisheit beinhaltet. Weisheit allein reicht jedoch nicht. Sie muss getragen werden von der vitalen Lebenskraft und Lebenslust des Mannes/der Frau in uns, die experimentierfreudig und risikobereit an die Probleme herangeht und auch keine Auseinandersetzung und Konflikte scheut. Diese unbändige körperliche Energie muss gebündelt und ausgerichtet werden durch die Verantwortung, die aus dem Eltern-Ich kommt, das langfristige Entwürfe, Sicherheit und Schutz für die Beteiligten anbietet. Schließlich soll für eine kreative Führungskraft die verspielte, gefühlsorientierte Qualität des Jünglings, der bereit ist zum Umsturz, zur radikalen Neuerung und Wandel, und die Qualität des Kindes, das sich auf spontane Impulse einlässt, nicht fehlen.

Erst alle fünf Bilder zusammen ergeben ein Ganzes: Die Integration der Gegensätze, die Zusammenschau scheinbar sich widersprechender Tendenzen im inneren Dialog. Die Erfahrung zeigt, dass diese Bilder uns helfen, Abschied zu nehmen von der Illusion der Eindeutigkeit. Sie helfen uns zu erkennen, dass wir immer widersprüchliche Kräfte in uns tragen und jede Situation auch die Anwesenheit dieser widerstreitenden Kräfte braucht, um eine sinnvolle und erfüllende Lösung einer Aufgabe zu ermöglichen.

Unsere menschliche Wirklichkeit ist so komplex, dass einfache Lösungen, denen keine Widersprüche inhärent sind, immer zu kurz greifen. Eine weise Führungspersönlichkeit weiß, dass sie alle inneren, auch widersprüchlichen Persönlichkeitsanteile braucht, um zu weisen Entscheidungen und Handlungen zu kommen. Und sie weiß auch, dass diese unterschiedlichen widerstreitenden Tendenzen auch im praktischen Handeln integriert werden müssen, um zu einer wirklichkeitsgetreuen Bewältigung komplexer Führungsaufgaben zu kommen.

7. Wir erschaffen unsere Welt durch unsere Überzeugungen

Überzeugungen, Perspektiven, Wahrnehmungsweisen: Das sind hier für uns unterschiedliche Worte für den gleichen Prozess. Unsere Wahrnehmung tastet gleich einem Leuchtturmstrahl durch die Welt, rückt bestimmte Perspektiven ins Licht und färbt sie ein, lässt andere im Schatten. So schaffen wir wählend Wirklichkeit. Die Wirklichkeit ist nicht objektiv dort draußen, sie ist subjektiv hier drinnen in unserem Wahrnehmungsorganismus. Dies heißt auch, wir haben Verantwortung dafür, wie wir die Welt wahrnehmen, weil wir sie uns dadurch erschaffen, weil sie durch unsere Art der Wahrnehmung erst zu dem wird, was sie uns erscheint. Wir sind diesen eigenen Perspektiven jedoch nicht hilflos ausgeliefert, sondern können diese durch Bewusstheit gestalten und damit den Welt-Schöpfungsprozess auf einer zweiten Ebene bewusst mitgestalten.

Für Führungsaufgaben hat dieser Tatbestand eine besondere Bedeutung: Da wir unsere Welt in uns erschaffen und dies auch unsere MitarbeiterInnen tun, müssen wir eine Möglichkeit finden, wie wir uns über unsere unterschiedlichen Welten verständigen lernen und wie wir von unseren unterschiedlichen Welten zueinander Brücken bauen, die es uns erst erlauben, so etwas wie Kommunikation, Information und damit Energiefluss zu ermöglichen.

Es gibt unendlich viele Wahrnehmungsmöglichkeiten von der Welt. In meiner Arbeit haben sich neben den oben entwickelten Grundmustern neun weitere Hauptperspektiven bewährt, mit denen wir die meisten Weltanschauungen ordnen und besser verstehen können. Diese neun Überzeugungen charakterisieren Hauptthemen menschlichen Lebens. Mit diesen müssen wir alle uns auseinandersetzen. Sie bestimmen einen großen Teil unserer Lebensimpulse.

Grundüberzeugungen entscheiden über unser Leben

Wir erfahren in unserer Arbeit mit Führungskräften und Teams, dass Erkennen und Reflexion dieser grundsätzlichen Einstellungen zum Leben wesentlich über unsere Leistungsfähigkeit, Teamfähigkeit, Kreativität und Zufriedenheit entscheiden. Wir können uns nicht über unsere Grundüberzeugungen streiten, so tief sind sie in uns verwurzelt. Wenn wir uns wegen unserer Grundhaltungen angreifen oder missverstehen oder auch nur kritisieren, entstehen Verletzungen, die einen endlosen Zyklus von Vorwürfen und Missverständnissen und damit Kontaktbehinderungen nach sich ziehen.

Manchmal werde ich gefragt, ob es denn sinnvoll sei, das Leben in diese Schablonen zu pressen, ob das nicht die Vielfalt des Lebens zu sehr einschränke. Ich finde, es ist zulässig, einige Themen und Perspektiven als Erklärungshilfen zu nehmen. Wenn wir bewusst darauf verzichten, würden wir uns eine Möglichkeit des Verstehens nehmen, ähnlich, wie wenn ein Biologe sich weigern würde, mit einem Mikroskop zu arbeiten und nur mit dem bloßen Auge schauen will. Diese Themen sind ein Handwerkszeug, das sich bewährt hat. Es sollte nicht zu dogmatisch genutzt werden und nur im Zusammenhang mit anderen Modellen, so dass die verschiedenen Modelle sich gegenseitig relativieren können.

Wir können einen Konflikt nur dann wirklich beilegen, wenn wir uns auf struktureller Ebene, auf der Ebene der Grundbotschaften über das Leben, verständigen können. Wir können uns unserer Muster bewusst werden und uns so außerhalb dieses Korsetts stellen. Deswegen arbeiten wir systematisch an diesen Grundhaltungen zum Leben hin.

In jedem der folgenden neun Lebensthemen ereignet sich Gelingendes und Misslingendes. Jedes Thema kann ungefähr einer Lebensentwicklungsphase zugeordnet werden, und die Themen bauen entwicklungspsychologisch betrachtet aufeinander auf. Somit bestehen gewisse Überschneidungen mit dem oben gegebenen Vierer-Modell (Distanz, Nähe …).

Sie werden jedoch sehen, dass die folgenden Erweiterungen die Perspektive nochmals ausweiten und verfeinern. Entscheiden Sie anschließend selbst, mit welchem Modell Sie lieber arbeiten wollen oder ob Sie die Modelle übereinander gelagert nutzen wollen.

Während Sie sich nun von mir durch diese neun Lebensthemen geleiten lassen, spüren Sie wieder, was Ihnen davon fremd ist, was Sie berührt und was Ihre zentralen Themen zu sein scheinen. Wählen Sie dann das für Sie wesentliche Thema und die zwei weiteren Hauptthemen aus und tragen Sie das in die Abbildung 14 auf Seite 121 ein.

Umgang mit existenzieller Unsicherheit

Die erste und wichtigste Frage in unserem Leben ist die nach unserer Existenzberechtigung. In der ersten Phase des Lebens im Mutterbauch steht uns alles zur Verfügung, was wir zu unserem Leben brauchen: Nahrung, Schutz, Wärme und ein körperlich-soziales Umfeld, das für alle Lebensfunktionen sorgt. Wir schwimmen in einer nahrhaften Flüssigkeit, sind direkt verbunden und haben kein Bewusstsein unserer getrennten Individualität. Entsteht im Mutterbauch oder in den ersten Lebensmonaten eine Unterbrechung dieses Kontakts, kann das Gefühl der Existenzberechtigung in Frage gestellt werden.

Das Miteinander von Menschen ist wesentlich geprägt von der Frage, ob die Beteiligten in sich eine Existenzberechtigung spüren oder nicht. Schon nach einiger Zeit im Mutterbauch, spätesten jedoch, wenn wir auf die Welt kommen, stellt sich als erste und wesentliche Frage die nach unserer Existenzberechtigung. Wir spüren, ob wir auf dieser Welt, in dieser Familie willkommen sind, ob unser So-Sein liebevoll akzeptiert wird oder nicht.

In dieser ersten Phase des Lebens bildet sich bei einem Teil der Menschheit ein Gefühl der Sicherheit, des Willkommenseins, der Lebensberechtigung und des Wirklichkeitsbezugs heraus, bei anderen entsteht im Gegensatz dazu Existenzangst, Verunsicherung, das Gefühl, nicht willkommen sein. Wenn diese Gefühle sehr stark sind und vielleicht noch widersprüchliche Elternbotschaften hinzukommen, kann diese Labilisierung zu einer Spaltung im Erleben und im Bewusstsein führen. Wenn Sie Mitarbeiter, Familienmitglieder oder Freunde sagen hören:

● Ich gehöre nicht hierher.
● Ich bin nicht willkommen.
● Ich habe keine Existenzberechtigung.
● Es wird mir alles zuviel.
● Ich habe Angst vor den Anforderungen.
● Es überfordert mich vieles.

dann leben diese Menschen höchstwahrscheinlich mit einem Grundgefühl von mangelnder Existenzberechtigung. *Positive Qualitäten* dieser Menschen (vgl. *Distanztendenz*) sind:

● Sie können sehr feine Zwischentöne wahrnehmen.
● Sie haben ein ausgeprägtes Wahrheits- und Gerechtigkeitsempfinden.
● Sie sind nicht käuflich und sehr konfliktbereit.
● Sie sehen meist zuerst die Probleme und Risiken einer Situation.
● Als warnende Mahner verhindern sie unüberlegte Strategien.
● Sie sind loyal, zuverlässig und geben ihr Bestes, obwohl sie schnell erschöpft sind.

Lernchancen bei Existenzunsicherheit

In der typgerechten Interaktion mit diesen Menschen sollten Sie jenes Lebensgefühl, keinen Platz auf dieser Welt zu haben und sich leicht überfordert und bedroht zu fühlen, berücksichtigen und häufiger direkt ansprechen:

● Du gehörst zu uns.
● Wir schätzen deine kritischen Anmerkungen.
● Wir verstehen deine Angst.
● Es ist menschlich, sich unsicher zu fühlen.
● Es ist normal, sich manchmal überfordert zu fühlen.

Das Gefühl mangelnder Existenzberechtigung stellt eine enorme Herausforderung für die Betroffenen und auch für ihre Umwelt dar. In abgeschwächter Weise finden wir dieses Gefühl jedoch bei den meisten Menschen und, wenn wir ehrlich sind, auch bei uns selbst. Wenn wir dieses Gefühl in uns deutlich und tief untersuchen, können wir vielleicht beginnen, zu verstehen, wie es sich anfühlt, wenn die meisten Erfahrungen im Leben von dieser Atmosphäre des sich nicht Geborgen-Fühlens geprägt sind, wenn die Grundangst immer wieder auftaucht und die Wahrnehmung filtert.

Um es ganz deutlich zu sagen: Es handelt sich hier nicht um eine pathologische Form des Verhaltens, sondern um eine allgemeinmenschliche Haltung zum Leben hin. Wir kennen dies alle, nur in unterschiedlicher Ausprägung. Bei einer starken Ausprägung führt dieses Grundmuster dann zum Gefühl: „Ich bin nicht o.k.". Mit dieser negativen Haltung können Menschen jeden Kontakt färben und prägen. Als Führungskraft müssen wir dann aus dem System aussteigen und von außen diese Nicht-o.k.-Position benennen und stützend hinterfragen.

Das Gefühl mangelnder Existenzberechtigung begegnet mir in allen Führungstrainings und in Teamentwicklungen. Es wird oftmals durch äußere Erfolge, durch Machtkämpfe, Verniedlichungen, Ablenkungen und Nicht-ernst-Nehmen von Prozessen überspielt. Einfühlsame Führungskräfte können lernen, Anzeichen dieser Grundhaltung zu erspüren und darauf einzugehen. Die innere, wertneutral beschreibende Haltung der Führungskraft: „Aha, da ist es wieder, er oder sie ist wieder in ihrem Angstmuster" ist hier hilfreich und führt bei beiden zu einer liebevollen Distanz vom Muster. Machen Sie sich klar, dass Sie gegen dieses Muster nicht ankommen. Sie können nicht gegen dieses Muster gewinnen, wenn Sie dagegen kämpfen wollen. Der negative Sog ist zu stark, um gegen ihn anzukommen. Wir können ihn nur aufmerksam aufnehmen, annehmen und ihn wie ein Aikido-Kämpfer vorsichtig in eine andere Richtung umlenken.

Auch Ignorieren führt zu einer Verstärkung der Störung in der Kommunikation. Wenn wir die Grundhaltung ignorieren, müssen wir uns notwendig verpassen.

Wie oben schon ausgeführt, sollten wir auch bei diesen neun Grund-überzeugungen darauf achten, dass wir schon bei der Auswahl unserer Mitarbeiter eine Ausgewogenheit erreichen. Menschen mit mangelndem Gefühl von Existenzberechtigung können zwar anstrengend sein durch ihr ständiges Hinterfragen, Bremsen und Differenzieren, sie sind jedoch unendlich wertvoll, was die Qualität und Differenziertheit eines Prozesses betrifft, insbesondere im sozialen, interaktiven Bereich.

Maß und Maßlosigkeit

Wie immer das Thema der Existenzberechtigung in den ersten Lebensmonaten geklärt sein mag, erfordert die nächste Entwicklungsphase von uns, das rechte Maß im Leben zu finden:

- Wieviel bekomme ich?
- Wieviel steht mir zu?
- Werde ich kurz gehalten (Mangel) oder im Überfluss ertränkt (verwöhnt)?

Bei denjenigen von uns, die in dieser so genannten oralen (auf den Mund bezogenen) Entwicklungsphase zentrale frustrierende oder erfüllende Erfahrungen machten, können sich polare Lebensmuster (vgl. *Nähetendenz*) herausbilden:

- „Ich bekomme meistens genug. Es ist genug für mich da. Ich kann ein erfülltes Leben leben. Ich brauche keine Not zu leiden. Die Menschen sind freundlich und geben mir alles, was ich zum Leben brauche." Dies ist das Muster der Sattheit.
- Auch das Gegenteil kann zum Muster werden. Wir nennen es das Muster gieriger Abhängigkeit: „Ich bekomme nie genug. Es reicht nie aus für mich. Es ist niemals genau das Richtige für mich. Ich werde niemals satt."

Typgerechtes Führen bedeutet gegenüber diesen in innerer Abhängigkeit lebenden Menschen, deren früh gelernte Grundstrategie des Hilfeholens, der Bedürftigkeit und Schwäche als Strategie zu durchschauen, sie nicht als Vorwurf persönlich zu nehmen oder ihnen vorzuwerfen, sondern diese Strategie als Widerstand gegen das Erwachsenwerden zu begreifen und diesem Widerstand durch direktes Ansprechen des Musters, durch Grenzen-Setzen, durch Hinweise auf Eigenverantwortlichkeit spielerisch, freundlich konfrontierend zu begegnen.

Es ist wichtig, zu erkennen, dass diesen Menschen nicht geholfen ist, wenn wir ihnen immer mehr und Besseres geben, mehr Gehalt, bessere Arbeitsbedingungen oder Zuwendung. Damit verfangen wir uns innerhalb des Systems „Mehr von demselben" und verstärken nur den Kreislauf der Oralität, der süchtigen Suche nach Mehr, nach Anderem und Besserem. Oftmals finden wir bei diesen Menschen ein Fass ohne Boden, das wir solange endlos füllen können, wie wir nicht den fehlenden Boden ansprechen. Wir müssen das Muster thematisieren, indem wir Abgrenzung und Ärger erlauben, unterstützende Nähe geben und dennoch nicht ins abhängig und klein machende Helfen verfallen. Denn diese Menschen brauchen ständig ein Mehr an Zufuhr von Energie, das durch ein einfaches „Mehr" nicht zu erfüllen ist. Immer wieder muss Selbstverantwortung angesprochen und ermöglicht werden.

Das Thema Grenze, Begrenzung und Verzicht ist ein ganz besonders brisantes Thema für diese Haltung zum Leben hin. Verzicht und Beschränkung kann für diese Menschen eine richtiggehende Bedrohung darstellen. Es lohnt sich jedoch, beharrlich das Thema Grenze immer wieder anzusprechen, Erfahrungsmöglichkeiten mit Grenzen bereitzustellen, d.h. auch häufiges Nein-Sagen auf der Grundlage von Zuwendung, bis eines Tages eine Verzicht- und auch Leistungsbereitschaft entsteht, die Ihnen zeigen wird, dass die Mühe sich gelohnt hat.

Lernchancen bei Maßlosigkeit

Diese Menschen brauchen Gelegenheiten, in denen sie erfahren können:

- Ich habe Kraft.
- Ich bekomme, was ich brauche.
- Ich finde einen Weg.
- Ich fühle mich geborgen.
- Grenzen zu setzen und gesetzt zu bekommen ist in Ordnung.
- Auch und gerade ein König wird einmal verzichten.
- Ich kann annehmen, was ich von anderen bekomme.

Haben wir einen Zugang zu dem abhängigkeitssüchtigen Muster dieser Menschen gefunden, können sie sehr solidarisch und loyal sein, können sie durch ihre Kraft und hohe Emotionalität dem Team gute Dienste erweisen. Sie können dann durch ihre Überschwänglichkeit, ihre Kraft und hohe Energie zum Gelingen von Projekten beitragen.

Selbstgenügsamkeit und Rückzug

Erfahrungen im Umgang mit dem Maß können unterschiedliche Konsequenzen für weitere Lebensentscheidungen nach sich ziehen: Ist die Oralität erfüllt worden, wird ein selbstverantwortliches, autonomes Sich-Beziehen auf andere Menschen möglich. Ist diese Phase im Leben ungünstig gelaufen, können Haltungen (Distanztendenz) entstehen wie:

- Ich komme schon alleine klar.
- Das schaffe ich schon.
- Ich brauche gar nicht soviel.
- Wenn ihr mir nicht genug gebt oder nicht das gebt, was ich will, sollt ihr mal sehen, was ihr davon habt. Ich ziehe mich zurück in mein Selbstversorger-Schneckenhaus. Bedürftigkeit und Schwäche zeigen, nein, das war zu schmerzhaft. Das werde ich nie wieder tun.

Lernchancen Rückzug

Stoßen Sie auf derartige Lebensmuster, sollten Sie durch typgerechtes Führen Erfahrungen ermöglichen, die in Sätze münden wie:

- Ich darf Bedürfnisse haben und diese sogar zeigen.
- Ich muss nicht alles alleine machen.
- Ich darf mir helfen lassen.
- Ich genieße das Zusammensein mit anderen.

Jede Strategie der Führung und Kooperation, die dieses Muster nicht bewusst und direkt zum Thema macht, muss sich in den Netzen und Fangstricken des Dauerrückzugs-Musters „Ich komme schon alleine klar" verfangen.

Auch hier gilt: Das Muster als solches muss angesprochen werden. Es muss freundlich benannt werden: „Hallo, da haben wir es wieder, das Muster: ‚Ich komme schon alleine klar'. Wollen Sie das in dieser Situation wirklich so?" Benennen und in Frage stellen und dem anderen deutlich machen, dass Sie sich nicht von diesem Spiel einfangen lassen. Sie können diesen trotzigen Rückzug auch dadurch entschärfen, dass Sie den Trotz als solchen ansprechen und klar machen, dass Sie nicht gewillt sind, auf der Ebene von dreijährigen Kindern zu kommunizieren. Dies muss jedoch vorsichtig geschehen, denn Menschen, die sich in den trotzigen Rückzug begeben, fühlen sich dann wirklich so hilflos (oder auch allmächtig) wie dreijährige Kinder und brauchen auch entsprechendes Verständnis und Schutz.

Verführung

Es erfordert viel Mut und Sensibilität, Gruppenteilnehmern, Mitarbeitern und Freunden ihre Verführungskünste vor Augen zu führen oder ihnen zu spiegeln, wie sie sich von anderen verführen lassen. Die Frage bei diesem Lebensthema ist:

- Wie setze ich, wie setzen andere ihren Charme, ihre Liebenswürdigkeit, Freundlichkeit und Nettigkeit ein, um ein Ziel zu erreichen?
- Wie gelingt es mir, dass ich wahrgenommen werde?
- Wie wickle ich Mitarbeiter um den Finger?
- Wie lasse ich mich von charmanten Strategien umgarnen?
- Was bedeuten diese Verführungsstrategien, d.h. welche Lebenserfahrungen und daraus abgeleitete Grundüberzeugungen stehen dahinter?

Manche Menschen erleben in ihrer Erziehung, im Umgang mit ihren ersten Bezugspersonen, dass diese nicht klar unterscheiden können zwischen Kindrolle und Erwachsenenrolle. Bezugspersonen verwechseln das Kind mit dem Partner oder der Partnerin und kommunizieren in unklarer oder manipulativer Weise mit den jungen Menschen, die dadurch die klare Orientierung verlieren. Diese Menschen können kein Gespür dafür entwickeln, ob sie sich selbst echt oder nur so alsob verhalten. Jede Form von Nicht-ernst-genommen-werden kann später dieses Muster des „Als-ob-Verhaltens" auslösen. Indirekte Strategien entstehen und das Sich-Einschmeicheln scheint die einzig erfolgversprechende Kontaktmöglichkeit für den jungen Menschen zu sein.

- Wenn ich der liebe Junge, das liebe Mädchen bin, bekomme ich Kontakt.
- Ich kann die Aufmerksamkeit leicht mit meinem Lächeln auf mich ziehen.
- Ich verzaubere die Leute mit meinem Charme.
- Mein Charme ist unwiderstehlich und meine einzige Kontaktmöglichkeit.
- Lächeln, immer nur Lächeln – so merkt hoffentlich niemand meine Unsicherheit.
- Nur nicht direkt begegnen, das könnte gefährlich sein, sondern flirten, necken und locken. Wenn es dann doch ernst wird, bin ich gleich wieder weg.
- Ich darf keinen eigenen Willen haben und mich nicht abgrenzen.

Lernchancen bei Verführungstendenz

Hier fällt Führungskräften oder Partnern im privaten Bereich die schwierige Aufgabe zu, regelmäßig und unverstellt die eigene Wirklichkeitsauffassung (die subjektive „Wahrheit") zu benennen, den Spiegel vorzuhalten und Grenzen zu setzen.

Die Menschen mit einem solchen Muster können neue Haltungen üben:

- Ich muss niemanden beeindrucken.
- Ich darf Bedürfnisse haben.
- Ich werde um meiner selbst willen geschätzt.
- Ich brauche mich nicht zu verstellen.
- Ich darf klar und deutlich meine Meinungen äußern.
- Ich brauche nicht dauernd zu werben.
- Ich darf NEIN sagen.
- Ich darf ein sachliches Gespräch führen.

Da das Muster der Verführung ein Verhalten ist, das in unserer Gesellschaft und auch im Berufsleben gefördert und belohnt wird, verfestigt es sich immer mehr und wird zum selbstverständlichen Hintergrundphänomen, das nur schwer zu erhellen und aufzulösen ist.

Führen durch Macht

Eine Schlüsselfunktion in innerbetrieblichen und privaten Beziehungen hat das Machtthema. Es wird meist indirekt behandelt, offenes Aussprechen ist oft tabu und die Mächtigen wollen schon gar nicht, dass man ihr Machtgehabe anspricht und zum Thema macht. Doch auch hier ist eine Perspektivenwechsel hilfreich: Diejenigen, die mit Macht spielen oder sie unterdrücken, sind selbst oft unterdrückt worden und sind im Innern oft hilflos und verzweifelt.

Wenn wir als Kinder als unwichtig behandelt, nicht als Personen mit eigenständigem Wert gesehen wurden, wenn Angst, Unsicherheit,

111

Ohnmacht und Hilflosigkeit unsere frühen Jahre prägten, dann kann ein starkes Kontrollbedürfnis entstehen, ein Zwang zu überdimensionierter Selbstbehauptung. Irreführung anderer Menschen über die eigene Kraft kann zu einem Schutzmechanismus werden. Gefühle werden verleugnet, es wird Zuflucht in der Machtausübung gesucht. Dabei entstehen Haltungen (vgl. *Dauertendenz*) wie:

- Nur wenn ich die Kontrolle über einen Kontakt habe, kann ich mich sicher fühlen.
- Nur wenn ich die Macht in Händen habe, kann mir nichts passieren.
- Schlau sein, Erfolg haben, Kontrolle haben – das zählt!
- Nur wenn ich die Fäden in der Hand habe, bleiben die Menschen bei mir, weil sie dann abhängig von mir sind.

Tief innen sind wir (und wir haben alle diese Anteile) in diesem Machtaspekt unseres Seins sehr ängstlich.

Lernchancen bei Machttendenz

Typgerechtes Führen bedeutet, dass Menschen, die Machthunger in den Vordergrund ihres Selbstschutzes stellen, erfahren können müssen, dass Nähe zu zeigen nicht identisch ist mit ausgenutzt werden. Diese Menschen sollen erleben können, dass sie auch dann, wenn sie ihre Kontrolle loslassen, befriedigende und erfolgreiche Kontakte herstellen können und dass andere Menschen nicht weglaufen, wenn sie sich hinter ihrer Machtfassade als verletzliche Menschen mit menschlichen Nähebedürfnissen zeigen. Die stabilisierenden Sätze können sein:

- Ich darf meine Verletzlichkeit zeigen.
- Macht ist ein alter Schutz. Ich brauche ihn nicht mehr.
- Machtausübung und Respekt sind zwei verschiedene Dinge.
- Ich darf schwach sein und werde dennoch respektiert.
- Ich darf mich fallen lassen und werde dennoch unterstützt.

Dass Machtausübung letztlich zur Vereinsamung führt und der Macht-besessene so in einen Teufelskreis gerät, können wir als Trainer, als Vorgesetzte und als Lebenspartner eher vermitteln als die abhängigen Mitarbeiter. Wenn eine Führungskraft oder gar der Chef persönlich dieses Verhalten zeigen, sind Mitarbeiter meist machtlos, und es ist ih-nen nur schwer möglich, dieses Muster aufzulösen.

Es gibt eben „falsches Verhalten", auf das hin wir uns nicht „rich-tig" verhalten können, vor allem dann nicht, wenn Macht-Fehlverhal-ten mit realer Macht gekoppelt ist. Unter solchen Umständen können wir nur gehen, den Prozess der Vereinsamung dieser Person beschleu-nigen und unsere Haut schützen im Vertrauen darauf, dass der Mäch-tige sein Fehlverhalten nach vielen Schmerzen einsieht. Gerade bezogen auf das Thema Macht sind wir nicht allmächtig und müssen heimliche Größenvorstellungen in uns, wir könnten Mächtige positiv beeinflussen, relativieren.

Das Thema Macht nur zu psychologisieren, ist zu einseitig. Gerade bei diesem Thema müssen die gesellschaftlichen Bedingungen, die branchenüblichen Muster, die Firmenphilosophie und die Corporate Identity mitbedacht werden. Wir werden niemals ohne Macht und Hierarchie auskommen. Doch es gibt destruktive Macht und förderli-che, unterstützende und lenkende Führung. Wir beobachten jedoch Seminarteilnehmer, die, nachdem sie sich zu Beginn eines Seminars noch z. B. als „Kampfmaschine" beschrieben haben, eine Neuorientie-rung ihrer Werte vornehmen und die mitmenschlichen Qualitäten von Gefühlen, Begegnung und direktem, gleichberechtigtem Kontakt wür-digen lernen.

Als Führungskraft haben wir eine besondere Verantwortung, sensi-bel mit unserer Macht umzugehen. Das heißt zum einen, dass ich mir meine biografische Beziehung zum Machtthema genau anschauen, meine Fallstricke kennen und meinen inneren Sog zur Macht genau durchschauen muss. Erst wenn ich eine unverkrampfte Beziehung zur Macht habe, mir sicher bin, dass ich sie nicht destruktiv und ausbeute-risch ausnutze, sondern zum Wohle der Menschen und zur Erreichung der Aufgabe einsetze, kann und sollte ich nicht davor zurückschre-cken, Macht im positiven Sinne von gestaltender Autorität bewusst einzusetzen, um dem Prozess eine Struktur zu geben, die für alle eine angenehme Stabilisierung bedeutet.

Die negative Kraft der Schuldgefühle

Oft gut verborgen, aber nicht weniger wirksam bei der Steuerung von Entscheidungen ist bei Mitarbeitern und Lebenspartnern der Umgang mit dem Thema Schuld. Schuldgefühle können ganze Teams und Familien lenken und bestimmen. Schuldgefühle haben eine enorme stimmungs- und verhaltensprägende Kraft, und zwar über lange Zeiträume hinweg.

Hintergrund für die Entwicklung des Schuldmusters ist zumeist eine missglückte Wiederannäherungsphase. In dem Alter, in dem das Kind laufen lernt, ist es wichtig, dass es nach jedem Freiheitsabenteuer wieder liebevoll in die Arme der Mutter oder des Vaters aufgenommen wird. Wenn bei Wiederannäherungsversuchen unklare oder negative Gefühle produziert werden („Du warst aber lange weg – ich habe mich alleine gefühlt.") dann werden diese Freiheitserlebnisse mit Schuldgefühlen belegt. Oft kommt hinzu, dass Eltern eigene nicht bewältigte Lebenskrisen auf die Kinder abwälzen:

- Weil du kamst, konnte ich nicht studieren.
- Weil du so schwierig warst, hat unsere Beziehung gelitten.

Dies sind wortgetreue Mitteilungen, die wir in unserer Arbeit immer wieder hören. Die resultierende selbstbestrafende (masochistische) Haltung führt dazu, dass Menschen mit solchen Erfahrungen leicht zu Prügelknaben eines Teams oder einer Abteilung werden (Mobbingopfer) und ihre Leistungsfähigkeit sowie ihre persönliche Erfüllung unter mangelnder Selbstbehauptung zunehmend zu leiden haben. Menschen mit starken Schuldgefühlen sind die „Runterzieher" des Teams. Heilsam ist die Unterscheidung zwischen Schuld und Schuld*gefühl*.

114

Lernchancen bei Schuldgefühlen

Wenn wir typgerecht führen wollen, müssen wir schuldgefühlsbeladenen Menschen Möglichkeiten verschaffen, selbstständig zu handeln, eigenständig geschaffene Ergebnisse zu erzielen, und ihnen die Erlaubnis geben, Fehler zu machen. Neue Grundüberzeugungen können geübt werden:

- Ich darf meinen Ärger und meine Wut zeigen.
- Ich muss mich nicht mehr klein machen, um etwas zu bekommen.
- Ich tue, was ich will, und werde trotzdem geachtet oder geliebt.
- Ich darf Spaß am Leben haben.
- Ich bin nicht schuld an dieser Misere. Es ist nur mein inneres Gefühl, das mich da runterzieht.

Schuldgefühle können aufkommen, ohne dass wir die geringste Schuld auf uns geladen haben. Ein Schuldgefühl ist eben *nur* ein Gefühl von Schuld, also eine gelernte Reaktion auf die Vermutung, Schuld auf sich geladen zu haben. Ihm muss keine reale Schuld zugrunde liegen. Diese Unterscheidung kann sehr erleichternd und entspannend sein. Vom Schuldgefühl über die Befreiung von diesem Druck bis hin zur Selbstverantwortung ist ein langer Weg. Wir unterstützen diesen Prozess durch Körperübungen, die die eigene Würde, die Aufrichtung und das Nach-Vorne-Gehen zum Thema haben. Hierzu mehr in Kapitel 12.

Von der Verwirrung zur Struktur

Wie wir zum Thema Verführung angedeutet haben, kann es Unklarheiten in der Kommunikation zwischen Eltern und Kindern geben, die Verwirrung stiften. So kann beispielsweise die Vermischung von liebevollem Kontakt und sexueller Bedürftigkeit der Eltern bei Kindern tiefe Verwirrung auslösen. Überschreiten diese Unklarheiten ein gewisses Maß, wird die Verwirrung so groß, dass die Heranwachsenden entweder keine Grenzen aufbauen können oder zaghaft errichtete Identitätsmerkmale immer wieder verlieren, weil diese ständig durch Übergriffe in Frage gestellt werden.

Wenn die Grenzen der Kinder zu häufig überschritten werden, kann sich kein stabiles, konsistentes Selbstgefühl entwickeln. Ein resultierendes Muster kann die *Wechseltendenz* sein, bis hin zur Haltlosigkeit, zur Angst vor dem Zerfließen oder zu anderen panikartigen Gefühlen. Diese Menschen sagen: „Ich weiß nicht, wer ich bin, wo ich anfange, wo ich aufhöre. Ich habe keine Grenzen." Alles muss intensiv sein, damit sie sich überhaupt spüren. Sie können sehr schnell wechseln in ihren Gefühlen und verbreiten leicht eine unangemessene erotische Atmosphäre, die sie aber selbst nur selten wahrnehmen können.

Generell ist das Problem, keine Erlaubnis für Abgrenzung und Bei-sich-sein zu haben. Wir hören dieses Thema in Führungskräftetrainings immer wieder: „Ich werde schon morgens von jammernden Kunden angerufen, die mir dann stundenlang ihre ganze Lebens- und Leidensgeschichte erzählen, von der Tante bis zur Großmutter. Ich nehme dann meinen Handapparat und gehe durch die Firma, damit ich wenigstens etwas Sinnvolles tue in der Zeit. Danach fühle ich einen starken Druck und Stress, dass ich soviel wertvolle Zeit verloren habe."

Dies ist ein typisches Beispiel für die mangelnde innere Erlaubnis, sich abzugrenzen, nein zu sagen und auf einem klaren, eindeutigen Kontakt zu bestehen. Ich erinnere dabei an die Bibelstelle, in der es heißt, dass wir unseren Nächsten so lieben sollen, *wie* uns selbst. Also nicht *mehr* als uns selbst. Wir sind aber meist so erzogen worden, dass wir mehr geben sollen als nehmen dürfen.

Lernchancen bei Verwirrungstendenz

Es ist jedoch wichtig, zu erkennen, dass Geben und Nehmen ausgeglichen sein müssen. Dass wir uns verausgaben, wenn wir zuviel geben, uns ohne Grenzen verströmen und nicht genug nehmen. Für diese Menschen ist es sehr wichtig, auf ein über einen bestimmten Zeitraum ausgeglichenes Geben-und-Nehmen-Konto zu achten.

Führungskräfte, Mitarbeiter und Freunde können darauf achten, dass diese Personen immer wieder positive (manchmal auch schmerzhafte) Erfahrungen mit Grenzen machen können, die mit folgenden Sätzen beschrieben werden können:

- Ich lasse mich nicht mehr ausnutzen.
- Ich kann bei einer Sache bleiben.
- Ich kann ein klar umrissenes Thema bearbeiten.
- Ich kann auch von meinem Gegenüber Klarheit erwarten.
- Ich kann und darf Grenzen setzen.
- Ein NEIN ist erlaubt.
- Auch ohne Erotik ist ein Kontakt sinnvoll und wirklich.

Leistung als Führungs- und Lebensmaßstab

Eine so wesentliche Beurteilungskategorie wie Leistung ist in unserer Gesellschaft natürlich hochgradig emotional besetzt. Wir alle wollen etwas leisten, wollen gut sein und dafür anerkannt werden. Und das ist auch völlig in Ordnung. Schließlich ist Leistung eine angenehme Sache, die uns wach macht, uns lebendig fühlen lässt und unsere Kreativität entfaltet.

Einige von uns – und das sind dann meist auch die Erfolgreichen – wollen es besonders gut machen (*Dauertendenz*). Sie haben von früh auf gelernt, dass sie nur akzeptiert werden, wenn sie die Besten sind, wenn ihre Leistung ohne Fehler ist, und dass der wahre Mensch erst bei einer Spitzennote oder dem Herrn Doktor vor dem Namen beginnt.

Die Eltern oder Lehrer haben ihm oder ihr vermittelt, dass nur der arbeitende Mensch ein guter Mensch ist, dass nur Hochleistung etwas zählt und dass er oder sie nicht auf der Welt sind, um zu genießen, zu faulenzen oder es sich sonstwie gut gehen zu lassen.

- Erst die Arbeit, dann das Spiel.
- Ordnung ist das halbe Leben.
- Keine Fehler, halt dich aufrecht.
- „Mein Kind war schon mit einem Jahr trocken!" … etc.

Diese Menschen – und wir kennen viele davon, und sehen uns vielleicht auch selbst darin widergespiegelt – sind unermüdlich und übergründlich. „Nur durch Leistung, Arbeit, Disziplin und Anstrengung schaffe ich mir einen Platz auf dieser Welt". Sie leben in der Unsicherheit, ob sie ohne Leistung, „einfach nur so als Mensch", überhaupt liebenswert sind. Deswegen müssen die Anstrengungen immer noch verstärkt werden.

Lernchancen bei Perfektionsdruck

Wir können diese Menschen (und uns selbst) darin unterstützen, ihre Sehnsucht, ihre Bedürfnisse, ihre Sanftheit zu akzeptieren. Sie brauchen eine Atmosphäre, in der ihr eng machender Perfektionspanzer schmelzen kann, in der sie sich mit ihren weichen Gefühlen sicher und gut fühlen können. Als Erlaubnissätze können wir anbieten:

- Ich muss nichts beweisen, um geliebt zu werden.
- Ich darf Fehler machen.
- Ich genieße meine Leistung, muss aber nicht perfekt sein.
- Vollkommenheit ist eine Illusion.
- Ich gehöre dazu, auch wenn ich nicht der Beste bin.
- Ich darf mich ausruhen.

Mehr über den diffizilen Übergang von Leistung zu Stress, von gesunder Leistung und Herausforderung zu Überforderung werde ich weiter unten abhandeln.

Der Core-Zustand

Es gibt Menschen, deren Wahrnehmung und Lebensgrundgefühl orientiert sich am Thema Fülle, Sein oder Flow. Dies sind Menschen, die diesen Zustand durch Arbeit an sich und durch glückliche Umstände schon erreicht haben, indem sie die übrigen acht Grundüberzeugungen durchgearbeitet und integriert haben und in ihrem Kern angekommen sind. Entwicklungspsychologisch ist diese Haltung Anfangs- und Endpunkt zugleich. Dies ist unser ursprüngliches Sein, wir werden aus diesem Zustand „vertrieben" und streben dann oft ein ganzes Leben wieder zu dieser ganzheitlichen Erfahrung, die am Anfang unserer Existenz stand.

Zu dieser positiven Symbioseerfahrung des Embryos muss in der späteren Entwicklung als Reifungsschritt beim Erwachsenen die Fähigkeit zur Lösung, zur Autonomie und das Bewusstsein von Identität hinzukommen. Dies beides als Voraussetzung für *Funktionslust* und aufgabenorientierte *Leistungslust* und für Fließen in unseren Tätigkeiten, für ein getragenes und erfülltes Glücksempfinden, für *Flow*.

Wir nennen diesen Zustand der Verbindung mit unserem Wesen oder Sein auch Core-Zustand. Es ist ein Erleben, das durch den Kontakt zu unserem tiefsten Kern gekennzeichnet ist, in dem wir Rollen, Gefühle, Bilder und Gedanken hinter uns gelassen haben und Kontakt mit unserer tiefsten Wesenskraft erfahren.

Übung: Was ist das, mein Innerstes?

Entspannen Sie sich einen Augenblick. Atmen Sie ein paarmal tief durch und erlauben Sie Ihren inneren Spannungen, sich zu lösen. Spüren Sie, wie Ihre Kraft Sie durchströmt. Erforschen Sie Ihr Inneres und lauschen Sie auf seine Antworten:

● Was in meinem Leben würde meine Seele wirklich beflügeln?
● Was löst in mir die Empfindung von Echtheit und Tiefe aus?
● Trete ich für das ein, woran ich glaube?

Unser Innerstes ist unser Kern. Wir können ihn auch Seele oder Seinsgrund, Wesen oder Quelle unserer Kraft nennen. In einem bildhaften Modell, das etwas zu kurz greift und der Tiefe dieser Wirklichkeit nicht wirklich angemessen ist, gehen wir davon aus, dass dieser Kern von den sichtbaren, so genannten Persönlichkeitsschichten umgeben ist.

Übung: Core-Motivation

Sie können einen ersten Schritt in Richtung Seele unternehmen, wenn Sie sich die Fragen stellen:

● „Was fehlt mir in meinem Alltag?"
● „Was will ich wirklich?"

Diese letze Frage, die wir die Frage nach der Core-Motivation nennen, führt, wenn wir sie häufig wiederholen, immer tiefer und hilft uns zu verstehen, was in unserem Alltag seelenlos und was seelenvoll ist.

Die erste Frage für diesen Forschungsprozess kann sein: „Wenn ich am Montag früh zur Arbeit gehe, was ist es, was ich damit erreichen will?" Wenn Sie eine Antwort gefunden haben, fragen Sie weiter: „Und wenn ich das erreicht habe, was ist es, was ich damit erreichen will? Was will ich wirklich?"

Nach meiner Erfahrung kommen alle, die die im Kasten beschriebene Frageübung lange genug weiterverfolgen, zu einem Punkt, an dem sie sich selbst in ihrem Kern und Sein begegnen und sich Türen öffnen, die mit wirklicher Erfüllung zu tun haben.

Ich werde weiter unten ausführlicher auf die Bedeutung dieser Grundhaltung zu sprechen kommen.

Die folgende Abbildung zeigt die neun Überzeugungsmuster in ihren jeweiligen Schatten- und Lichtaspekten (kursiv). Markieren Sie, welches dieser Themen Ihr hauptsächliches und welche die zweit- und drittwichtigsten sind.

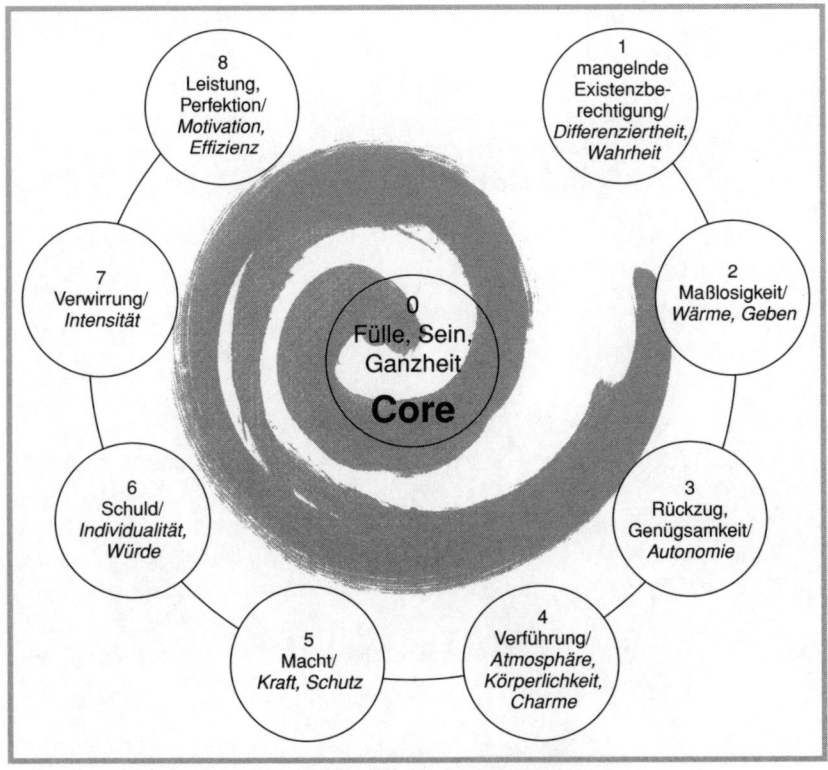

Abb. 13: Welches sind Ihre Grundüberzeugungen?

8. Unterschiede in der Stabilität

Ein weiteres wesentliches Unterscheidungsmerkmal von Menschen sind unsere Säulen der Stabilität. In meiner jahrelangen Arbeit mit Menschen habe ich acht Säulen der persönlichen Identität oder Stabilität als nützlich herausgefunden. Auch dies wird in der Literatur unterschiedlich gesehen. So spricht Petzold etwa von fünf Säulen der Identität. Bei der Festlegung der Identitätssäulen spielen persönliche Vorlieben und Erfahrungen eine Rolle. Vielleicht werden Sie in Ihrer persönlichen Diagnostik eine neunte oder zehnte Säule für wichtig erachten.

Die acht Säulen der Identität

Folgende Säulen prägen unsere Weltwahrnehmung, unsere Leistungsfähigkeit und unsere Kommunikationsmuster:

1. Körper

- Wie erlebe ich meinen Körper?
- Wie weit kenne ich ihn, wo ist er mir fremd, wo und wie vertraut?
- Ist er mir Stütze, Freund, Feind oder Verunsicherung?
- Wieviel Support kann ich in der Arbeit und in Konflikten aus meiner Körperlichkeit ziehen?
- Welche Entwicklungsmöglichkeiten für diese Säule sehe ich?

2. Gefühle

- Wie stehe ich zu meinen Gefühlen?
- Sind sie mir Freund oder Feind?
- Bekannt oder Terra incognita?
- Verunsichern sie mich in wichtigen Situationen oder kann ich mich auf sie verlassen?
- Welche Gefühle sind bedrohlich, welche angenehm?

3. Beruf

- Ist mein Beruf erfüllend für mich und damit eine Stütze meiner Identität?
- Kann ich mich entfalten, entwickeln und sehe ich zukünftige Wachstumschancen in meiner Tätigkeit?
- Ist mein Beruf selbst gewählt und Berufung oder nur ein lästiger Job?
- Wieviel Kraft gibt er mir?

4. Materielle Basis

- Jenseits der Erfüllung durch meine Tätigkeit: Habe ich eine sichere materielle Basis, auf die ich mich verlassen kann?
- Sind meine Entscheidungen durch das Gefühl von materieller Sicherheit geprägt oder kämpfe ich von jedem Ersten des Monats zum nächsten?

5. Werte

- Habe ich Werte in meinem Leben?
- Kenne ich meine Werte?
- Prägen sie mein Verhalten?
- Stabilisieren oder labilisieren sie mich?
- Sind meine Werte selbst gesetzt und frei oder übernommen und eher repressiv für mich?

6. Soziales Netz

- Gibt mein soziales Netz mir Sicherheit, kann ich mich auf meine besten Freunde und engsten Mitarbeiter wirklich verlassen?
- Gibt es Menschen, die mich in schwierigen Situationen wirklich unterstützen, für mich da sind?
- Welches Lebensgefühl gibt mir mein soziales Netz?
- Ist es stabil, vielfältig oder dünn und brüchig?

7. Ich-Identität

- Gibt es eine Instanz in mir, die diese Säulen meiner Identität wahrnimmt, registriert und in so etwas wie einem Ich-Bewusstsein integriert?
- Bin ich mir meiner Würde und Integrität jenseits meiner äußeren Rollen bewusst?
- Wie stark ist mein Ich?

8. Seelisch-geistiges Sein

● Gibt es in mir so etwas wie eine seelisch-geistige Dimension?
● Kenne ich sie und gibt sie mir Sicherheit und Kraft oder verunsichert dieser Bereich des Lebens mich?
● Wie sehr kenne ich mich aus in diesem Raum meines Innersten?

Übung: Skizze der Stabilitätssäulen

Fertigen Sie auf einem Blatt Papier mit Buntstiften eine kleine Skizze Ihrer Stabilitätssäulen an und finden Sie für jede Säule ein Symbol oder ein Bild. Indem Sie die Säulen entsprechend ihrer Stabilität größer oder kleiner malen, erkennen Sie, wo Ihre Stabilitäten und Ihre Schwächen liegen. Dies ist eine große Unterstützung in alltäglichen Kontaktsituationen und Sie werden im Laufe der Zeit eine immer tiefere Beziehung zu den Stabilitätsaspekten Ihrer Säulen bekommen. Ebenso ist es wichtig, ein Bewusstsein von den Stabilitätssäulen Ihrer Mitarbeiter (und auch Lebenspartner) zu haben. Sie erkennen dann sofort, woraus ein Konflikt resultieren kann, was in dieser Situation möglich und was nur schwer möglich ist und worauf Sie bauen können. Das gemeinsame Gespräch über die Stabilitätssäulen ist in Teamentwicklungen, Konfliktmanagements oder Führungskräftetrainings ein wesentlicher Baustein zur Kontaktintensivierung.

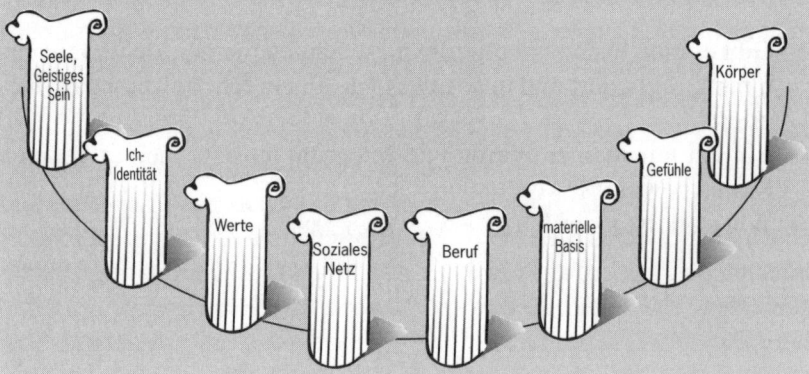

9. Schritte zur Mehrperspektivität

Welche Transformationen der Grundüberzeugungen sind möglich? Welche Schritte zu einer komplexeren Sichtweise von Welt können angeboten werden?

In Teams oder Organisationen, die noch nicht über ihre Grundhaltungen des Teams als Ganzes oder jedes Teammitgliedes nachgedacht haben, ergeben sich oftmals heftige Konflikte, die teilweise zu erbitterter Feindschaft führen. So streiten sich meistens die Menschen, die um ihre Existenzberechtigung kämpfen (Typ 1), um ihres Wirklichkeitsgefühls willen ständig nachfragen und die Wahrheit suchen, besonders mit den Perfektionisten (Typ 8), denen diese „ewige Fragerei" zu lange dauert, die sich durch Fragen ihrer Effektivität beraubt sehen und sich persönlich angegriffen fühlen. Dieser Konflikt Existenzberechtigung gegen Leistung ist klassisch und kommt in fast jedem Team vor. Auch in Paarbeziehungen finden wir nicht selten diese Konfliktkonstellation.

Ein weiteres Streitpaar bilden oft die, die es gerne intensiv und fröhlich haben wollen, mit denen, die für alles die Schuld auf sich nehmen oder die sich entschieden haben, schon alleine klarzukommen. Also z.B. Maß gegen Schuld oder Verwirrung gegen Rückzug.

Führungskräfte, die das Muster „Kontrolle durch Macht" leben, dies aber nicht offen zugeben, werden von Menschen, die um ihre Existenzberechtigung kämpfen, oft angegriffen. Menschen mit Schuldgefühlen unterwerfen sich leicht und kooperieren mit dem Macht-Typ, die Bedürftigen ziehen sich in Konflikten eher zurück.

Alle diese Konstellationen ziehen solange Energie aus dem Team und schaffen dysfunktionale Kommunikationsbarrieren, die die Effektivität eines Teams behindern oder völlig lahmlegen, bis diese Muster benannt und hinterfragt worden sind. Durch Überstunden und Nachtschichten wird versucht, die Energieverschwendung wieder aufzuholen. Es ist wie ein Rennen im Hamsterrad. Unzufriedenheit und

Aggression wachsen, Krankheiten nehmen zu und innere, heimliche Kündigungen sind die Regel.

Dieser Reibungsverlust im Unternehmen erfolgt, weil wir uns untereinander unsere Grundüberzeugungen nicht klargemacht und uns nicht miteinander auf einen Lernprozess eingelassen haben, in dem wir uns wechselseitig in diesen Grundmustern verstehen und akzeptieren gelernt haben. Ein psychologisches „Naturgesetz" lautet: „Wir können uns nicht über unsere Grundüberzeugungen streiten. Sie gehören zu uns und prägen unsere Sicht von der Welt in entscheidendem Maße." Wir können diese tief verwurzelten Annahmen über die Welt nicht vollständig ändern. Aber wenn wir uns dieser Muster bewusst werden, verlieren sie ein Stück ihrer prägenden Macht. Und vor allem: Wir verstehen uns und die anderen besser und sind eher bereit, die *Relativität unseres Standpunktes* zu akzeptieren. Dies erfordert jedoch oft harte Arbeit, und viel Widerstand wird gegen eine Bewusstwerdung dieser Muster geleistet.

Die Motivationsdiagnose

Die neun Grundüberzeugungen sind nur ein mögliches Modell, Weltwahrnehmungen zu beschreiben. Eine weitere Möglichkeit ist die Arbeit mit Themen. In jeder ehrlich arbeitenden Gruppe kommen allgemein menschliche Themen ins Bewusstsein wie Wertschätzung, Führung, Vertrauen, Kampf, Konkurrenz, Ehrlichkeit, Angst, Verweigerung, Neid, Anpassung, Geschlechterkampf etc. Auch unter diesen unterschiedlichen Themenstellungen sehen die Abteilung, das Team, das Unternehmen und die Welt sehr verschieden aus. Themenstellungen verändern die Wahrnehmung und das Bewusstsein, einfach durch die Tatsache der Fragestellung und die Benennung des Problems mit dieser Überschrift. Es ist für mich immer wieder faszinierend, zu erleben, dass durch die reine Benennung eines Vorgangs dessen Wahrnehmung schon verändert wird.

Üben Sie dies als Führungskraft, indem Sie Vorgänge, die Sie beobachten, sofort benennen und unter dieser Überschrift zur Diskussion stellen. Nicht im Sinne von „ertappt", sondern im Sinne von „erkannt". Gefahr benannt, Gefahr schon halb gebannt. Ich habe diese Methode ausführlicher in *„Kontakt, Intuition und Kreativität"* beschrieben.

Bewusstheit der Core-Motivation

Letztlich geht es immer um die Frage: „Was steht dahinter?". Welche Motivation steht hinter diesem Verhalten, was will die Betreffende wirklich damit erreichen? Was ist das Grundbedürfnis, das sie damit ausdrücken oder verstecken will?

Wir können als Führungskräfte üben, diese Frage nach der Core-Motivation immer wie eine zweite Bewusstseinsebene mitlaufen zu lassen. Damit vermeiden wir, dass wir in das System des Gegenübers hineingezogen werden und können so unser Verständnis für die Situation ohne Zusatzenergie vertiefen. Ja, die Erfahrung zeigt sogar, dass dieses mitlaufende Bewusstsein „Was will die Person wirklich?" die Wachheit und damit die Energie der Führungskraft erhöhen und unnötige Konflikte rechtzeitig vermieden werden.

Was will ich wirklich und was will mein Gegenüber?

Typgerechtes Führen lässt sich also auf diese eine Frage zusammenfassen: „Was wollen ich und mein Gegenüber – hinter unseren Wahrnehmungsmustern – wirklich?" Um dies in einer komplexen Zusammenschau mit einem Blick erfassen zu können, habe ich einen Diagnosebogen entwickelt, der die beschriebenen 33 Typisierungen in einer Synopse zusammenfasst. Einige Aspekte überlappen sich, sie ergänzen sich jedoch in der jeweiligen Perspektive des Modells und fügen sich in ein anschauliches Gesamtbild.

Es ist zu empfehlen, dass Sie Abbildung 15 zuerst ein paarmal fotokopieren, damit Sie genügend Vorlagen haben, um diese Diagnose dann jeweils für sich und für verschiedene MitarbeiterInnen durchführen zu können. Wenn Sie anschließend die Bilder vergleichen, werden Ihnen manche Konflikte sofort einleuchtend und verständlich sein. Oftmals ist diese Landkarte schon die Lösung von Problemen. Diese Bewusstheit kann unsere Wahrnehmung und damit die Situation verändern und plötzlich steht manches in einem völlig neuen Licht. Dies haben mir zahllose Kunden und Seminarteilnehmer bestätigt.

Nach einiger Zeit werden Sie diese Landkarte in ihrem Bewusstsein wie selbstverständlich immer „mitlaufen" lassen, sie kann zu einer vertrauten und Sicherheit gebenden Begleiterin werden.

Die einzelnen Diagnoseschritte

Anhand dieser nun erarbeiteten komplexen Diagnostik werden einzelne Konfliktsituationen im beruflichen oder privaten Leben aufgearbeitet. Diese Analyse geht nach folgenden Schritten vor:

1. Entscheidung für einen Konflikt

2. Benennung der beteiligten Personen

3. Was will ich in diesem Konflikte erreichen?

4. Wie sieht die Welt aus meiner Perspektive aus? d.h. genaue Analyse meiner Strukturen und Wahrnehmungsmuster

5. Wie sieht die Welt aus ihrer (des Gegenübers) Perspektive aus?

6. Was ist infolgedessen realistisch als Ergebnis?

7. Szenen und Dialoge auf angemessenen Tiefungsebenen

8. Ergebnis und Vertragsverhandlungen

9. Sharing und Feedback der beteiligten Personen

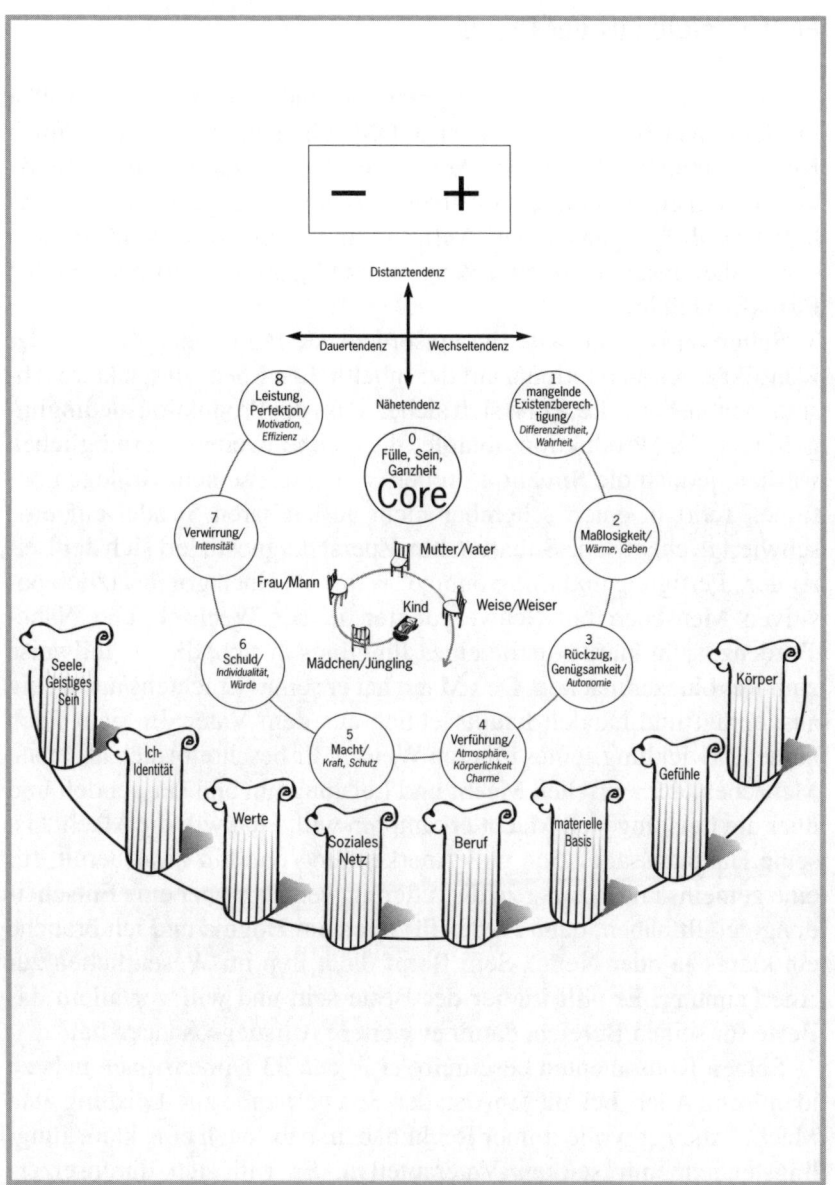

Abb. 14: Diagnosebogen zur Motivation

Fallbeispiele aus der Praxis

Der Leiter der Abteilung „Fertigung und Endmontage" eines großen Produktionsbetriebes mit 300 Mio. DM Jahresumsatz schildert einen Konflikt mit dem Leiter der Abteilung „Interne Zulieferung": Beide kämpfen in einer unklaren Wettbewerbssituation gegeneinander, boykottieren ihre gegenseitigen Aufträge und Lieferfristen und bringen somit die gesamte Auslieferung einer eigentlich prosperierenden Firma in Gefahr.

Schon zu Beginn sagte die entsprechende Führungskraft, dass der Konflikt eigentlich rational auf der inhaltlichen Ebene durch klare Absprachen lösbar wäre, er ist sich sicher, dass die Produktionsbedingungen und die Produktionsabläufe dies ohne weiteres ermöglichen würden, jedoch die Situation, in der er sich mit seinem Kollegen befindet, führt in einen scheinbar nicht aufhaltbaren Strudel auf eine schwierige chaotische Situation hin. Zuerst diagnostiziert sich der Leiter der „Fertigung und Endmontage" selbst als einen grundsätzlich positiven Menschen mit Schwerpunkten in der Wechsel- und Nähe-Tendenz, sieht klare Anteile eines Jünglings in sich, die ihn teilweise zum Revoluzzer machen. Den Mann hat er seines Erachtens nur wenig ausgeprägt und handelt hauptsächlich aus dem Vater. Er sieht noch keine Entwicklung seines inneren Weisen. Er beschreibt sich als einen Menschen, der zwischen Macht und Leistung hin und her pendelt und über die Leistung sich Macht erkämpfen will. „Ich will die Macht" ist seine Hauptaussage. „Ich will Anerkennung und bin zwar bereit, für eine gemeinsame Lösung zu diskutieren, wenn wir aber eine Entscheidung gefällt haben, dann ist das für mich ein Dogma und ich brauche ein klares Ja oder Nein." Sein Beruf dient ihm im Wesentlichen zur Anerkennung. Er will immer der Beste sein und will vor allem das Beste für seinen Bereich, damit er weitere Aufstiegschancen hat.

Seinen Kontrahenten beschreibt er in den 33 Dimensionen nahezu identisch. Auch bei diesem ist der Schwerpunkt auf Leistung und Macht. Auch er wolle immer Recht haben, habe auch eine klare Jünglingstendenz mit starken Vateranteilen. Er will sich durchsetzen. Beide Führungskräfte führen im Privatbereich erfolgreiche Vereine, in denen sie ihre Leistungs-, ihre Macht- und ihre Erfolgswünsche ausleben.

Im ersten Rollenspiel drehen sich beide auf der Sachebene hin und her. Die Argumente sind bekannt. Sie werden immer wieder wiederholt. Erst als der beratende Coach diesen sich seit Jahren drehenden Kreislauf der Sachargumente und der unausgesprochenen Konkurrenz unterbricht und den Leiter Endmontage auf die Beziehungsebene „zwingt", eröffnet dieser die Beziehungsebene zu seinem Kontrahenten mit dem Satz: „Ich versuche immer besser zu sein. Wir sind nicht offen miteinander. Wir verbrauchen eine Menge Energie. Unsere Konkurrenz knistert doch für alle sichtbar."

Durch diese Eröffnung ist auch sein Gegenüber fähig und bereit, auf die Beziehungsebene zu gehen: „Ich versuche natürlich auch, immer zu glänzen. Wie können wir diese Konkurrenz loslassen?" Nach einem klärenden und entlastenden Eingeständnis der gegenseitigen Konkurrenz beschließen beide, dass sie in Zukunft in ähnlichen Konfliktsituationen den negativen Dampf aus dem Gespräch holen, indem sie direkt die Frage stellen: „Wer ist denn jetzt gerade der Beste von uns?"

In dieser insgesamt 30-minütigen Beratung konnte sehr schnell herausgearbeitet werden, dass das ursprüngliche Ziel des Endmontage-Leiters, nämlich sein eigenes Ziel und nur seine Position durchzusetzen, nicht realistisch ist und bei dieser gleich gelagerten Typenstruktur nur die Möglichkeit des Wechselns von der Sachebene auf die Beziehungsebene eine Chance bringen konnte, eine Begegnung herzustellen. In der folgenden Übung erkannte der Leiter Endmontage, dass das Hier und Jetzt die einzige Möglichkeit war, eine Beziehung, einen Kontakt zu seinem Kontrahenten herzustellen.

In einer anderen Situation schildert der Vertriebsleiter den Teamleiter Außendienst als einen internen Wolfsrudelleiter, der die Teamintegration ständig boykottiere und nicht bereit sei, in den Teamsitzungen konstruktiv an Lösungen zu arbeiten. Immer wieder würde er durch Zwischenrufe und Bemerkungen die Vortragenden stören. In der Analyse der beiden Charakterstrukturen von Leiter und Mitarbeiter wurde festgestellt, dass der Leiter sich hauptsächlich im

Vater-, der Mitarbeiter hauptsächlich im Jüngling-Archetyp aufhalte. Auch in Nähe und Distanz seien sie gegensätzlich, ebenso in den neun Grundüberzeugungen in keinem der Punkte übereinstimmend. Während der Außendienstmitarbeiter Maßlosigkeit, Verführung und Verwirrung als Hauptmuster habe, sah sich der Vorgesetzte als Leistungs- und Machtmensch. Auch in den Säulen unterschieden sie sich. Während der Vorgesetzte auf der Werteebene seinen Schwerpunkt sah, sah er bei seinem Mitarbeiter den Schwerpunkt auf der Gefühlsebene.

Wir konnten herausarbeiten, dass bei dieser extremen Unterschiedlichkeit nur eine Konfrontation mit dem Jüngling aus der Mann-Ebene einen möglichen Kontakt herstellen konnte. Dem Vorgesetzten war es zunächst schwierig, aus der stark überheblichen Vater-Rolle herauszugehen, die nur Leistungsdruck und Machtanspruch ausdrückte. Erst, als er in eine klare Mann-Position ging, die den Jüngling mit seinen unentwickelten Möglichkeiten konfrontierte, kam die Kommunikation in Bewegung. Auch hier wiederum war der entscheidende Schritt, von der inhaltlichen Ebene weg auf die Beziehungsebene der Beiden zu gehen. Und die Lösung wurde erst möglich, als der Vorgesetzte direkt die Beziehungsebene ansprach: „Ich habe ein Problem mit Dir und will Dich fragen, ob Du etwas gegen mich hast." Oftmals ist es für Führungskräfte sehr schwer, auf die Beziehungsebene zu gehen und es ist ein großes „Aha"-Erlebnis für sie, wenn ihnen dies, meist zum ersten Mal, gelingt.

Bei einem anderen Konfliktgespräch konnte über die Stabilitätssäulen, speziell über die Werte-Säule herausgefunden werden, dass der entscheidende „Schwachpunkt" einer Führungskraft sein sehr starkes Ehrlichkeitsbedürfnis sich selbst und anderen gegenüber war. Wir konnten herausfinden, dass Wahrhaftigsein für ihn so wichtig ist und er auf Schauspielerei und Indirektheit so verletzt reagierte, dass er keinen Überblick über die Situation behalten konnte. So geschah es ihm dann mit einem Mitarbeiter, der offensichtlich ein Alkoholproblem hatte, dass er seine gesamte Überblickskraft, seinen Weisen und seine männliche Durchsetzungsfähigkeit verlor, weil dieser Mitarbeiter ihn mit seiner Unehrlichkeit bis zum Äußersten reizte. Erst als wir dies herausarbeiteten, konnte die Führungskraft wieder die notwendige

Grenze aufbauen und den Mitarbeiter mit seinem Alkoholproblem aus dem Mann und dem Weisen heraus konfrontieren.

In einem weiteren Fallbeispiel schilderte sich ein Leiter der Marketingabteilung als leistungs- und machtorientiert, dennoch ohne klare Werte und mit einer deutlichen Erkenntnis, dass Gefühle und Beziehungsthemen nicht seine Welt seien. Er sei zwar klar in seinen Entscheidungen, aber so sehr in der Distanztendenz und in der Dauer, dass jede Art von Unklarheit, Gefühlsbezogenheit und Beziehungsebene ihm Angst machen.

In der Analyse seines Gegenübers wurden ähnliche Strukturen festgestellt. Er nannte ihn einen Stempeluhr-Mensch, der nur in seiner Exaktheit lebe, er brauche viel zu viel Aufwand für seine Entwicklungen und sei mit seinem Selbstbild nicht im Reinen. Hauptsächlich wurde über die Analyse der Rückzugstendenz herausgefunden, dass er im Wesentlichen aus dem Jüngling und aus dem Trotz heraus agiere. Seine hauptsächliche Antwortstruktur sei „ja aber ...". Obwohl nun der Vorgesetzte sich darüber klar war, dass „Softskill-Punkte für ihn schwierig seien", begab er sich in die Auseinandersetzung und war zum ersten Mal aufgrund seiner Selbstdiagnose in der Lage, sein Gegenüber auf dessen Strukturen anzusprechen, den Trotz und das „ja, aber ..." zu konfrontieren und ihn durch eine sehr konsequente Gesprächsführung ins Hier und Jetzt zu holen.

Manchmal denken Führungskräfte, dass durch optimalen Führungsstil alles lösbar sein könne. Im Konzept des typgerechten Führens kommen wir jedoch zu dem Ergebnis, dass manchmal die Analyse der Charakterstrukturen nach dem obigen Schema zu der Erkenntnis führen kann, dass eine Trennung die einzige sinnvolle Möglichkeit in einer festgefahrenen Situation darstellt. So arbeitete ein junger 35-jähriger IT-Spezialist an seiner Problematik, die er mit einer 55-jährigen Verkaufsleiterin hatte. Er beschreibt sie als Dauertendenzorientiert, mit klaren Mutteraspekten, mangelnder Existenzberechtigung, Rückzugstendenz und Machtanspruch. Sie habe Angst, dem Neuen nicht gewachsen zu sein, und sperre sich auch bewusst und offen gegen jede Art von Neuerungen innerhalb der Abteilung. Die Dauertendenz sei so deutlich, dass sie jeden Versuch, Neuerungen im IT-

Bereich einzuführen, bremse und blockiere. Der junge Technologie-leiter beschreibt sich im Gegensatz dazu eher als Jüngling, noch kaum ein Mann, ohne Kontakt zu seinem inneren Weisen. Er könne mit Beziehungen und Gefühlen noch gar nichts anfangen, sei ganz ohne Körpergefühl und schütze sich dadurch, dass er Ordnung priorisiere vor seiner Angst vor jeder Art von menschelnden Arbeitsbeziehungen.

Erst in einer längeren Analyse seines Körperausdrucks, seiner jünglingshaften Stimme, seiner fehlenden männlichen Ausdruckskraft konnte herausgearbeitet werden, dass ein effektiver und erfolgreicher Kontakt in dieser Struktur nicht möglich scheint. Als er das für sich erkennen konnte, war es ihm möglich, seine Fixierung auf diese Mitarbeiterin als Problem zu lösen, und sich auf eine Gesamtumstrukturierung der Vertriebssituation im Gespräch mit seinem Vorgesetzten vorzubereiten. Damit dies überhaupt möglich war, arbeiteten wir eine Zeitlang an seinem Körpersupport, an seiner Art zu stehen und zu sprechen, an seiner Fähigkeit, nach vorne zu gehen und damit eine Grundlage für Konfliktfähigkeit im Kontakt mit seinen Vorgesetzten zu entwickeln.

Typgerechtes Führen verlangt nicht, dass wir jedes Mal alle 33 Aspekte systematisch durchgehen, sondern in jeder Fallanalyse werden unterschiedliche Schwerpunkte in den Vordergrund treten. So z.B. bei der Leiterin Design einer Modefirma, die ihren Konflikt mit einer jungen Mitarbeiterin schilderte. Nach dem Durchspielen der verschiedenen charakterlichen Unterschiede zwischen Leiterin und Mitarbeiterin trat in den Vordergrund die Mutter- versus Mädchensituation. Offensichtlich war die junge Mitarbeiterin so sehr in eine Mutterübertragung auf die Chefin geraten, dass sie nur noch im Trotz reagieren konnte. Wir konnten herausarbeiten, dass so niemand eine Chance hatte, einen irgendwie erfolgreichen Kontakt zu gestalten. Erst als die Vorgesetzte ganz auf ihre mütterlich-fürsorglichen Verhaltensweisen verzichtete und in eine starke und scharfe Abgrenzung ging, konnte der Trotz konfrontiert werden. Diese Abgrenzung ist oft die einzige Reaktionsmöglichkeit auf Trotz.

Oftmals gibt es Probleme und Auseinandersetzungen zwischen den Leitern der Produktion und den Leitern des Verkaufs. Insbesondere bei bereichsspezifischen Gewinnbeteiligungssystemen für die Führungskräfte können hier heftige Konkurrenzen entstehen. So hat im nächsten Beispiel der Leiter Produktion die Abteilung Verkauf als „weak sellers", als rückschrittlich und engstirnig beschrieben. Seine verbalen Angriffe werden von den Verkäufern als arrogant und verletzend erlebt.

In der Diagnose der beiden Konfliktbeteiligten konnte herausgearbeitet werden, dass die meisten Tendenzen und Grundüberzeugungen eine große Ähnlichkeit aufweisen. In wenigen Punkten konnte Konfliktmaterial gefunden werden, lediglich in der Nähe- und Distanztendenz waren extreme Unterschiede feststellbar. Also schien es sinnvoll, das Konfliktgespräch hieran aufzuhängen. Der Leiter Verkauf ging mit dem Ziel ins Gespräch, dass sein Gegenüber mehr Problembewusstsein für diese vertrackte Situation entwickeln solle, und eröffnete das Gespräch mit einer direkten Selbstoffenbarung und Diagnose seines Gegenübers:

„Ich bin überzeugt, wir beide haben ein gemeinsames Problem. Ich brauche Deine Unterstützung und Du brauchst meine, um dieses Gegeneinander unserer Abteilungen aufzulösen. Ich erlebe Dich als unnahbar und distanziert und möchte Dich bitten zu sehen, dass ich von einer ganz anderen Bedürfnislage herkomme als Du. Ich möchte jetzt unsere Beziehungsebene ansprechen, denn das Problem sitzt tiefer als nur unsere Produktions- und Verkaufsabläufe. Wenn Du so mit mir umgehst, dann fühle ich mich inkompetent, obwohl ich schon seit 30 Jahren hier in dieser Firma alle Stufen durchlaufen bin. Wir sind die Modelle für unsere Mitarbeiter, deswegen trägt sich alles, was wir beide miteinander tun, Etage um Etage hinunter bis zum Pförtner. Wir provozieren die anderen durch unser Verhalten. Nur wir beide können etwas ändern, indem wir uns gegenseitig sehen in unserer Unterschiedlichkeit und in unseren Übereinstimmungen. Ich denke, auf der Ebene der Werte haben wir eine große Übereinstimmung und durch ein Gespräch über unsere Werte können wir uns sicher ein Stück weit annähern. Wir haben auch beide die Grundannahme, dass die Welt gut ist und dass dieser Job eine gute Herausforderung für uns darstellt, fühlen uns beide willkommen und kompetent. Dies ist eine gute

Grundlage für eine Kooperation. Ich bin in Zukunft bereit, Deine Aggressionen, die Du einfach ausdrücken musst, aufzunehmen und sie mir anzuhören. Aber bitte mache das hier bei mir und trage es nicht hinaus in den Betrieb. Ich werde beides tun: Ich werde Dein Distanzbedürfnis respektieren und Dir gleichzeitig eine enge Kooperation anbieten in Respekt vor Dir. Nur wir beide können das Problem lösen. Wir sind die Modelle und ich hoffe, dass unsere mittelfristige Wandlung von den Mitarbeitern im Betrieb erkannt wird und sich dadurch das Klima dort ändert."

Nachdem dieses beispielhafte Gespräch in einer Coaching-Situation geplant und geübt wurde, vereinbarte der Verkaufsleiter einen Gesprächstermin mit dem Produktionsleiter und teilte ihm auf genau diese Weise seine Anschauung und Bedürfnisse mit. Nach erstem Widerstand öffnete sich der Distanz-orientierte Produktionsleiter, da er sich gesehen fühlte und sein Distanzbedürfnis und seine Aggressionen respektiert sah. Dies bringt oftmals in Gesprächen die entscheidende Wendung, wenn jemand in seinen Schwächen gesehen und respektiert wird. Dann können viele Menschen loslassen oder eine größere Distanz zu diesem Verhaltensmuster aufbauen.

Vier Monate später führten wir ein Follow-up-Evaluationsgespräch mit dem Verkaufsleiter. Dieser äußerte sich sehr zufrieden über die Verhaltensänderung, die aufgrund dieses ersten und weiterer folgender sehr offener Gespräche mit dem Produktionsleiter stattgefunden habe. Auch schon auf der nächsten Ebene der Gruppenleiter habe sich die Atmosphäre deutlich gebessert. Langsam beginne eine Kultur des Ansprechens und Benennens von Wahrnehmungen auf der Beziehungsebene.

Generell sind positiv-schockierende Erkenntnisse in unserer Beratungsarbeit, dass Dinge zum Thema gemacht werden dürfen, und dass Führungskräfte sich gegenüber Grenzenlosigkeit abgrenzen dürfen. Oftmals liegen die Probleme darin, dass Mitarbeiter sich nicht gewürdigt und gesehen fühlen. Dem kann dadurch entgegengewirkt werden, dass zumindest einige der in dem 33er-System aufkommenden Themen angesprochen und benannt werden. Durch dieses Vokabular können persönliche Beziehungen leichter zum Thema gemacht werden.

So können Führungskräfte sehr schnell eine der wichtigsten Führungs-
leitlinien lernen, nämlich das „mit dem Widerstand gehen". Das heißt
z. B.: Wenn bei Menschen mit einer sehr extremen Dauer-Tendenz
Angst vor einer Weiterbildung besteht, weil sie befürchten, danach die
Abteilung wechseln zu müssen, kann man ihnen klar machen, dass
eine Weiterbildung nicht notwendig mit einer Änderung ihrer Arbeitsplatzsituation verknüpft ist. Auch wenn wegen notwendiger organisa-
torischer Umstrukturierungen Abteilungen zusammengelegt oder
aufgelöst werden müssen, reicht oftmals schon die Respektierung der
damit verletzten Bedürfnisse nach Dauer. Teamzusammenführungen
oder Auflösungen lassen sich niemals sinnvoll realisieren, wenn die
Menschen mit Dauertendenz in diesen Neuorganisationsprozess nicht
eingebunden werden. Sie sind für die Gestaltung der neuen Struktur
ebenso heranzuziehen wie die Initiatoren mit Wechseltendenz. Immer
wieder ist entscheidend, in der gesamten Organisationskultur ein Verständnis für diese unterschiedlichen Bedürfnisse als allgemeine
Selbstverständlichkeit zu implementieren.

Zusammenfassend können wir aus unseren Erfahrungen folgenden
Fünferschritt als Leitlinie empfehlen:

1. Ansprechen
2. Auf die Beziehungsebene gehen
3. Klarheiten setzen
4. Ein Risiko eingehen
5. Den Erfolg dieser Strategie ernten

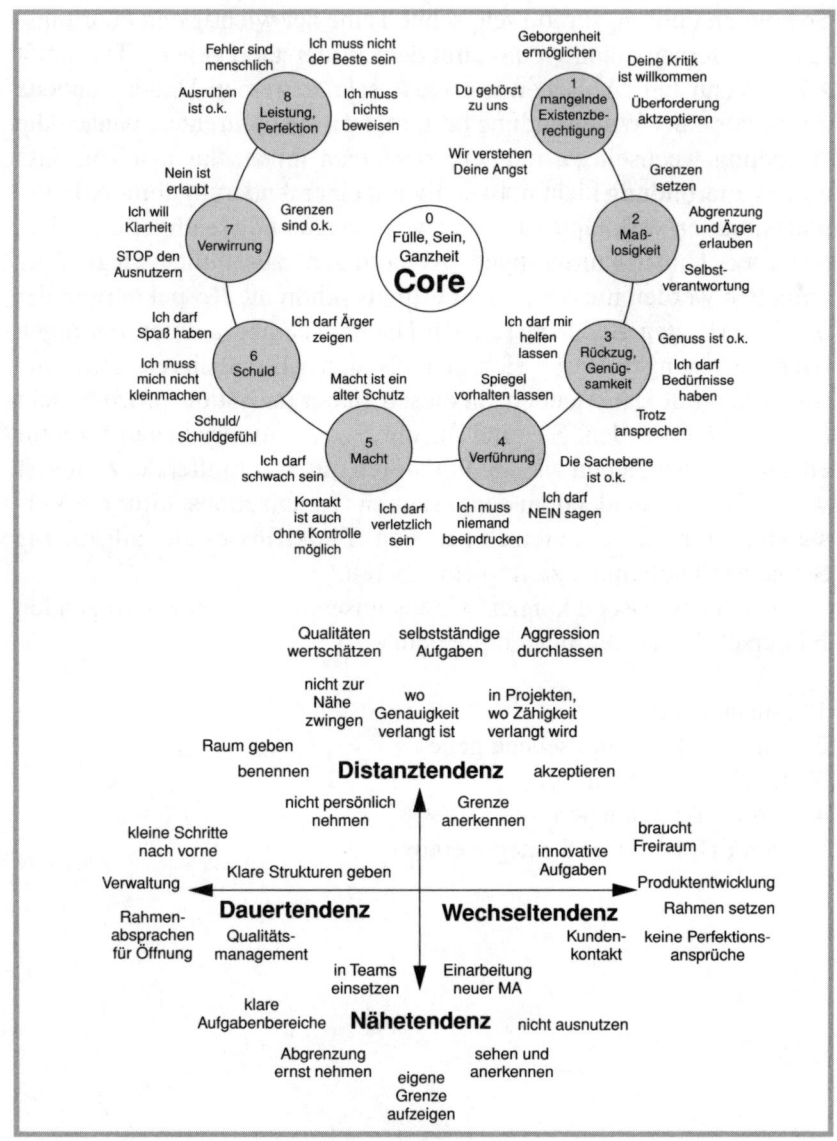

Abb. 15: Zusammenfassung der Empfehlungen für die verschiedenen Typenstrukturen (Teil I)

—	**+**
ansprechen	ansprechen
nicht retten wollen	biografisch verstehen
nicht: Optimismus bejahen	Mangel oder Überfluss?
Abstand halten	Zwischentöne herausarbeiten
anhören	Realitätsbezug anbieten
Widerstand akzeptieren, statt verändern	Schutzbedürfnis in Idealisierung verstehen
verhandlungsfähig machen	Konflikttraining
biographisch verstehen	Grenzen aufzeigen
Verletzung verstehen	
Verantwortung benennen	

Abb. 16: Zusammenfassung der Empfehlungen für die verschiedenen Typenstrukturen (Teil II)

10. Konfliktmanagement

Das Problem der rein psychologischen Bertrachtungsweise ist, dass sie nur auf einen Ausschnitt der Wirklichkeit schaut, dass sie alle Daten nur psychologisch sieht und somit nur einen sehr engen Wirklichkeitsausschnitt „ausschneidet". Das ist das Problem aller rein psychologischen Trainings, u.a. auch im Bereich Konfliktmanagement. Ein Konflikt wird eben nicht dadurch schon gelöst, dass man verschiedene Formen des Zuhörens und Verstehens praktiziert. Das erleichtert nur die Kommunikation, aber der Komplexität eines Konflikts ist damit noch lange nicht Genüge getan. Da gibt es immer auch die strukturellen Probleme, wie z.B. die Struktur einer Organisation, die Anforderungen des Marktes, die Unwägbarkeiten politischer Entwicklung, die privaten Verflechtungen etc.

Durch reines Freundlichsein lösen wir noch keine Konflikte. Auch durch andere Zaubermittel sind Konflikte nicht zu lösen. Wir können letztlich keine Konflikte lösen, wir können nur unser Komplexitätsbewusstsein erhöhen, unser Nachdenken über die Zusammenhänge, in denen dieser Konflikt besteht, tiefer und umfassender gestalten. Dadurch lösen sich einige Konflikte, das Verständnis vertieft sich und es kommt Bewegung in das Ganze. Erst dieser reduzierte Anspruch (und auch die komplexere Betrachtungsweise) ermöglicht einen angemessenen Zugang.

Wir müssen fortwährend wechseln zwischen der psychologischen Ebene, der strukturellen, der soziologischen, der betriebswirtschaftlichen. Sie werden das auch schon in diesem Buch gemerkt haben. Die Ebenen wechseln ständig, denn nur so können wir einen komplexen Zugang zu den immer komplexer werdenden Themen finden. So werden wir auch mit dem Thema Konfliktmanagement verfahren. Wir beginnen auf einer psychologischen Ebene der Betrachtung und werden dann die Bezüge zu den übrigen relevanten Ebenen herstellen. Keine dieser Ebenen erklärt das Ganze. Nur in der Zusammenschau kommen wir der Wirklichkeit etwas näher.

Das Konfliktmotto

Es gibt keine Beziehungen zwischen Menschen, die dauerhaft konfliktfrei sind. Konflikte sind eine normale, alltägliche, organische Angelegenheit. Werden sie zu lange nicht an- und ausgesprochen, können sie sich in Aggression, Ärger oder sogar Hass und Verachtung wandeln. Wenn wir Konflikte nicht rechtzeitig angehen, entsteht Gegnerschaft bis hin zu persönlichem Krieg. Darüber hinaus: Es gibt keine Veränderungen ohne Konflikt.

Aus diesen Erkenntnissen eine positive Grundhaltung zu Konflikten einzunehmen, ist unser erstes Lernziel im Konfliktmanagement. In einem ersten Lernschritt erheben wir die Konfliktbereitschaft der Teilnehmer, z. B. durch das Gespräch über das persönliche Konfliktmotto. Unter Konfliktmotto verstehen wir die persönliche Einstellung zu Konflikten, wie z. B.:

● Lieber direkt als verborgen
● Ausweichen hilft Schläge vermeiden
● Ehrlichkeit nützt selten
● Frontalangriff verschafft Respekt
● Indirekt erreiche ich mehr
● Offen kämpft es sich besser

Um es noch einmal deutlich zu machen: *Der Austausch von Informationen ist schon ein Teil des Veränderungsprozesses.* Im Wesentlichen geht es darum, zuerst eine direkte Kommunikation zwischen den Parteien herzustellen, dem Dialog mit Hilfe einer neutralen dritten Person gewisse Spielregeln zu geben und dann die Emotionen der Beteiligten vorsichtig bewusst zu machen.

Wenn Begleitgefühle, enttäuschte Erwartungen, Kränkungen und Verletzungen nicht offen ausgesprochenen werden können, haben wir wenig Chancen zur Konfliktklärung, geschweige denn zu seiner Lösung. Wenn wir den Emotionen ein Ventil und eine Richtung geben, lässt sich der Druck der angestauten Gefühle senken und der Konflikt auf das eigentliche, dahinterliegende Thema bringen.

Oft ist es sogar notwendig, eine kurze, klare und prägnante Vergangenheitsbewältigung durchzuführen, die alten Dossiers über vermeintliche Verfehlungen des oder der anderen (Rabattmarkensammlungen) offen zu legen und die verletzenden Szenen zu benennen. Das fördert gegenseitiges Verstehen und erlaubt dem Coach, die tiefer liegende Konfliktdynamik zu erkennen.

Schließlich sollte keine Konfliktbearbeitung ohne eine konstruktive Lösung beendet werden – und wenn es nur die Aussicht auf eine Lösung oder zumindest die Verabredung eines weiteren Gesprächstermins ist. Dies sind wichtige Schritte auf dem Weg in eine neue Situation.

Selbst- und Fremdbilder prägen den Kontakt

Besonders festgefahrene Konfliktsituationen gehen wir mit der Abgleichung von Selbst- und Fremdbild an. Dies kann und muss auch hierarchieübergreifend getan werden und ist ein Reinigungsritual, so wichtig wie Zähneputzen.

Die Aufgabe der Konfliktmoderatoren (Mediatoren) dabei ist, auf authentische Äußerungen zu achten, Halbheiten zurückzuweisen und so nachzufragen, dass die „heißen Sachen" auch deutlich werden. Er oder sie soll sich in beide Konfliktpartner hineinversetzen, beide ernst nehmen und auf keinen Fall Partei ergreifen. Die Grundhaltung der Geduld ist in Konflikten hilfreich, d.h. wenn wir keine schnellen Erfolge erwarten, können wir besser auf kleine Schritte achten und in die richtige Richtung weisen.

Das Einnehmen dieser drei Perspektiven (Selbstbild, Fremdbild und vermutetes Fremdbild) wirkt meist Wunder. Jahrelang verkrustete Vorurteile können sich in wenigen Minuten lösen, wenn z.B. der Ge-

Übung: Selbstbild – Fremdbild

Die Konfliktparteien bereiten sich unabhängig voneinander vor. Die Fragen können sich auf mich als Einzelperson und auf einen Konfliktpartner als Einzelperson oder auf unsere Selbstwahrnehmung als Untergruppe/Team und auf die Fremdwahrnehmung anderer Abteilungen als Gruppe beziehen.

Selbstbild:
- Wie erlebe ich mich? (oder: Wie erleben wir uns als Gruppe/ Team?)
- Wie schätze ich mich ein? (oder wir uns?)
- Was sind meine Hauptmotivationen für meine (unsere) Tätigkeit?
- Was leiste ich (wir)? Wo sind meine (unsere) Defizite?

Fremdbild:
- Wie sehe ich die anderen?
- Was meine ich, sind ihre Gefühle, Motivationen, Leistungen, Defizite?
- Was stört mich an ihnen? (Bild vom Konfliktpartner)

Vermutliches Fremdbild:
- Wie vermute ich, dass die anderen über mich denken?
- Wie werden sie mich in ihrem Fremdbild einschätzen?
- Wie sehen mich (uns) die anderen?
- Was denken sie über meine (unsere) Gefühle, Leistungen, Defizite?
- Was stört die anderen an mir (uns)?

Im Zug-um-Zug-Verfahren werden die einzelnen Punkte vorgetragen und durch praktische Beispiele konkretisiert. Vorwürfe und Unterstellungen werden gezielt vermieden. Die Konfliktpartner hören nur zu, ohne Kommentare.

schäftsführer eine Selbsteinschätzung gibt, mit der Mitarbeiter niemals gerechnet hätten, oder wenn er seine Mitarbeiter auf völlig andere Weise beschreibt, als sie sich selbst gesehen haben.

Kleine Unterschiede in der Wahrnehmung können auch von großer Bedeutung sein. Wenn ein Geschäftsführer z.B. glaubt, dass seine Führungskräfte ihn als „unnahbar und kalt" erleben, diese ihm dann aber zurückspiegeln, dass sie ihn als „unnahbar und warm" erleben, kann eine plötzliche Auflösung der Kontaktblockaden und eine berührende Annäherung im Kontakt geschehen.

Vorurteile oder falsche Erwartungen – sie sind meist die Grundlagen der Konflikte – können so beseitigt werden. Wir schaffen die Welt durch unsere Wahrnehmung, es gibt keine Objektivität, und wenn das wieder einmal deutlich wird, können Schritte aufeinander zu gemacht werden.

Typen der Konfliktbewältigung

Ein einfaches Modell, unser Konfliktverhalten zu beschreiben, ordnet es auf den Dimensionen „eigene Bedürfnisse" und „fremde Bedürfnisse" an.

Vermeiden

Wenn ich weder meine Bedürfnisse noch die des Gegenübers berücksichtige, bin ich in der Haltung des Vermeidens. Ich stecke meinen Kopf in den Sand, ignoriere den Tatbestand von Bedürfnissen überhaupt, vermeide das Hinschauen auf mögliche Interessenkonflikte und begebe mich auf ein niedriges Energieniveau. Die Gefahr liegt darin, sich und seine Bedürfnisse nicht ernst zu nehmen und jegliche Verantwortung abzulehnen.

Neue Chancen im Konfliktvermeiden liegen bei den „Konfliktsuchern": Sie können einmal ausprobieren, wie es ist, einen Konflikt auszulassen und Kontakt auf eine andere Weise herzustellen.

Anpassung

Berücksichtige ich die Bedürfnisse meines Gegenübers, nicht aber meine, komme ich in die Dimension der Anpassung. Ich rede dem anderen nach dem Mund, mache mich klein, werde zum Mitläufer, nur um meinem Harmoniebedürfnis gerecht zu werden.

Eine gute Übung für Menschen, die sich häufig anpassen, ist: Gehen Sie zu Ihnen nahestehenden Personen (real oder in der inneren Vorstellung), verneigen Sie sich vor ihnen und wiederholen Sie den Satz: „Deine (Ihre) Bedürfnisse sind mir wichtiger als meine". Wenn Sie dies eine Zeitlang tun, werden Sie eine deutliche Veränderung in Ihrem Konfliktverhalten beobachten.

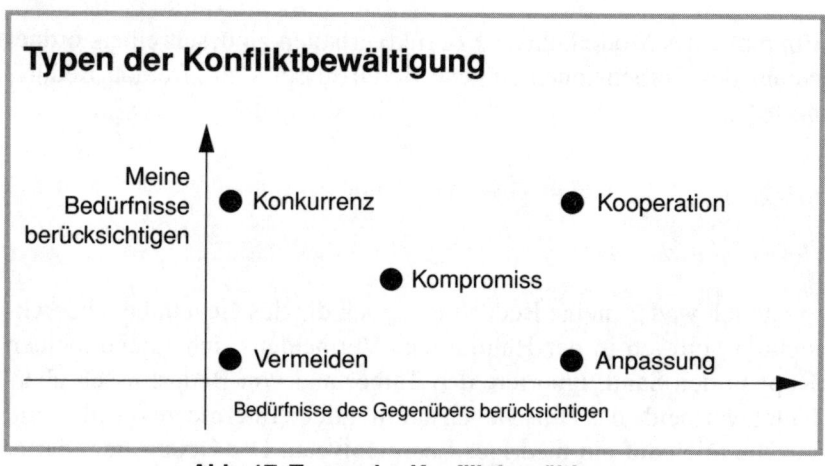

Abb. 17: Typen der Konfliktbewältigung

Konkurrenz

Beachte ich hauptsächlich meine Interessen, nicht aber die meiner Gegenüber, handele ich aus der inneren Haltung von Konkurrenz. Wenn ich mich dabei auf Biegen und Brechen durchsetze, erleidet der andere eine Niederlage und wird es mir heimzahlen wollen. Auch mit dieser Methode ist ein Konflikt niemals wirklich ausgeräumt. Es kann eine lange nach unten weisende Spirale im Kontakt entstehen.

Auf der anderen Seite kann es für viele Menschen gut sein, einmal wirklich ihre Bedürfnisse vor die der Anderen zu stellen und so zu lernen und zu üben, wirklich und deutlich für die eigenen Bedürfnisse einzustehen.

Kompromiss

Viele Menschen denken, dass der Kompromiss die optimale Form der Konfliktlösung sei. Dies ist nicht der Fall. Ein Kompromiss ist halber Dampf. Niemand hat etwas davon, jeder muss zuviel von seinen Interessen aufgeben. Die positiven Energien werden nicht genützt, alles geht in Nettigkeit unter. Es kann ein Kastrationseffekt auf beiden Seiten entstehen. Zudem ist das Problempotenzial nicht aus der Welt geräumt, es schlummert noch unter der Oberfläche.

Die positiven Seiten eines Kompromisses können sein, dass erst einmal ein zwischenzeitlicher Verhandlungserfolg für beide erreicht ist. Der Konflikt ist wenigstens vorerst beruhigt und es kann zu weiteren Verhandlungen kommen.

Kooperation

Idealtypischerweise ist die Kooperation das angestrebte Ziel. Beide erreichen die Befriedigung ihrer Bedürfnisse, jeder gibt sich auf vollem Energieniveau ein. Es handelt sich um eine Win-Win-Situation, jeder ist Gewinner. Die Konflikte werden ausgesprochen und als konstruktive Kraft genutzt. Die verschiedenen Bedürfnisse werden offen akzeptiert und es wird solange verhandelt, bis beide gewinnen und die Energie so multipliziert wird.

Übung: Konflikttypen

Wenn Sie Ihr eigenes Konfliktverhalten prüfen wollen, stellen Sie sich einen für Sie wichtigen Konflikt vor und tragen Sie im Raum auf dem Fußboden die beiden Linien ihre/fremde Bedürfnisse gedanklich oder real mit Klebeband auf.

Gehen Sie dann solange in diesem „Konfliktraum" auf und ab, hin und her, bis Sie die Stelle gefunden haben, auf der Sie das stimmigste Gefühl zu dieser Angelegenheit haben.

Es ist sehr wichtig, klarzustellen, dass es hier kein Richtig und kein Falsch gibt. Jede Weise der Konfliktbewältigung hat ihre Vor- und Nachteile, es gibt keine Idealform. Ich muss mir nur klarmachen, was und wie ich es in diesem konkreten Fall oder auch sonst immer tue und wie ich dazu stehe:

- Will ich das so beibehalten?
- Tut mir das so wirklich gut?
- Bringt mich das weiter, wenn ich diesen Konflikt so angehe?

Dies sind wertneutrale Fragen, die erst im Zusammenhang mit der inhaltlichen Fragestellung geklärt werden können.

Ein weiteres, auch sehr einfaches Modell zur Beschreibung meines Konfliktverhaltens und auch meines Führungsstils ist die folgende zweidimensionale Einschätzung meines Verhaltens.

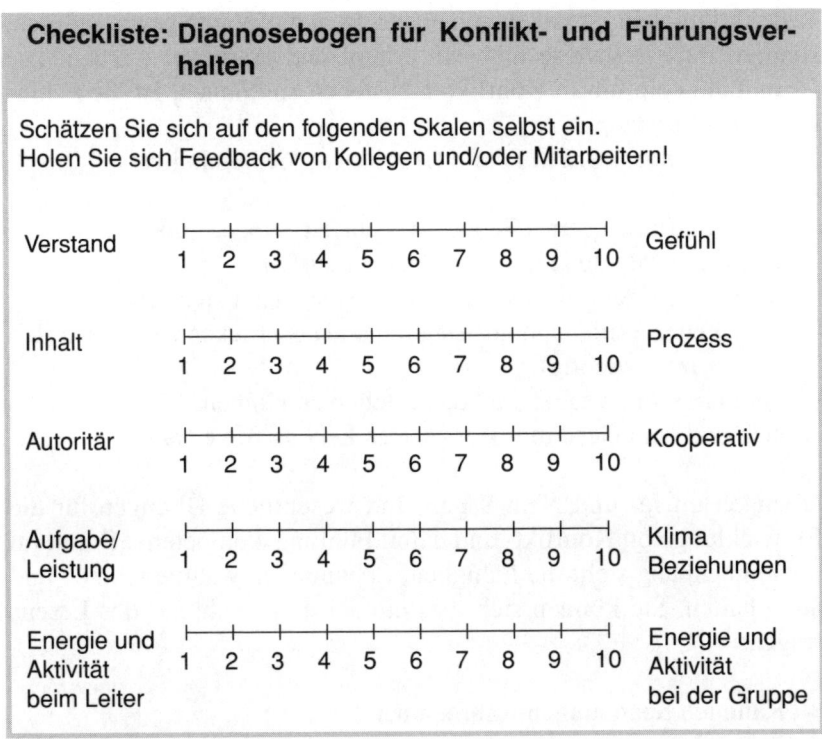

Checkliste: Diagnosebogen für Konflikt- und Führungsverhalten

Schätzen Sie sich auf den folgenden Skalen selbst ein.
Holen Sie sich Feedback von Kollegen und/oder Mitarbeitern!

Verstand   1 2 3 4 5 6 7 8 9 10   Gefühl

Inhalt   1 2 3 4 5 6 7 8 9 10   Prozess

Autoritär   1 2 3 4 5 6 7 8 9 10   Kooperativ

Aufgabe/ Leistung   1 2 3 4 5 6 7 8 9 10   Klima Beziehungen

Energie und Aktivität beim Leiter   1 2 3 4 5 6 7 8 9 10   Energie und Aktivität bei der Gruppe

Ohne Grenze gibt es mich nicht

Die Grenze meiner Persönlichkeit, die Grenze dessen, was ich nicht mit mir machen lasse, definiert mich. Durch meine Grenzen werde ich zu einer Person. Wenn ich keine Grenzen habe, nur mit den anderen Menschen und der Umwelt verschwimme, kann ich mich und können die anderen mich nicht wirklich wahrnehmen. In der Symbiose ist kein Konflikt und damit kein Wachstum möglich. Mich als Person, als abgegrenzte Person zu empfinden, ist somit die Grundlage von Konfliktfähigkeit.

Konfliktfähigkeit ist vielen von uns nicht in die Wiege gelegt worden, sondern muss teilweise mühsam erlernt und erarbeitet werden. Die Grundfähigkeit, um in Konflikten bestehen zu können, ist die Fähigkeit zur Abgrenzung. *Abgrenzungsfähigkeit ist die Grundlage.* Sie beinhaltet

- das Empfinden, ein (Geburts-)Recht zu haben, eine persönliche Grenze ziehen und sich abgrenzen zu dürfen,
- die innere Erlaubnis und Fähigkeit, *Nein* sagen zu können,
- die eigenen Willensimpulse spüren und ausdrücken zu können (Ich will. Mir ist wichtig),
- ein klares *Ja* zu sagen und dazu stehen zu können,
- sich und dem Gesamtprozess seines Lebens zu vertrauen.

Übungen im Ja- und Nein-Sagen sind wesentliche Übungen für die Entwicklung von Konflikt- und damit Führungskompetenz. Damit im Zusammenhang steht die Fähigkeit, Spannungen wahrzunehmen und auszuhalten. Sie können sich dies einfach jetzt während des Lesens fragen:

- Kann ich Spannungen wahrnehmen?
- Wie geht es mir, wenn ich Spannungen spüre?
- Kann ich Spannungen auch über eine längere Zeit aushalten?

Übung: Spannung halten

Ein wichtiges Lernziel dabei ist, Spannungen als angenehm zu empfinden. Sie können das üben, indem Sie in Ihrem Körper verschiedene Spannungshaltungen einnehmen und den Punkt suchen, an dem es angenehm ist, diese Spannung zu halten. Sie können genau beobachten, was geschieht, wenn Sie die Spannung langsam erhöhen und wann es Ihnen wirklich zu viel wird. Dann wieder bewusst in die Entspannung gehen.

Wenn wir Spannungen spüren (Eindruck), sollten wir auch immer an den Ausdruck denken. Wenn die Spannung eine bestimmte Größenordnung überschreitet, können wir den Atem an den Stimmbändern vorbei fließen lassen und einen Ton machen. Das öffnet die Stimme und erleichtert den Ausdruck von Gefühlen.

Wir können lernen, das Ausdrücken von Konfliktspannung zu genießen, den Moment der Erleichterung herbeizuführen und dann wieder bewusst in die Spannung zu gehen. Das Kommen und Gehen von Spannung ist ein organischer Prozess, der uns gut tut. Nur wenn wir in einer Position verharren, wird es unangenehm und ungesund.

Die nächste grundlegende Konfliktübung ist sehr bewährt und löst oftmals starke Veränderungen im Leben aus, wenn sie mit voller Präsenz durchgeführt wird:

Übung: Basis von Konfliktbewältigung

Setzen Sie sich entspannt und aufgerichtet in einem Abstand von ca. 1 bis 1,5 m vor einen Partner oder eine Partnerin und *seien Sie einfach da*. Tun Sie nichts. Versuchen Sie nicht, den Partner zu überzeugen, zu bekämpfen, zu verführen oder anzustarren. Tun Sie nichts. Seien Sie einfach da.

Im ruhigen Hinschauen auf Ihr Gegenüber beobachten Sie alle Ihre Fluchttendenzen, Ihre Gedanken, die Bilder, die aufsteigen. Die Impulse, etwas machen zu wollen, die Phantasien etc.

Übung: Basis von Konfliktbewältigung

Reagieren Sie nicht auf Ihr Gegenüber. Lassen Sie sich von keiner ihrer Reaktionen beeindrucken, sie soll auch nur vor Ihnen sitzen und nichts tun. Aber vielleicht gelingt ihr das nicht und sie versucht etwas mit Ihnen zu machen. Reagieren Sie nicht, sondern bleiben Sie einfach bei sich.

- Völlige Anwesenheit, völlige Aufmerksamkeit
- Der Blick ist gerade, entspannt, ohne Wollen
- Ganz im Jetzt
- Ich sehe und fühle und ich reagiere nicht

Halten Sie diese Spannung, auch wenn es anstrengend oder unangenehm wird, für mindestens 15 Minuten. Sie können mit Ihrem Partner auch eine längere Zeit vereinbaren.

Sie werden merken, dass diese Übung nach Ihrem ganz persönlichen Spannungsbogen verläuft. Manchmal werden Sie ganz da sein, manchmal ist „nobody at home". Sie beobachten das einfach und konzentrieren sich aufmerksam auf alles, was geschieht. Sie verschmelzen immer mehr mit dem einen Ziel: „Ich will ganz da sein, einfach präsent sein".

Sie werden immer mehr zu dieser Präsenz, zu dieser Versammeltheit im Jetzt, ohne Wollen, ohne Absicht. Es geht nur um diesen Kontakt mit sich selbst und den absichtslosen Kontakt mit Ihrem Gegenüber. Halten Sie diese Spannung, und genießen Sie Ihre wache Aufmerksamkeit.

Erst wenn Sie diese Übung ohne Kampf durchgeführt haben und sich in einer Pause ausgetauscht haben, was beide erlebt haben, gehen Sie einen Schritt weiter. Jetzt geht es um Auseinandersetzung, aber wieder auf der Grundlage der völligen Anwesenheit.

Übung: Spannung und Druck aushalten

Sie können vor Ihrem Partner stehen und sich – ohne zu rangeln – wegdrücken. Halten Sie einfach die Spannung des Drückens, ohne in einen Kampf zu geraten. Sie können damit lernen, die Konfliktspannung auszuhalten, ohne sie gleich wegmachen zu müssen. Bleiben Sie so lange in dieser angehaltenen Spannung, bis Sie es genießen können. Wichtig ist, dabei bewusst auszuatmen. Im Vorgang des Ausatmens verstärken wir unsere Kraft, im Einatmen akkumulieren wir unsere Kraft.

Wenn Sie diese Übung mit verschiedenen Partner machen, werden Sie lernen, die unterschiedlichen Partnerenergien zu vergleichen und Ihre jeweilige persönliche Reaktionsweise darauf zu erkennen und zu verstehen.

Abb. 18: Die Spannung halten

Sie können auch üben und lernen, wie Sie verschiedene innere Haltungen in Konflikten in Ihren Körperausdruck bringen und wie dies wiederum Ihre emotionale Befindlichkeit unterstützt oder verändert:

Übung: Körpersprache

Lassen Sie sich wirklich ausreichend Zeit für die folgende Übung. Sie werden dabei merken, wie sehr innere und äußere Haltung zusammenhängen und wieviel unsere Gesten über unser Innenleben verraten, und vor allem: wie Sie durch Gesten Ihr Innenleben beeinflussen können. Gehen Sie also zuerst den Weg von innen nach außen, indem Sie die entsprechenden Körperhaltungen für folgende innere Haltungen einnehmen:

- Ich bin der Größte.
- Ich bin an allem schuld.
- Ich werde mich rächen.
- Euch zeig ich's schon.
- Ich möchte auf Dich zugehen.
- Ich verzeihe Dir.
- Mit mir nicht!!!
- Hier ist meine Grenze!
- Ich möchte dir ein Angebot machen.
- Ich fühle mich durch dich verletzt.
- Ich bin mit deiner Leistung nicht zufrieden.

- Du bist ein armes Würstchen.
- Ich unterwerfe mich dir.
- Ich zweifle an meiner Kompetenz.
- Harmonie ist mir das wichtigste.
- Lass uns doch vernünftig sein.
- Ich habe Angst vor Aggression.
- Wir sitzen doch alle in einem Boot.
- Sie sind schuld an meinem Unglück.
- Ich stehe für meine Bedürfnisse ein.

Nun verfahren Sie umgekehrt: Wählen Sie eine innere Haltung, die Sie gerne entwickeln möchten und nehmen Sie die dazugehörige äußere Haltung ein. Die Körperhaltung wird Ihnen helfen, diesen inneren Zustand zu erreichen und dieser wiederum wird die äußere Körperhaltung unterstützen und authentisch werden lassen.

Wenn Sie diese Zusammenhänge regelmäßig üben, werden Sie die eigene Chefin über Ihre Gefühle werden können. Es ist gut, sich von seinen Gefühlen leiten zu lassen, es ist aber noch viel wichtiger, die eigenen Gefühle selbst zu wählen. Dass dies möglich ist, wird Ihnen diese Übung nach einiger Zeit beweisen. Als hilfreiche Unterstützung für diesen Lernprozess kann unsere Musik-CD „Emotion" (siehe Anhang) dienen.

Die folgenden Bilder sollen nur Angebote und Anregungen sein. Jeder Mensch hat andere Ausdrucksformen für seine Gefühle. Experimentieren Sie solange, bis Sie eine für Sie persönlich authentische Form gefunden haben.

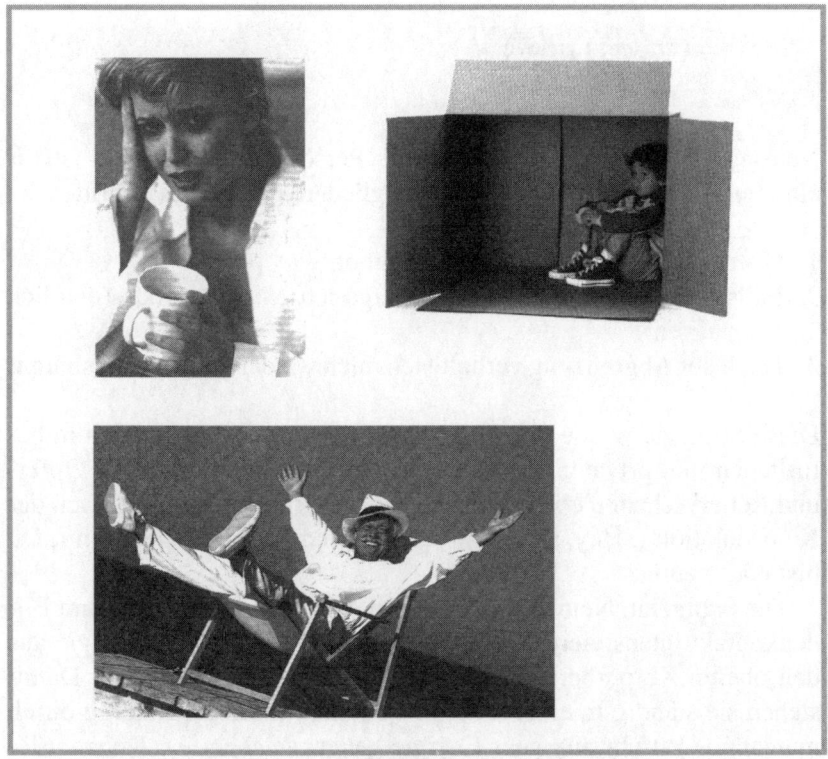

Abb. 19: Ausdrucksformen für Gefühle

157

Wir können lernen, unseren Körper wieder zu enttabuisieren und seine Beweglichkeit, seine Kreativität und seinen Einfluss auf unser Gefühlsleben und auf unsere Führungskompetenz wieder wach zu machen und zu nutzen. Es ist zunächst eine Umgewöhnung, wenn Führungskräfte ihre Aufmerksamkeit von den äußeren Geschehnissen auf die in ihnen ablaufenden Prozesse richten sollen. Um jedoch zu einer bewussteren Persönlichkeit heranzureifen, ist dieser *Fokuswechsel* unverzichtbar. Nur das, was bewusst ist, kann auch beherrscht werden. Die wirklichen Spitzenkräfte sitzen nicht den ganzen Tag am Schreibtisch und denken nach. Sie bewegen sich, sie spüren die Themen in ihrem Körper, sie ahnen Entwicklungen in jedem Muskel.

Die Fähigkeit, nein zu sagen

Neinsage-Fähigkeit als grundlegende Persönlichkeitsvariable ist für eine Führungskraft unabdingbar. Sie gliedert sich in drei Schritte:

1. Grundsätzliches Kooperationsangebot.
2. Falls ich ausgebeutet werde, schlage ich *einmal* zurück (deutlich Nein sagen).
3. Nach der Abgrenzung verhalte ich mich wieder kooperationsbereit.

Diese Strategie wurde von R. Axelrod entwickelt und hat sich in beruflichen und privaten Beziehungen bewährt. Sie unterbricht Opfer- und Retterverhalten ebenso wie Verfolgerverhalten und geht nach der Konfrontation („Hey, nicht mit mir!") wieder zur Kooperation („Du bist o.k.") zurück.

Die Fähigkeit, Nein und Ja zu sagen, wird durch Übungen zum Bodenkontakt intensiviert. Viele Führungskräfte holen ihre Energie aus den oberen Körperbereichen wie Brust, Kopf und Schultern. Damit stehen sie ständig in einer Überdrucksituation, die gleichzeitig durch mangelnde Zufuhr an neuer Energie gekennzeichnet ist. Konzentrieren wir uns bei Nein- und Jasage-Techniken auf den Bauch, das Becken und die Beine bis hinunter zu den Füßen, ändern sich sofort Stimme und Stimmkraft. Der Ausdruck wird weniger anstrengend, zwangloser und effektiver zugleich.

Die *Füße als Wurzeln* in den Boden übernehmen eine wichtige Unterstützungsfunktion. Einfaches Spüren mit ausreichend Zeit ist schon ein erster Schritt zum Bodenkontakt.

Grundlage jeder Konfliktbewältigung ist das Feedback, die genaue Rückmeldung über Gefühle, Wahrnehmungen und Gedanken. Dies trifft auch für Konflikte zwischen Gruppen zu.

Ganze Teams können sich gegenseitig Feedback geben, am besten in Form der Selbstbild-Fremdbild-Abgleichung. Diese Information wird in jeder Gruppe zuerst getrennt vorbereitet und dann den anderen Gruppen ehrlich mitgeteilt.

Übung: Inter-Gruppenkonflikte im Fischglas

Es hat sich auch bewährt, Inter-Gruppenkonflikte durch die Methode des Fish-Bowl anzugehen. Eine Gruppe sitzt in der Mitte des Raumes und spricht entweder über sich, über die anderen Konfliktparteien oder über ein inhaltliches Arbeitsthema. Die konfligierende Gruppe sitzt im Kreis drumherum und beobachtet. Durch diesen Beobachtungsprozess wird der Konflikt entweder verschärft oder entschärft. Nichts bleibt jedoch wie vorher.

Die außen Beobachtenden geben dann differenziertes Feedback, was sie wahrgenommen und was sie dabei empfunden haben. Dadurch wird die Thematik der zugrunde liegenden Konflikte oftmals deutlich und allen erst zur Bearbeitung freigelegt.

Wenn nötig, wechseln dann die Rollen, die Außengruppe geht nach innen und lässt sich über ihre Arbeits- und Kommunikationsweise Feedback geben.

In den letzten 25 Jahren meiner Berufspraxis hat dies in den allermeisten Fällen zu einem positiven Kooperationsangebot von beiden Seiten geführt, einfach durch die schlichte Tatsache, dass beide Parteien genau hingeschaut haben und ihre Beobachtungen mitgeteilt haben. Mitteilungen (geteilte soziale Wirklichkeiten) sind eben die Grundlage von Konfliktlösungen.

Des Weiteren ist es erlaubt und sinnvoll, Konflikte schon in der ersten Phase zu deeskalieren, d.h. ihnen die emotionale Wucht zu nehmen. Gefühle neigen dazu, in einer Erregungskurve abzulaufen, wenn sie nicht gebremst werden. Wir leben zwar in einer Kultur der gebremsten Gefühle, und wir müssen wieder lernen, unsere Gefühle auszudrücken (vgl. „Gefühle wollen leben" in *Rituale alltäglichen Glücks*). Bei Konflikten ist es jedoch zunächst sinnvoll, die Intensität zu deeskalieren, um den Boden zu bereiten, dass beide Parteien sich erstmal zuhören und ihre Wirklichkeit mitteilen können. Als weitere praktische Merksätze möchte ich Ihnen mitgeben:

- Beim Zuhören für kurze Zeit das eigene Urteil zurückstellen.
- Versuchen, sich in die Beweggründe des Gegenübers einzufühlen. „Den Standpunkt der Gegenseite zu verstehen, heißt nicht, damit einverstanden zu sein. Das Einfühlen soll nicht die notwendige Diskussion ersetzen." (Hugo-Becker,1999, S. 301)
- Vorverurteilungen der anderen Seite schränken unsere Denkfähigkeit ein (selten gibt es nur den einen Weg).
- Das Problem nicht aus Harmoniebedürfnis unter den Teppich kehren.
- Zuerst auf das Gemeinsame achten, dann die Unterschiede herausarbeiten (bedenken, dass das Trennende auch die positive, kreative Energie in einem Konflikt ist, das, was uns weiterbringt).
- Nicht nach Schuldigen suchen.
- Interessen und Beweggründe herausfinden.
- Überlegen, welchen Beitrag Sie selbst zur Lösung des Problems leisten können.
- Im Notfall einen klaren Gesprächsaufbau von einem Dritten gewährleisten lassen:

1. Problemerhebung
2. Problemursachen
3. Lösungsvorschläge

4. Konsequenzen
5. Aufzeigen der positiven Aspekte der Entscheidung
6. Alle Beteiligten müssen ihre eigenen Interessen im Ergebnis wiederfinden können.

Konfliktmanagement und Machtstrukturen

Die realen Machtstrukturen sollten bei Führungsthemen niemals außer Acht gelassen werden. Wer führt, bekommt und hat Verantwortung. Dadurch, dass andere sich nach ihm richten, ihm folgen, erhält er ein Mehr an Kompetenz, einen größeren Raum. Sie geben ihm oder ihr Energie. Der Führende erhält Macht von unten durch Vertrauen und Folgen und von oben durch Rang und Rolle. Entscheidend ist, wie jemand mit dieser Macht und Verantwortung umgeht. Doris Müller nennt einige Möglichkeiten:

● Der gute Vater – die gute Mutter: Er oder sie ist sich ihrer Verantwortung bewusst, nimmt sie an und handelt wie gute Eltern mit Wohlwollen, Zuneigung und klaren Grenzen zu den MitarbeiterInnen.
● Der Kumpel oder die Kumpanin: Er ist sich seiner Verantwortung bewusst, will sie aber nicht haben, fühlt sich leicht überfordert und stellt sich auf die gleiche Ebene wie die MitarbeiterInnen. Dadurch entstehen Unklarheit und Unzufriedenheit.
● Der Herrscher oder die Herrscherin: Er ist sich seiner Macht (ohne Verantwortung) bewusst, nimmt die zusätzliche Energie seiner MitarbeiterInnen, um seine infantilen Wünsche nach Herrschen zu befriedigen und sich Vorteile zu verschaffen.

Es ist für jeden, der führt, von Zeit zu Zeit wichtig, die eigene Einstellung zur Macht und Verantwortung zu überprüfen. Wir haben gute Erfahrungen gemacht mit dem von Doris Müller entwickelten Spiel (siehe Kasten).

161

Übung Machttransparenz: Das Königsspiel.

Die Gruppe, das Team, die Abteilung verwandelt sich für eine gewisse Zeit in einen Königshof, einen Thronsaal.

● Version 1: Jeder sucht sich selber eine Rolle aus, vom König/ Königin bis hin zum Knecht und zur Küchenmagd. Ein freies Spiel beginnt: Ein Tag am Königshof.
● Version 2: Im zweiten Durchgang verteilen die Mitglieder einander die Rollen. Ein zweites Spiel beginnt.

Durch die zwei Spiele ist genug Material zusammengekommen, um einen offenen erhellenden Austausch über Macht und Ohnmacht und den Umgang damit zu führen. Eine Video-Aufnahme kann bei der Reflexion behilflich sein.

Im spielerischen Umgang mit Macht können Tatsachen angesprochen und ausgedrückt werden, für die bei einer rein verbalen Analyse vielleicht der Mut fehlen würde. Im Spiel tut die Offenlegung der eigenen und fremden Machtstrategien nicht so weh und sie kann mit Humor versüßt werden.

Wenn wir über Konfliktmanagement sprechen, stellen wir uns nur allzu leicht die Lösbarkeit von Konflikten und den Ausgleich von Interessen vor. Nun sieht die soziale Wirklichkeit jedoch häufig ganz anders aus. Es gibt Menschen, die vorerst auf der Oberfläche nicht bereit sind, Konflikte als solche zu sehen, ihren Anteil einzugestehen, geschweige denn an der Lösung mitzuarbeiten. So ist es z.B. in dem sich ausbreitenden Problemfeld des Mobbing.

Umgang mit Mobbing

Auch wenn es schwer ist, es wirklich zu akzeptieren: Mobbing ist Realität. Mobbing gibt es wirklich, auch wenn wir es nicht wahrhaben wollen, dass Menschen andere Menschen bewusst oder unbewusst regelmäßig und langfristig angreifen. Realität ist, dass MitarbeiterInnen krank werden, weil sie die Gehässigkeiten, die dummen „Scherze" oder die Gemeinheiten von anderen nicht mehr aushalten, sich nicht dagegen wehren können oder besser: es nicht gelernt haben, sich dagegen zu wehren. Die Opfer sind typische Konfliktvermeider und stehen häufig in klaren Abhängigkeitsverhältnissen. Zwei Aspekte sind es dabei, die das Verhalten der Mobber für die Gemobbten so dramatisch werden lassen: das Erlebnis, abgelehnt und ausgegrenzt zu sein.

Leymann (Mobbing, 1993) gesteht, dass die Beweggründe der Mobber wenig bekannt sind, wahrscheinlich einfach deswegen, weil es oft aus Unbewusstheit geschieht und die Täter sich über ihre wirklichen Motive nicht im Klaren sind. Sie sehen die Beweggründe für ihr Verhalten in einem irgendwo in der Vergangenheit liegenden Fehlverhalten der Opfer, wälzen die Schuld auf diese ab und leugnen ihren eigenen Anteil an der Dynamik meist schlichtweg ab. Aus dieser Verleugnungstendenz ergibt sich, dass ein einfaches Gespräch zwischen Mobber und Gemobbtem oft nicht weiterbringt, weil die Frage nach den Motiven des Täters meist nicht beantwortet wird.

Wie stark die Unbewusstheit in unserer Bevölkerung über die Auswirkungen von Beschimpfungen, Kritik und Abwertung ist, davon kann man sich ein deutliches Bild machen, wenn man mal eine halbe Stunde auf einer Bank an einem Kinderspielplatz sitzt und das „Erziehungsverhalten" von normalen Eltern beobachtet. So ähnlich liest sich die unten aufgeführte (gekürzte) Liste. Und wir können leicht verstehen, wo und wie dieses Verhalten in unserem Erziehungssystem gelernt worden ist.

Checkliste: Mobbingverhalten

Leymann zählt 45 Grundhandlungen von Mobbern auf, von denen wir hier einige nennen:

1. Angriffe auf die Möglichkeit, sich mitzuteilen
   - Ständige Kritik an der Arbeit
   - Vorgesetzte oder Kollegen schränken jede Möglichkeit ein, sich zu äußern
   - Anschreien oder lautes Schimpfen
   - Mündliche oder schriftliche Drohungen
   - Kontaktverweigerung durch abwertende Blicke oder Gesten

Checkliste: Mobbingverhalten

2. Angriffe auf die sozialen Beziehungen
   - Man spricht nicht mehr mit dem Betroffenen (wie Luft behandeln)
   - Man lässt sich nicht ansprechen
   - Versetzung in einen Raum weitab von den Kollegen

3. Angriffe auf das soziale Ansehen
   - Gerüchteküche, hinter dem Rücken schlecht über jemand sprechen
   - Lächerlich machen
   - Lustig machen
   - Man greift die politische oder religiöse Einstellung an
   - Man macht sich über die Nationalität oder Rasse lustig
   - Ungefragte sexuelle Annäherungen (verbal oder körperlich)

4. Angriffe auf die Qualität der Berufs- und Lebenssituation
   - Man weist dem Betroffenen keine oder schlechte Arbeiten zu
   - Man gibt ihm sinnlose Aufgaben, unterhalb seines Könnens
   - Man gibt ihm ständig neue oder kränkende Aufgaben

5. Angriffe auf die physische Gesundheit
   - Zwang zu gesundheitsschädlichen Arbeiten
   - Androhung körperlicher Gewalt
   - Körperliche Misshandlung
   - Physischer Schaden an seinem Arbeitsplatz

Wir listen dieses Verhalten hier auf, um die Wahrnehmung für solche Muster zu schärfen, um wach zu machen, dass es dies wirklich gibt. Ich werde in vielen meiner Seminare und Coachings zu diesen Tatbeständen gefragt und kann es leider immer wieder bestätigen, dass dies ein Teil unserer sozialen Wirklichkeit ist.

Die Augen vor Mobbing verschließen hilft nicht weiter. Abstellen lässt sich Mobbing in der Regel nur, wenn jemand den Mut hat, es zu benennen und eine dritte Instanz zum Eingreifen ruft. Alle Beteiligten und vor allem die Vorgesetzten müssen eingestehen, dass sie durch Wegsehen einem zerstörerischen Prozess Vorschub geleistet und dass sie durch die Unterlassung des Ansprechens Fehler gemacht haben.

Der erste Schritt zum Konfliktmanagement muss hier in aller Regel von außen kommen. Die erste Hilfe kann und muss darin bestehen, dem Mobbing-Opfer die Handlungsfähigkeit wiederzugeben. Dies kann dadurch geschehen, dass man seine Dulder-Ausstrahlung anspricht und mit ihm versucht, die Hintergründe dafür zu verstehen. Das zweite ist, daran zu arbeiten, eine Gruppenkonformität (Gruppenzusammenhalt) zu erreichen, die solches Verhalten sofort sanktioniert und im weiteren gar nicht erst aufkommen lässt. Weitere hilfreiche Instruktionen sind bei Hugo-Becker und Becker (1997, S. 201ff) zu finden.

Strategien gegen Mobbing wurzeln in einem umfassenden Konfliktmanagement. Konfliktmanagement wiederum zielt auf eine umfassende Persönlichkeitsbildung, bei der die Selbstbehauptungsenergie echt ist, d.h. die Kraft *wirklich* ist und aus der Mitte kommt und nicht einfach nur als Trickkiste oder als Training von Durchsetzungsvermögen begriffen wird. Diese Kraft, die aus der Mitte kommt, lässt sich als Charisma bezeichnen und ist lernbar. Charismatisch zu sein oder nicht ist keine Frage des persönlichen Schicksals, sondern Charisma basiert auf beschreibbaren Komponenten von Haltungen und Bewegungen des Körpers sowie mental-emotionalen Einstellungen. Letztlich ist Charisma jedoch der Ausdruck unserer inneren Kraft, des Kerns, des Wesen oder dessen, was wir Core nennen.

Diese innere unzerstörbare Substanz in uns ist geistiger, nicht-materieller Natur. Wir kennen zahlreiche Wege, wie wir mit dieser Kraft in Kontakt kommen können. Ich habe dies in meinen anderen Büchern ausführlich beschrieben. Wir werden weiter unten darauf zurückkommen.

11. Stressbewältigung im Führungsprozess

Gibt es ein Stressproblem in Ihrem Leben? Aufgrund unserer Erfahrung in vielen Konzernen kamen wir zu dem Ergebnis, dass das Stressproblem heutzutage sehr ernstgenommen werden muss.

Was ist Stress?

Wir müssen unterscheiden zwischen negativem, belastenden Stress und Eu-Stress, d.h. gutem Stress, der eine Herausforderung darstellt, die uns lebendig, aktiv, wach und engagiert macht, die uns Lust- und Erfolgserlebnisse ermöglicht. Diesen positiven Stress suchen erfolgreiche Menschen gerne immer wieder – er ist sozusagen der Erfolgsfaktor Nr. 1. Diesen positiven Stress, der aus befriedigender Leistung kommt, wollen wir gar nicht abbauen. Wir wollen etwas leisten und wollen uns an den Ergebnissen freuen. Nach einer Untersuchung des Public Agenda Forum stimmen vier von fünf Befragten der Aussage zu: „Ich habe das innere Bedürfnis, meinen Job so gut zu machen, wie ich irgend kann, ohne Rücksicht auf Bezahlung."

Wir nennen diesen kreativen Zustand, in dem alles wie von selbst läuft, auch Flow. Auch bei dieser angenehmen Leistung kommt es irgendwann zu Ermüdungserscheinungen. Dann braucht es eine Ruhephase.

Auf der anderen Seite gibt es den negativen Stress, den Dis-Stress. Grob können wir unterteilen in:

● körperliche Erschöpfung
● emotionale Erschöpfung
● geistige Erschöpfung

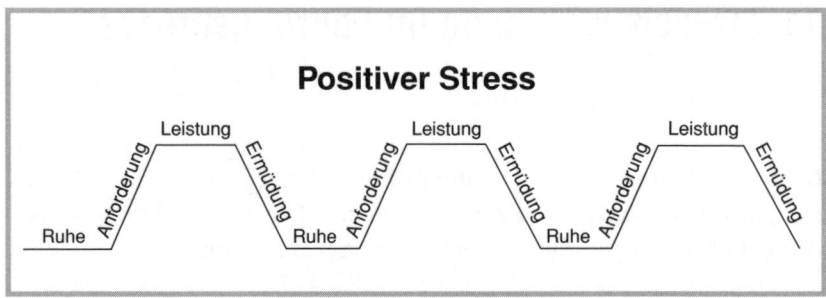

Abb. 20: Positiver Stress

Was sind die Symptome von negativem Stress? Wenn Sie häufig müde, körperlich oder emotional erschöpft sind, ein Gefühl von „ausgebrannt-sein" haben, wenn Sie sich häufig wertlos fühlen, der Arbeit überdrüssig sind, wenn Sie häufig bekümmert, verärgert, aggressiv, enttäuscht sind und sich vielleicht auch noch schwach, ängstlich fühlen und wenn dann noch körperliche Symptome wie Schlafstörungen, Kopfschmerzen und Herzstiche etc. hinzukommen, können wir – schon bei einigen dieser Symptome – sagen, dass Sie unter Stresssymptomen leiden.

Es sind jedoch nicht nur die Anforderungen am Arbeitsplatz, die uns stressen, sondern auch allgemein der allgegenwärtige Lärm, der Großstadtverkehr, schlechte Luft, also alle Faktoren, die einen zu starken und zu langen Reiz auf unseren Organismus ausüben. Dies allein macht jedoch auch noch keinen wirklich bedrohlichen Stress. Neben Stressauslösergefühlen wie Ärger, Hass, Einsamkeit, Enttäuschung und Angst müssen bestimmte weitere soziale Faktoren dazukommen. *Unsere Hauptaussage zum Thema Stress ist*: Stresssymptome rühren *nicht* von der *Menge* der Arbeit oder allgemein der Belastung her, sondern entstehen aus den inhaltlichen und kommunikativen Aspekten während der Tätigkeit sowie aus der Einseitigkeit von Belastung.

Was sind diese Aspekte, die bei der gleichen Menge an Arbeit über Dis-Stress (krankmachenden Stress) oder Eu-Stress (gesunden Stress) entscheiden? Wir brauchen, damit viel Arbeit – und wir wollen alle viel leisten – nicht zu Stress wird, Unterstützung von den beschriebenen acht Supportsystemen oder auch acht Säulen der Identität.

Abb. 21: Diagnostische Merkmale für gefährlichen Stress

1. Werte, Sinn

Dies ist die bedeutendste Stabilisierungsfunktion für uns. Bei wirklich empfundenem Sinn einer Tätigkeit können wir enorme Belastungen aushalten, ohne dass sie zum negativen Stress werden.

2. Soziales Netz

Das soziale Netz ist unser wesentlicher Nährboden für die zwischenmenschliche Grundinformation: „Du bist ein Mensch, Du gehörst dazu, wir sehen Dich." Dies sind lebenserhaltende Grundinformationen für den menschlichen Organismus.

169

3. Emotionale Ausdrucksmöglichkeiten

Wenn viel Eindruck (Leistung, Last, Lärm etc.) aufgenommen wird, muss das auch wieder ausgedrückt werden können. Wir können uns das sehr bildlich vorstellen: Was erlebt wird, muss sich im Ausdruck wieder gestalten und verarbeitet werden können. Das ist ein wesentlicher Verdauungsvorgang von Informationen und anderen Inputs.

4. Mentale Ausdrucksmöglichkeiten/berufliche Erfüllung

Das Gleiche gilt für geistige Ausdrucksmöglichkeiten. Hier sind andere Formen denkbar, aber wir benötigen, dass unser Geist sich realisieren kann in ihm angemessenen Ausdrucksformen (lateinisch heißt das: Kreativität) ebenso sehr wie Essen und Trinken. Wir brauchen die Erfüllung durch unsere Tätigkeit, die Umsetzung von Ideen in die Wirklichkeit.

5. Materielle Sicherheit

Das Sicherheitsstreben ist ein wichtiges Grundbedürfnis. Wenn wir uns materiell unsicher oder bedroht fühlen, kann der kleinste Reiz zum Stress werden und krankmachende Auswirkungen haben.

6. Körperbewusstsein

Dies ist ein Fremdwort im heutigen Wirtschaftsleben. Wir können Körperbewusstsein kleinschrittig wieder aufbauen. Im Körperbewusstsein werden zuallererst die Bahnen gelegt, um emotionale und andere Ausdrucksmöglichkeiten wirklich bewusst und heilsam zu gestalten.

7. Ich-Integrität („Die Würde des Menschen ist unantastbar")

Ist die Situation oder der Kontakt so beschaffen, dass ich mich als Mensch in meiner Würde sicher fühlen kann, werde ich respektiert, als freier Mensch geachtet und werden meine Abgrenzungsbedürfnisse gesehen und akzeptiert? Werden meine Grundbedürfnisse nach freier Entfaltung, Kommunikation und Ausdruck gesehen und gewährleistet? Dies entscheidet wesentlich darüber, ob eine Situation stressauslösend ist oder nicht; z.B. darf kein Mobbing vorliegen.

8. Geistig-seelisches Sein

Der Kontakt zu einem übergreifenden Sinnbezug, zu unserem Geist, unserer Seele oder dem Ganzen oder wie immer Sie das nennen wollen, was uns trägt, ist wesentlich bei der Frage, ob eine spezifische Situation als stressauslösend erlebt wird oder gut verarbeitet werden kann.

Checkliste: Stressfaktoren

Wesentliche Stressfaktoren sind also dann gegeben, wenn diese Grundlagen menschlichen Seins nicht gegeben sind:

- Die Werte der Firma sind nicht klar und/oder nicht in Übereinstimmung mit den persönlichen Werten.
- Sinn und Bedeutung der Arbeit sind nicht erfahrbar.
- Es ist wenig Lernen möglich bei der Arbeit.
- Erfolg und Leistung sind nicht erfahrbar und haben in diesem sozialen System keine spürbare Bedeutung.
- Die Arbeit ist eintönig, wenig Überblick, Kontextmangel.
- Entscheidungsbefugnisse sind zu gering.
- Es fehlen soziale Unterstützungssysteme.
- Die körperlichen Bewegungs- und Ausdrucksmöglichkeiten sind eingeschränkt.

Checkliste: Stressfaktoren

● Ausdruck von Gefühlen ist nur schwer möglich.
● Es sind wenig bis keine Flow-Erlebnisse möglich.
● Die materielle Entlohnung entspricht nicht dem persönlichen Einsatz und der subjektiven Vorstellung des eigenen Wertes.
● Es sind keine oder zu wenig Pausen möglich.

Wenn mehrere dieser Faktoren zutreffen, wird die Kurve des

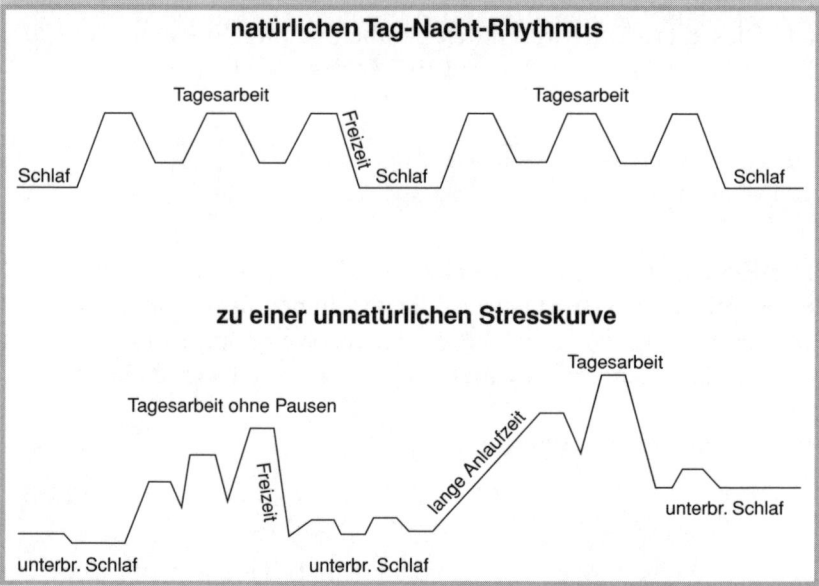

natürlichen Tag-Nacht-Rhythmus

Tagesarbeit   Tagesarbeit

Schlaf   Freizeit   Schlaf   Schlaf

zu einer unnatürlichen Stresskurve

Tagesarbeit

Tagesarbeit ohne Pausen

Freizeit   lange Anlaufzeit   unterbr. Schlaf

unterbr. Schlaf   unterbr. Schlaf

Wenn die notwendigen Erholungspausen nicht eingelegt werden, dann akkumuliert sich die Anspannung zu einem Höchstmaß, so dass die Spannung auch nach der Arbeit nicht mehr zu einer normalen Ruhelage absinken kann. Der Betreffende ist dann nicht mehr fähig loszulassen. Diese Restspannung verhindert dann das Ein- oder Durchschlafen und der negative Kreislauf verstärkt sich zunehmend.

Doch auch wenn nur einige der oben genannten Faktoren vorliegen, können Menschen *so wenig arbeiten, wie sie wollen, sie sind gestresst.*

172

In Experimenten hat man sogar nachgewiesen, dass auch bei geringster oder fehlender Tätigkeit Stress entsteht, wenn die obigen Faktoren vorliegen.

Was können wir tun, wenn das schlichte *„weniger, einfacher, langsamer" keine Lösung in einem speziellen Zusammenhang ist*? Wir brauchen einen neuen Umgang mit Komplexität. Hierzu müssen wir biologische und menschliche Wachstumsgesetze berücksichtigen. Eines der schmerzhaftesten Themen im menschlichen Leben ist unsere Beschränktheit und letztlich unsere Endlichkeit. Wir vermeiden gerne den Blick auf unsere Grenzen, auf unsere Schwächen und darauf, dass wir auch einmal ausruhen müssen. Es fällt vielen von uns schwer einzusehen, dass es sich bei dem Rhythmus von Wachstum und Begrenzung um ein unumgängliches Naturgesetz handelt.

Die Welt, alle organischen und auch anorganischen Prozesse unterliegen den Gesetzen der Pulsation. Schon von den kleinsten Bausteinen her sind alle Lebensvorgänge aus Schwingungen aufgebaut. So ist es nur folgerichtig, dass auch größere Prozesse schwingen, pulsieren zwischen Expansion und Kontraktion – von einem Zustand in den anderen. Als deutlichste Beispiele sind die Rhythmen von Tag und Nacht zu nennen, von Ebbe und Flut, von Sommer und Winter, von Wachen und Schlafen, von Nähe und Distanz, von Krankheit und Gesundheit, von Kraft und Erschöpfung.

Alle Lebensvorgänge sind diesem Gesetz unterworfen, und nur unser auf Illusion und Vermeidung basierendes alltägliches Wunschdenken ermöglicht die Vorstellung von linearem Wachstum, permanenter Expansion, stetiger Produktionssteigerung etc. Ein Grund für die Erhöhung der Geschwindigkeit in allen Lebensbereichen liegt unter anderem – neben technischen Entwicklungen – auch in der Koppelung von Zeit und Geld („Zeit ist Geld").

Die permanente Beschleunigung hat ihren Preis: Das Hetzen und Nie-zu-Ende-Kommen sorgt für einen psychischen Druck, dem ohne Begleitung und Training bald niemand mehr wirklich standhalten kann, ohne sein Organsystem zu überfordern. Erforderlich ist ein neuer Umgang mit Zeit. Der Rhythmus von Arbeit und Ruhe, von Beginnen und Beenden muss beachtet werden. Die Systemzeiten der verschiedenen Organe und Ökosysteme, der Bezug auf die unzähligen Eigenzeiten des Daseins gibt uns die notwendige Grundlage zu einem gesunden und langfristig wachsenden Lebens*zyklus*.

Entwicklung geschieht langsam und in Sprüngen. Wenn wir Produktionsprozesse planen, steuern und durchführen, müssen wir die Dialektik von Beschränkung und Expansion beachten. Weder ständige Unter- noch Überforderung sind für den Menschen gut. In der Psychologie spricht man von *Diskrepanzerlebnissen*, die *dosiert* werden müssen, um gute und langfristig stabile Lernergebnisse zu erreichen, d.h., dass der angesteuerte Lernschritt ein wenig über dem bestehenden Lernniveau liegen sollte. Fordere ich von einer Grundschülerin die Integralrechnung, wird sie nichts lernen können, will ich einer begabten Physikerin das Addieren beibringen, wird sie sich nicht ernst genommen fühlen und gelangweilt abschalten. Lob oder Kritik wird in beiden Beispielen nicht registriert oder ernst genommen. Die Grundlage jeder lernprozessorientierten Arbeit ist also eine saubere Erhebung des Lernbestands der Beteiligten zu Beginn und in jedem Stadium des Prozesses.

Gezielte Anspannung und Entspannung müssen wechseln. Ständige Anspannung führt zum Zusammenbruch, ständige Unterforderung zur Demotivierung und mangelnder Energetisierung. Nur ca. drei Viertel der maximalen Leistungsfähigkeit sind beim Menschen durch normalen Willenseinsatz nutzbar. Bis zu diesem Punkt fühlen wir so etwas wie ein Gleichgewicht. Wir können dieses individuell gespürte Gleichgewicht unseres Leistungsverhaltens nicht ungestraft über einen längeren Zeitraum brechen. Das letzte Viertel unserer Leistungsfähigkeit befindet sich außerhalb unserer willentlichen Verfügung und wird „autonom geschützte Reserve" genannt. Erst in Extremsituationen (Lebensgefahr, Wut, Angst) sind diese Reserven zugänglich. (Sprenger 1988)

Unser Körper schützt sich vor dem Aufbrauchen dieser Zusatzreserven durch Gefühle wie Müdigkeit, Erschöpfung oder Unlust. Durch Aufputschmittel verschiedener Art können wir diese Barrieren zur autonom geschützten Reserve durchbrechen. Wenn wir jedoch diese Ermüdungsgrenze zu häufig und zu lange herausschieben, können

Erschöpfungszustände, Kreislaufzusammenbrüche und schwere Krankheiten die Folge sein. „Dopingmittel wie Prämien, Incentives, Lob und Boni machen eine Leistungsreserve verfügbar, die unter normalen Umständen vom Schmerz geschützt ist." (Sprenger)

Übersehen der Warnsignale

Wenn wir zu häufig diese psychosomatischen Warnsignale übersehen, kommen wir in den Burn-out-Bereich. Die Gesundheit leidet, die Leistung wird weniger hochwertig und die Fähigkeit für komplexe und kreative Lösungen, vor allem die Fähigkeit zur Kooperation, nimmt rapide ab.

Das Burn-Out-Syndrom ist jedoch nicht im Wesentlichen eine Folge hoher *quantitativer* Arbeitsbelastung, es resultiert vielmehr aus der inhaltlichen, qualitativen Belastung durch Arbeit, nämlich *wie* man den Stress erlebt. Ist eine Idee, ein Projekt, eine Arbeit mit unseren eigenen, tiefsten Ziel- und Wertvorstellungen verbunden, brauchen wir nicht so viel äußere Impulse, müssen uns nicht so sehr zwingen, und die Verrichtung der Tätigkeit selbst ist in sich schon Belohnung genug.

Wir beobachten in unseren Seminaren häufig, wie Führungskräfte sich durch Kaffee, Nikotin, ständiges Handy-Bedienen, Fax-Empfangen und Hin- und Herrennen hochpushen und ihren inneren Ermüdungssignalen keine Aufmerksamkeit schenken. Abends, beim lockeren Zusammensein, hören wir dann, wie viele Kollegen heimlich Drogen konsumieren, kaum mehr Kontakte zu ihren Ehefrauen oder Familien pflegen, oftmals erst zwischen 22.00 Uhr und 24.00 Uhr nach Hause kommen und in ständiger Angst vor Krankheit, Herzinfarkt oder Schlimmerem leben.

Die Qualität entscheidet

Es ist unübersehbar: Permanenter Anreiz macht überreizt. Das ständige Rennen hinter Verkaufszahlen und Profitmargen macht uns

175

krank. Unsere Aufwärtskurve, was Produktivität, Gewinn und zunehmende Komplexität betrifft, lässt sich also nicht beliebig schnell und endlos hochschrauben. Erforderlich ist vielmehr eine sinnvolle Beschränkung in der Menge, damit wir eine Steigerung in der Qualität unserer geistigen Leistung erreichen können. Qualität ist in sich sinngebend und befriedigend und von dorther weniger anstrengend als Quantität. Qualität von Denken und Leistung wird nur durch Pausen, Rückzug, Stille und andere intuitionsfördernde Methoden möglich. So führt sich die Hetzjagd nach Quantität selbst ad absurdum.

Bill Gates nennt als wesentlichen persönlichen Erfolgsfaktor seine Konsequenz darin, dass er regelmäßige Pausen einlegt und sich zweimal pro Jahr für eine ganze Denkwoche zurückzieht, in denen er ein tieferes Verständnis für die Zusammenhänge entwickelt. „When developing long-term strategies, he clears the decks and focusses his thoughts by taking personal retreats twice a year." Täglich prüft er, was er aus seinem Tagesplan herausstreichen kann, um Zeit für Wesentliches zu gewinnen. Seine Strategie, mindestens immer zwei Tätigkeiten gleichzeitig zu tun, und dennoch das innere Tempo zu verringern, üben wir in unseren Trainings.

Es geht also nicht um weniger und langsamer, es geht um eine effektivitätsorientierte Verbindung von langsamer und komplexer, ruhiger und schneller, gesammelter und vielfältiger. Wir können den Prozess nicht verlangsamen, die Komplexitäten nicht mehr reduzieren. Wir können nur mitgehen mit der wachsenden Geschwindigkeit und ruhig werden im Auge des Taifuns.

Handwerkszeug zum Stressmanagement

Eine wesentliche Grundlage des Stressmanagements ist die gemeinsame Feststellung und Erhebung der vorhandenen Belastungssituationen. Wir lassen in den Organisationen, in denen wir Stress reduzieren wollen, zuerst eine genaue Auflistung der stressauslösenden Situationen, sodann deren Auswirkungen und schließlich mögliche Maßnahmen sammeln. Eine grobe Einteilung von Organisationskontexten könnte man wie in Abbildung 22 skizzieren.

Lassen wir die gesellschaftlich-wirtschaftlichen Faktoren, weil direkt und kurzfristig nur schwer beeinflussbar, außer acht und schauen nur auf die Ebene des Individuums, der Teams und Abteilungen und schließlich der Organisation, so erhalten wir ein 9-Felder-Diagramm, das uns einen guten Überblick über die Stressschwerpunkte und die zuerst zu ergreifenden Maßnahmen gibt (siehe Abbildung 23).

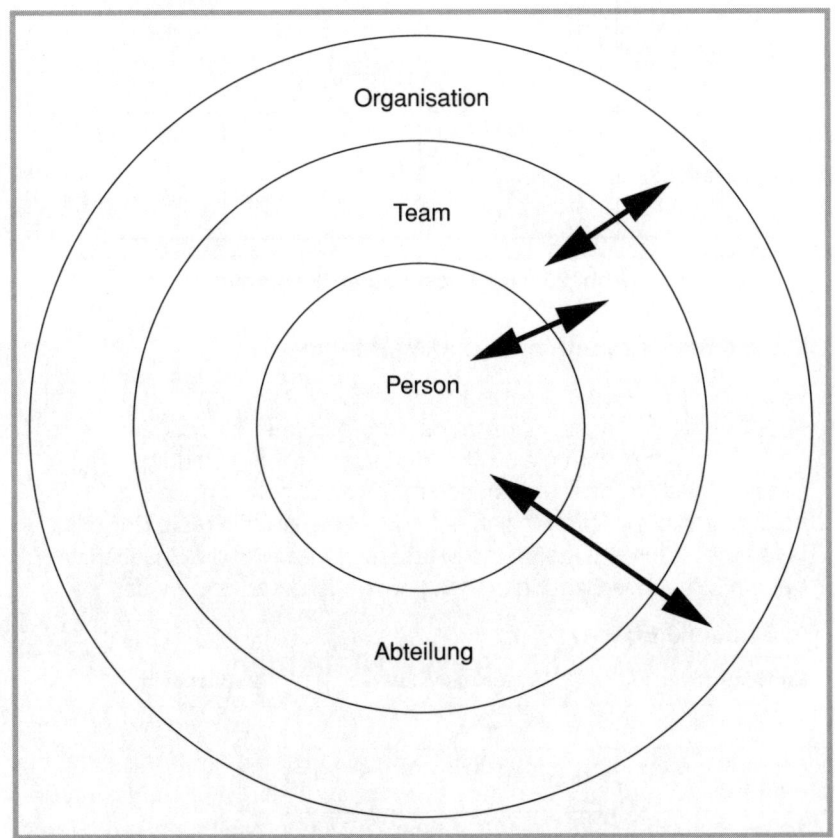

Abb. 22: Der Organisationskontext

177

	Stressauslöser	Stressaus-wirkung	Maßnahmen
Individuum			
Team/ Abteilung			
Organisation			

Abb. 23: Das Neun-Felder-Diagramm

Checkliste: Stresspunkte und Maßnahmen

Das folgende Beispiel stellt eine Stress-Sammlung von Führungskräften aus einem Pharma-Konzern dar und gibt uns Anschauungsmaterial über eine normale (d.h. durchschnittliche) heutige Belastungssituation in unserer Wirtschaft. Die Maßnahmen sind zum Teil noch ein wenig undifferenziert, spiegeln aber gut die reale Bedürfnislage vieler Führungskräfte und Mitarbeiterinnen und die Situation, von der ein Stressbewältigungstraining ausgehen kann und muss.

Individuelle Ebene

Stressauslöser	Stressauswirkungen	Maßnahmen
sich unter Druck setzen	Kopfweh	Sport treiben
Sinn einer Aufgabe ist unklar	Magenbeschwerden	
mehrere Arbeiten gleichzeitig	Wut	Ärger ausdrücken

178

nicht Nein sagen können	Unfreundlichkeit	sich aussprechen mit Kollegen, Freunden, Partnern
Ärger zuhause	Demotivation	Termine verschieben das Telefon ausschalten
schlechte körperliche Verfassung	geringe Leistungsbereitschaft	
Zeitaufwand zum Lösen von Aufgaben verschätzt	Konzentrationsschwäche	sich nicht stören lassen
falscher Ehrgeiz	Angst	ruhen Nein sagen lernen organisieren
Arbeitssucht	innere Abwesenheit	
verschiedene Anspruchsgruppen stellen Anforderungen (privat, Beziehungen, Arbeit, Vereine etc.)	genervt sein	sich abgrenzen
Anforderungen stimmen nicht mit meinen moralischen Einstellungen überein	Leistungsschwäche	
Anforderungen sind größer als die Leistungsfähigkeit	Erhöhung der Fehlerzahl	
Fremdbestimmung	Ärger	
	Blockaden	auf Selbstbestimmung bestehen
	unbefriedigt	
	unerfüllt	
	unbefriedigende Arbeitsresultate	

Teamebene

Auslöser	Auswirkungen	Maßnahmen
zu schnell anfragen	Unzufriedenheit	Ursachen analysieren den Einzel-/Gruppendialog suchen Filter einbauen/Abschirmung
unklare Aufträge	schlechte Arbeitsqualität	
Druckauslösung durch Leadertypen	wenig Effizienz	

179

Stressübertragung durch andere	schlechte Teambetreuung	Aufträge ablehnen können Termine korrigieren klare Aufträge fordern
fehlende Teamharmonie	schwindender Teamgeist	
Beauftragung von ungewohnten Aufgaben	schwindende Kommunikation	
vernachlässigte Führung durch operative Aufgaben	Häufung von Fehlzeiten	
	Resignation	Arbeit delegieren Prioritäten setzen
	Kündigung von Mitarbeitern	

Organisationsebene

Auslöser	Auswirkungen	Maßnahmen
Ohnmacht gegenüber Entscheidungen	Auflehnungen	starke Filter einbauen
zu viele Aufgaben	Frustration	häufiger kommunizieren
unklare Zielformulierung	Resignation	Ziele erklären
nicht nachvollziehbare Aufgabenstrukturen	Verlust von Ressourcen	
Machtausspielung	schlechte und unvollständige Arbeit	sich solidarisieren mit Mitarbeitern gleicher Maßnahme Missstand an der nächst höheren Stelle eskalieren lassen
Egoismus von anderen Organisationseinheiten und Personen	Ärger	
Ansprechpartner fehlen	Wut	
Konsolidierung fehlt	schlaflose Nächte	selbst gesetzte Prioritäten
passives Verhalten Konkurrenz anderer Organisationseinheiten	Unsicherheit	den Dialog suchen und konkrete Vorschläge bringen
das Headoffice fordert zuviel		die eigene Position festlegen

unrealistische Termine		von oben einfordern, dass aktuell offen kommuniziert wird, sowohl die positiven als auch die negativen Aspekte

Die jeweils in der rechten Spalte gesammelten Maßnahmen sind brauchbare Strategien zur Stressverringerung. Als übergreifende Maßnahme nahmen sich die Teilnehmer vor:

- sich mehr ruhige Zeit zu nehmen
- das Telefon immer mal eine halbe Stunde abstellen
- deutlicher nein sagen
- schon am Anfang Klarheit über Aufgaben schaffen
- Pausen für sich alleine machen
- versuchen, die Sitzungszeiten zu halbieren
- sich bewusst werden, dass sie den Stress selber steuern können
- die innere Erlaubnis erneuern: Ich entscheide über meine Zeit
- mich selbst mehr und genauer beobachten, wie ich den Stress produziere
- die eigene Zeit als wertvoll anerkennen
- Erlaubnis zur Abgrenzung
- eigene Ruhezeiten klar definieren („heute ist Samstag")
- sich erlauben, es sich gut gehen zu lassen und damit am besten für die anderen und für eine gute Effektivität zu sorgen

Individuelles Stressmanagement

Auf der Ebene der Persönlichkeit gibt es ein anderes Handwerkszeug als auf der strukturellen Ebene: Zuerst muss die Frage gestellt werden: Wie gewinnen wir die nötige geistige, seelische und körperliche Energie, um wachsende Komplexität meistern zu können? Ohne Übung kommen wir nicht dahin. Beruhigend mag die Erkenntnis sein, dass

181

der Mensch ein Organismus ist, der eher verschleißt, wenn er nicht benutzt wird. Natürlich stoßen wir als organische Wesen immer wieder an Grenzen und müssen uns ausruhen. *Aber zumeist gewinnen wir Energie, wenn wir unsere Energie auf eine gute Weise verausgaben.* Das beste Mittel gegen geistige und körperliche Erschöpfung ist Körpertraining. Ich bin aus Erfahrung von folgenden *Energiegebern* überzeugt:

Körperlich fit sein

Es gibt unzählige Tipps für körperliche Fitness. Doch klar ist: Jeder und jede muss sich ihr eigenes Fitnessprogramm zusammenstellen. Bewegung wirkt sich übrigens auch positiv aus auf die geistige Stärke, auf *Sinnerfassungskapazität* und auf die Fähigkeit zu komplexem Denken und Handeln.

Es geht mir jedoch nicht um körperliche Höchstleistungen, sondern um eine Fitness, die aus dem Inneren wächst. Die mentale Vorstellung von Beweglichkeit, Gesundheit und Aufrichtung ist der erste Schritt. Das zweite Geheimnis ist *Atembewusstheit*. Die Frage ist, ob und wie wohl wir uns in unserer Haut fühlen. Wenn wir uns wohl fühlen, strahlen wir Zufriedenheit und Zuversicht aus und wirken wohltuend auf andere Menschen.

Das Negative nicht leugnen, das Positive betonen

Ein weiterer Energiegeber besteht darin, dass Sie positiv denken, jedoch dabei das Schwierige, Dunkle *nicht* vermeiden. Allein positiv denken zu wollen ist eine sehr gefährliche Grundhaltung. Das verdrängte Negative kommt dann mit um so größerer Gewalt auf uns zu und überrollt uns. Das Negative will gewürdigt werden, dann erst entfaltet das Positive seine heilende Wirkung. Allgemein kann man sagen, dass Leugnen Energie unterdrückt, während realistisches Anerkennen der ganzen Wirklichkeit an positiven und negativen Aspekten Energie freisetzt.

Auch das Negative zu sagen, kann zwar zuerst weh tun. Anerkennen, was wirklich ist, gibt Ihnen, der Firma oder der Familie jedoch mehr Energie. Sitzungen dauern weniger lang. Es wird weniger Energie damit vertan, etwas *nicht* zu sagen. Geheimnisse und Indirektheiten, Lügen und negative Kritik wirken sich zwischen Menschen und Abteilungen wie Gift aus. Wirklich kreative Menschen lassen alle Gefühle zu, auch die dunklen. Wut z. B. enthält ein hohes Maß an kreativer Energie. Die damit freigelegte Empörung kann Ihre Energie in positive, aufbauende Richtungen lenken.

Prioritäten setzen

Eines der schwierigsten Dinge im Leben ist Entscheidung, der Verzicht auf Möglichkeiten. Bei Entscheidungen stehen wir oft vor einem Dilemma: Wenn wir in eine Richtung gehen wollen, müssen wir auf andere Möglichkeiten verzichten. Die Frage ist immer wieder: „Was will ich wirklich?" Lebens- und Berufsziele sollten sehr konkret aufgeschrieben und nach subjektiver Wichtigkeit geordnet werden. Harry Levinson schrieb in der Harvard Business Review: „Wenn das, was Sie tun, etwas ist, was mit dem Kern Ihres Wesens übereinstimmt, wird Ihr Stresspegel sinken".

Spannung halten – Richtung geben

Die Übungen zum Bogenschießen und die Stockarbeit, die ich in meinem Buch „Kontakt, Intuition und Kreativität" beschrieben habe, sind weitere hervorragende Stresshilfen.

Das Üben von Bodenkontakt und innerer Schwerpunktsetzung, das ich weiter unten erläutern werde, ist ebenso wertvoll wie die dortigen Ausstrahlungsübungen. Gerade wenn wir Führungstrainings durchführen, ändern diese Energieexperimente die Einstellungen der Teilnehmer zur Bedeutung mentaler Entscheidungen sowie ihre Ausstrahlungskraft nach einiger Übung in bemerkenswerter Weise.

Autogenes Training

Zum Üben des Autogenen Trainings gibt es zahlreiche gute Bücher, die sehr zu empfehlen sind (Schultz). Hier sei nur eine kurze Zusammenfassung der wesentlichen Techniken des Autogenen Trainings gegeben, da man es auch im Alltag oder im eigenen Büro oder sogar während einer Besprechung üben kann.

Übung: Ruhe, Schwere, Wärme und Atem

Die Ruheübung

Sie wiederholen mit langsamer innerer Stimme: „Ich bin ganz ruhig". Je langsamer und ruhiger Sie diesen selbststabilisierenden Satz sprechen, umso größer ist die Wirkung.

Schwereübung

Selbstunterstützende Sätze wie „Ich bin schwer – ich bin ganz schwer" können einerseits als einfache Technik eingesetzt werden, haben aber eine viel größere Wirkung, wenn sie im Zusammenhang mit der umfassenderen Schwergewichtsübung, die in Kapitel 12 beschrieben ist, geübt werden.

Die *Wärme* im Körper einzuladen, den *Atem* zu vertiefen, die *Bauchorgane* bewusst zu entspannen, *den Kopf* in der Vorstellung zu kühlen und zu lösen und stabilisierende *Vorsätze zu programmieren*, sind wesentliche Hilfsmittel:

Übung: Ruhe, Schwere, Wärme und Atem

- Ich bin ganz warm, meine Arme, meine Füße sind warm.
- Mein Atem geht ruhig und entspannt.
- Ich spüre die Kraft meines Atems.
- Mein Zwerchfell genießt es, die Luft ein- und ausströmen zu lassen.
- Mein Magen und Darm entspannen sich und lassen in meiner Mitte eine große Kraft zu.
- Meine Stirn ist angenehm glatt und kühl.
- Meine Nackenmuskulatur schmilzt wie warme Schokolade.
- Ich schlafe die ganze Nacht ruhig und sicher.
- Ich vertraue auf meine innere Kraft.
- Ich entscheide frei und kraftvoll.
- Ich erkenne, was für mich wichtig und unwichtig ist.

Übung: Die Kraft des Bewusstseins

Unser Körper und unser Nervensystem reagiert auf inhaltliche Botschaften, die wir ihnen sprachlich kodiert senden. Insofern ist es keine Zauberei, wenn wir uns mit diesen Sätzen selbst informieren und damit positive Wirkungen auslösen.

Sie können das durch eine einfache Übung experimentell nachweisen: Joggen Sie entspannt in der Natur. Geben Sie sich gute Informationen wie „Ich laufe kraftvoll und entspannt, es macht Freude, meine Kraft zu spüren." Erleben Sie, wie dieser Satz das Laufen erleichtert.

Nun wechseln Sie auf eine neue Information: „Ich bin müde und ungelenkig. Ein lieber Freund wird bald sterben, und ich bin auch in Gefahr, krank zu werden". Sie werden unmittelbar die Auswirkung dieser neuen Information auf Ihren Körper bemerken können und spüren, wie das Laufen beschwerlich und mühevoll wird.

Nun wechseln Sie wieder zu der ersten Information und sagen sich diese so lange, bis das Laufen wieder entspannt und mit Freude und Leichtigkeit gelingt. Je nach Übung und Bewusstheit kann dieser Wechsel sehr schnell vollzogen werden. Sie sind der Chef oder die Chefin über Ihre Verfassung, indem Sie auswählen, welche Information Sie Ihrem Organismus geben und welche nicht.

Bei sich sein

Die verschiedenen Stressmanagement-Strategien lassen sich am besten zusammenfassen mit der Übung: „Bei sich sein". Selbstbestimmung, Ruhe, Atmung, Klarheit und im Jetzt sein – alles kulminiert im „Bei-sich-Sein".

Wenn wir dieses Bei-sich-Sein vernachlässigen, rächt sich das irgendwann, denn unsere Kraft beziehen wir nur in geringem Maße von außen – die tragende Energie kommt von innen. „Wenn wir in uns einen ruhigen, offenen Raum schaffen und die Intuition in diesen Raum eintreten lassen, befähigen wir uns, das Wesen der Dinge zu hören, zu sehen oder zu fühlen" (Wendy Palmer, in Bryner, Markova, 1997).

Das wesentliche Moment für das Zentrieren in der eigenen Kraftmitte ist ein gesteigertes Bewusstsein des gegenwärtigen Augenblicks und das Gegenwärtigsein in diesem Augenblick. Je turbulenter die Umgebung, desto wertvoller ist die Fähigkeit, in eine stabile, stille innere Haltung übergehen zu können, in der wir den oben beschriebenen zentrierten Schwerpunkt und Kraftpunkt einnehmen können. Von hier aus sieht das turbulente Treiben um uns herum ganz anders aus und wir kommen zu viel klareren Entscheidungen als mitten im Wirbel des Taifuns.

„Zentrieren bedeutet die Erhöhung des eigenen Bewusstseins für das, was gerade geschieht und das Annehmen der Dinge, wie sie sich in der eigenen gegenwärtigen Realität darstellen. Zentrieren ist eine Gelegenheit, im Zentrum der Dinge zu ruhen. Zentrieren heißt, eine Pause einzulegen, eine Zeitlang nichts zu tun, und sei es nur einen Augenblick oder drei Atemzüge lang oder einen ganzen Morgen, so als würde man einen Bericht über die eigenen inneren und äußeren Aktivitäten anfertigen." (Bryner, Markova S. 62).

Übung: Sich zentrieren

Wir zentrieren uns, indem wir uns ganz auf ein bestimmtes Wahrnehmungsobjekt richten, am besten unseren Atem. Richten Sie Ihr gesammeltes Interesse auf den Atemvorgang, als ob Sie dieses Lebensphänomen zum erstenmal neu entdecken. Lassen Sie Ihre Gedanken, Gefühle und Bilder einfach an sich vorüberziehen, ohne sie zu bewerten oder festzuhalten. Es ist ein vorurteilsfreies Schauen. Dieses reine Sehen hilft uns, uns über uns Klarheit zu verschaffen und uns selbst mit allen Schwächen zu akzeptieren, weil wir in diesem Zustand nichts verurteilen, sondern einfach nur wahrnehmen. Das ist die Brücke, die uns in den kreativsten Raum führt, in unsere Mitte, das Zentrum oder Core.

Abb. 24: Der Weg ins Jetzt

Durch dieses Zentrieren gelangen wir dorthin, wo sich einzig und allein das Leben abspielt: ins Jetzt. Nur im Jetzt ist das Leben. Die Vergangenheit ist gewesen und die Zukunft ist noch nicht da. Aus dem Jetzt entsteht eine enorme Kraft und durch die schlichte Hinwendung in die Gegenwart unserer Existenz vervielfacht sich unsere Kraft,

Freude und Intensität des Erlebens. Während wir dies üben, wiederholen wir ständig die Frage: „Was ist jetzt" und gelangen so immer tiefer in eine ruhige Entspannung des schauenden, hörenden, spürenden und riechenden Gewahrseins. Sie können dadurch Ihr Bewusstsein selbst untersuchen und erfahren. Sie spüren, wie es ist, sich ganz dem Sein anzuvertrauen. Durch diese Übungen wird Ihre Wahrnehmungsfähigkeit im alltäglichen Leben gesteigert.

Sie können jetzt eine Pause im Lesen machen und sich einfach dieser Übung des Gewahrseins hingeben. Was ist jetzt? *Jetzt ist Jetzt.*

Um alle Wurzeln des Stress zu erforschen, können Sie dann im nächsten Schritt eine innere Betrachtung anstellen zu den Fragen:

● Womit bin ich in meinem Leben zufrieden, womit bin ich unzufrieden?
● Was sind meine größten Wünsche, was meine größten Befürchtungen im Leben?
● Bin ich wirklich bereit, die Disziplin aufzubringen, dafür zu sorgen, dass es mir besser geht in meinem Leben und ich meinen Stress reduziere?
● Was ist für mein Leben das Wichtigste?

Strukturelles Stressmanagement

Neben diesen *individuellen* Stressmanagement-Strategien sind auch die *strukturellen* und *kommunikativen* Aspekte innerhalb eines Teams wesentliche Stressverhinderer. Im Wesentlichen geht es um die Beachtung der acht Support-Säulen der Person gegen Stress. Hier ist das soziale Netz von besonderer Bedeutung. Das Gegenteil von Stress ist nämlich nicht Ruhe und Entspannung (die kann auch zum Stress werden) sondern *Kontakt*. Wirklicher und erfüllender Kontakt mit Personen, Aufgaben und Dingen, das ist das Gegenteil von Stress.

Wenn Sie also als Führungskraft Ihren eigenen Stress und den Ihrer MitarbeiterInnen reduzieren wollen, dann schaffen Sie für sich und für Ihre MitarbeiterInnen zahlreiche, gelingende und ganzheitliche Kontaktsituationen, die sich immer mehr zu einem sozialen Netz entwickeln. Dieser Kontakt muss abwertungs- und kränkungsfrei sein, abwertungsfrei, vor allem was die Integrität der Person betrifft. Leistungen, die mangelhaft sind, dürfen kritisiert werden, die Würde des Menschen ist jedoch unantastbar.

Eine weitere Strategie ist die unterstützende Herausforderung, das heißt, Sie müssen Aufgaben stellen, die immer ein klein wenig über die momentane Leistungsfähigkeit Ihrer MitarbeiterInnen hinausgehen, damit deren Lern- und Wachstumspotenzial angeregt wird.

Voraussetzung dafür, dass diese Maßnahmen nach und nach selbstverständlich werden können, ist besonders die Anerkennung, dass schädlicher Stress in einem Team und in einer Organisation existiert. Falls die Benennung von Dis-Stress ein Tabu ist, muss er enttabuisiert werden. Sie können das Stressproblem bei einigen Personen auch eventuell als *Suchtproblem* thematisieren und anerkennen. Es geht also auf der Kommunikationsebene im Wesentlichen um *die Errichtung eines lebensfähigen sozialen Unterstützungssystems*.

Dies ist das effizienteste Mittel, sowohl das individuelle Ausbrennen als auch das Kollabieren einer Teamstruktur zu verhindern.

Unsere Erfahrung bei der Umstrukturierung von kommunikativen Prozessen ist, dass die notwendigen Veränderungen möglich sind. Es erfordert einigen Aufwand, die kulturellen Bedingungen zu verändern. Diese Veränderung ist jedoch möglich, ohne dass Ihr Unternehmen einen Produktivitätsverlust zu erleidet.

Checkliste: gelingender Kontakt in Organisationen

● Ich schaffe Herausforderungen zum Lernen.

● Ich sorge für Vielfältigkeit der Anregungen und einen Wechsel der Tätigkeiten.

● Ich achte auf Klarheit der Funktionen und Aufgaben.

● Ich treibe den systematischen und langfristigen Ausbau der sozialen Unterstützungssysteme innerhalb des Teams und der Abteilungen voran.

● Ich erinnere daran und helfe dabei mit, regelmäßig eine gemeinsame Belastungsliste anzufertigen.

● Ich fühle mich dafür verantwortlich, die Entwicklung einer Kultur zu unterstützen, in der Gefühle ohne Angst vor Missbilligung geäußert werden dürfen.

● Ich mache zur gemeinsamen Vision, eine Teamkultur zu entwickeln, in der Feedback, Zuhören und Raum für persönliche Mitteilungen immer mehr zur Selbstverständlichkeit gehören.

● Ich drücke sachliche Anerkennung aus und plane entwicklungsgemäße Herausforderungen für meine MitarbeiterInnen.

● Ich schaffe Zeit und Raum für die angenehme und heilbare Gewohnheit, sich wechselseitig soziale Realitäten mitzuteilen und sich emotional zu unterstützen.

12. Wie entwickle ich charismatische Führungsqualitäten?

Grundlagen des „Inner Management"

Der chinesische Weise Li Pu We sagt: „Alle Menschen brauchen eine Übung des Geistes, um richtig hören zu können. Wer diese Übung nicht besitzt, der muss sie sich verschaffen durch Lernen. Dass jemand ohne zu lernen richtig zu hören vermöchte, ist in alter und neuer Zeit noch nie vorgekommen." Da Führen eine Form von Hören (und auch Lenken) ist, kann dieser Ausspruch von Li Pu We genauso zum Thema Führen angewandt werden. „Dass jemand ohne zu lernen richtig zu führen vermöchte, ist in alter und neuer Zeit noch nie vorgekommen." Was sind die wesentlichen Lernschritte für einen modernen Führungsstil in komplexen Zeiten?

Inner Management und Persönlichkeitsentwicklung sind zwei identische Prozesse. Unsere Persönlichkeitsentwicklung beginnt schon vor der Geburt und dauert lebenslang. Es geht dabei um die Veränderung dieses so hochkomplexen Systems eines Individuums, das sich auseinander setzend im ständigen Wechselprozess von Umwelt und Innenwelt wächst. Früher sind die Psychologen davon ausgegangen, dass es bei jedem feststehende Eigenschaften gibt, die nahezu unabänderlich sind. Wir merken aber immer mehr durch unsere Erfahrungen während der Trainings, der Therapien und anderer Wege zur Persönlichkeitsentwicklung, dass Menschen sehr wohl in der Lage sind, sich grundlegend zu verändern, dass viele Aspekte unserer Persönlichkeit entwickelt werden können, wenn die Situation es erfordert oder wir selbst es wollen. Der alte Begriff der Führernatur, den wir uns als durchsetzungsfähigen Menschen mit immenser Tatkraft vorstellen, verblasst zunehmend. Die Einsicht, dass wir ein Leben lang lernen können, verbreitet sich immer mehr und sogar auch die Erkenntnis, dass diese Lernprozesse Spaß machen können und ein wesentlicher Teil unserer emotionalen und mentalen Erfüllung sind.

Ein alter Mann sagte einmal: „Die Hölle ist, auf dem Sterbebett die Dinge wahrzunehmen, die wir nicht in unserem Leben entfaltet haben". Wir könnten in der gleichen Symbolik anders herum sagen: „Der Himmel, d.h. die Erfüllung, das ist die Entfaltung unserer Möglichkeiten in einer dynamischen Welt."

Entwicklung geschieht langsam und in Sprüngen

Wir erkennen, dass wir Menschen in der Lage sind, bewusst zu planen und uns eine soziale Umwelt selbst zu suchen und zu schaffen. Wir können vieles selbst bestimmen. Wir können uns durch bewusste Entscheidung und Handlung den Lebensraum schaffen, der uns eine optimale Entwicklung ermöglicht. Das bedeutet auch, dass wir für unsere Entwicklung in die Verantwortung genommen sind. Diese Veränderungen gehen jedoch nicht schnell und einfach, sondern sind das Ergebnis langwieriger Prozesse.

Ein wesentliches Handwerk auf diesem Weg ist, unser Selbstbewusstsein dahingehend zu erweitern, dass wir uns immer tiefer die Frage stellen: „Wer bin ich eigentlich?" Diese Frage muss unsere ganze Person betreffen, also auch unsere Gefühle, unsere Bedürfnisse, Interessen, Gedanken und unseren Körper.

Für die Bewältigung dieser inneren Führungsqualität zur Entwicklung eines Inner Management brauchen wir vor allem etwas, was mit zwei zunächst etwas unmodern klingenden Worten beschrieben werden kann: Konzentration und Disziplin. Diese beiden Eigenschaften sind auch die Grundlagen natürlicher Autorität, über die wir weiter unten sprechen werden.

Konzentration

Wofür brauchen wir Konzentration? Die Natur unseres Denkens, unseres Geistes ist so beschaffen, dass alles, womit sich unser Kopf den ganzen Tag beschäftigt, ständig wechselt und wandert. Unser Denken springt fortlaufend umher und es gelingt selten, an einem einzigen Punkt zu bleiben, sich einer konkreten Aufgabe voll und ganz, mit ungeteilter Aufmerksamkeit zu widmen.

Da ist es oft angenehm: Wenn das Telefon klingelt, werden wir abgelenkt durch das Außen und brauchen uns nicht bewusst zu machen, dass wir im Innern längst abgelenkt waren. Oftmals fällt es Führungskräften schwer, sich eine klare Arbeitszeit für sich alleine einzuräumen, weil sie dann in diesen Stunden der konzentrierten Arbeit feststellen müssen, dass sie die wesentlichen Führungsqualitäten gar nicht besitzen, nämlich Konzentration und Disziplin.

Abb. 25: Der Bogenschütze als Sinnbild der Konzentration

Wie erlangen wir Konzentration und warum ist sie so notwendig?

Wenn wir in Eile sind und wenig Zeit haben (und das ist die Normalsituation der modernen Führungskraft), dann denken wir, wir haben nur zwei Möglichkeiten: entweder die Möglichkeit, Dinge unvollkommen zu tun oder uns so zu beeilen, dass sie noch schlechter werden.

193

Wir scheinen uns also in einem ausweglosen Teufelskreis zu befinden. Aber es gibt eine dritte Möglichkeit und das ist die, unsere Konzentration zu intensivieren. Wenn wir lernen, uns zu konzentrieren, können wir die Zeit, die wir für eine Sache brauchen, deutlich verkürzen.

Nehmen wir ein einfaches Beispiel – das morgendliche Anziehen. Wir glauben, zwei Möglichkeiten zu haben: Entweder wir machen es so wie immer und brauchen die normale Zeit, oder wir beschleunigen es und vergessen dann Dinge oder machen sie ungenau. Wenn wir den dritten Weg üben, unsere Aufmerksamkeit und unsere Energie ganz auf das zu konzentrieren, was wir tun, dann werden wir etwas Merkwürdiges feststellen: Wir werden lernen, keine Bewegung zu viel zu tun, bei jeder Bewegung ganz genau bewusst zu spüren, was wir tun und wir werden plötzlich sehen, dass wir in dieser erhöhten Aufmerksamkeit einerseits die Zeit, die wir dazu brauchen, verkürzen und andererseits ein Lustgefühl entwickeln, das mit dem vorherigen alltäglichen Vorgang des Anziehens kaum zu vergleichen ist, einfach dadurch, dass wir unsere Konzentration intensiviert haben.

Dies gilt für alle Dinge: für den Sport, für das Studium, für das Spielen, für das Arbeiten. Es gibt für alles nur eine einzige Lösung: die Kraft unserer Konzentration zu erhöhen. Der besondere Effekt dabei ist, dass die Aufgaben von einem bestimmten Übungsfortschritt an nicht mehr ermüden.

Am Anfang ist es ganz natürlich, dass die Konzentration Spannung erzeugt. Aber wenn wir daran gewöhnt sind, wird diese Spannung immer geringer, und es kommt der Moment, an dem wir nicht mehr müde sind, an dem wir nicht mehr zerstreut sind und nicht mehr aufgefressen werden von allen verschiedenen Dingen, weil wir gelernt haben, uns zu konzentrieren. Das Resultat ist ein hohes Maß an Lust und innerer Befriedigung.

Abb. 26: Die Konzentration auf den Zielpunkt

One-Pointedness

Konzentration besteht wesentlich darin, die Nebelwolken des hin- und herspringenden Denkens zu beseitigen. Wir können lernen, unsere mentalen Energien wirklich auf einen Punkt zu konzentrieren und dort fixiert zu bleiben. Konzentration ist eine Übung darin, das Bewusstsein auf einem Punkt zu halten, ähnlich wie wir uns sammeln, kurz bevor wir ein Bohrloch in die Wand schrauben. Plötzlich ist es da, dieses Loch, und wir durchstoßen eine dicke Mauer.

Wenn wir unkonzentriert und durcheinander sind, wird alles schwierig. Zerfahrenheit ist ein geistiger Zustand, der enorm viel Kraft kostet, der uns deprimiert und uns in Kontakt bringt mit unserer Selbstabwertung, ja sogar mit unserem Selbsthass. Wenn wir uns sehr ge-

195

nau beobachten, dann finden wir heraus, dass es da immer irgend etwas gibt, das uns von uns wegzieht, was uns auf andere Gedanken und Bilder hinzieht und diese wolkenhafte Unklarheit in uns auslöst, als wenn wir in einem großen Haufen Watte lebten.

Wir können lernen, jede Art von Tätigkeit als Übungsfeld zu nehmen, um unsere mentale Kraft zu kristallisieren. Das, was wir tun, verliert sich, das, was wir lernen, wird vergessen, aber was übrig bleibt, ist eine Kraft und Konzentration, etwas, was wir gelernt haben und uns immer bleiben wird – die Kapazität, unsere Gedanken auf einen exakten Punkt zu kristallisieren. Unsere mentale Kapazität, uns zu konzentrieren, ist eine wesentliche Führungsqualifikation und wir werden Ihnen in diesem Buch zahlreiche Beispiele und Übungen dafür anbieten.

Übung: Das Bewusstsein beobachten

Setzen Sie sich entspannt hin und schauen Sie sich erst einmal an, wie Ihr Geist herumwandert, was alles in Ihr Bewusstsein tritt und welche verschiedenen Inhalte wie auf einer inneren Leinwand in Ihrem Geiste auftauchen und wieder verschwinden und was für neue Farben, Formen, Gedanken, Bilder, Konzepte und Erinnerungen in Ihnen auftauchen und wieder verschwinden. Sie können dies beobachten und sich dabei klar machen, dass dies die normale Qualität des menschlichen Bewusstseins ist. Verschiedenes taucht auf, alles springt hin und her, nichts bleibt beim Thema, alles fließt durcheinander.

Nun können Sie beginnen, sich auf einen speziellen Körperpunkt zu konzentrieren, sei es in der Mitte Ihrer Brust am Brustbein oder (was auch ein günstiger Punkt ist) auf den Punkt zwischen den Augenbrauen. Die Ausrichtung auf diesen Punkt zwischen den Augenbrauen bietet eine große Unterstützung für die Konzentration und beruhigt unseren Geist. Nun schauen Sie von diesem Punkt oder von Ihrem Brustbein aus wie mit einem Scheinwerfer auf das, was alles in Ihnen hochkommt, was Sie denken, fühlen und wahrnehmen. Wie mit einem Scheinwerfer oder als ein Leuchtturm schauen Sie ganz bewusst auf das, was in Ihrem Bewusstsein entsteht. Wenn Sie das eine Zeitlang getan haben, wird dieses Vorgehen ganz einfach und normal.

Übung: Das Bewusstsein beobachten

Sie werden bemerken, dass die Geschwindigkeit Ihrer Gedanken nach einiger Zeit abnimmt und dass Sie sich im Vordergrund immer mehr auf Ihre Raumwahrnehmung im Inneren konzentrieren können. Andere Bewusstseinsinhalte rücken immer mehr in den Hintergrund. Sie werden merken, dass Sie weniger an den einzelnen Gedanken festhalten, dass Sie weniger identifiziert sind und dass ein angenehmeres Gefühl in Ihnen auftaucht.

Wenn Sie zwischendrin müde sind, strengen Sie sich nicht an, ruhen Sie sich aus und gönnen Sie sich eine Pause. Konzentrationsübungen sind eine wesentliche Sache. Man sollte aber auch hier nichts überziehen, sondern langsam vorangehen und sich bewusst sein, dass diese Dinge lange Zeit in Anspruch nehmen, bis wir dann zu einer Meisterschaft gelangen. Erst langsam können Sie längere Zeit für Konzentration in Anspruch nehmen und tiefere innere Ruhe erfahren.

Abb. 27: Der Leuchtturm als Sinnbild des Bewusst-Hinschauens

Wir müssen uns klarmachen, dass diese Entwicklungen hin zu einer neuen Wahrnehmungsqualität Zeit brauchen, dass wir Konzentration nicht in einem einmaligen einstündigen Schnellintensivkurs lernen können. Dieses Lernen ist einerseits schwierig, andererseits wird es unterstützt von einer inneren Kraft, die wir Menschen alle haben und die wir Core nennen. Wenn wir beginnen, uns zu konzentrieren, und unser Geist langsam ruhiger wird, können wir Kontakt bekommen mit einer inneren Kraft, einem tieferen Bewusstsein, das einen ganz anderen Charakter und eine andere Qualität hat als oberflächliche Gedanken, Bilder und Konzepte. Wir kommen mit dieser Bewusstseins-Qualität in Kontakt durch den einfachen Vorgang der Konzentration. Es ist oftmals ein Gefühl, als ob es ein Reinigungsvorgang wäre, ein Vorgang, der uns entspannt und von alltäglichen Gedanken, Sorgen und dem Hin- und Herspringen des Geistes löst. Wir werden ruhiger und bekommen Kontakt mit einer inneren Substanz, einer inneren Kraft, die uns ein Gefühl von Nachhausekommen vermittelt.

Übung lohnt sich

Dieses innere Kraftzentrum haben wir Menschen alle, wir nutzen es nur im alltäglichen Trubel und in der Hektik nicht. Setzen wir uns ruhig hin, lehnen uns zurück und entspannen uns, so kann uns die Zeit, die wir dafür brauchen (und wenn es eine Stunde ist), einen tiefen Zugang zu unserem innersten Kraftzentrum öffnen.

Dort liegen die Kreativität, die Intuition und die Entscheidungskompetenz, so dass wir in ganz kurzer Zeit zu Entscheidungen kommen und zu einem Wissen in der Lage sind, das wir auf einer oberflächlichen Bewusstseinsebene niemals hätten erreichen können. Die Führungskräfte, die wir in den letzten Jahren ausgebildet haben, haben allesamt berichtet, dass die Zeit, die sie für diese Entspannungs- und Konzentrationsübungen eingesetzt haben, sehr gut genutzt werden konnte durch anschließend höhere Effektivität in ihrem Denken und Fühlen.

Das Geschenk dabei ist: Wenn wir anfangen, uns zu konzentrieren und zu entspannen, öffnet sich diese innere Kraft wie von allein und gibt uns Entwicklungsmöglichkeiten, wie sie auf keine andere Weise möglich gewesen wären.

Wir nennen diese innere Kraft *Core*, Kern oder auch Sein, und die dazu entwickelte Methode CoreDynamik, in der wir eine systematische Folge von Schritten entwickelt haben, wie wir durch die alltägliche Hektik, die alltägliche Fixierung auf Bilder, Gedanken und alltäglichen Stress hindurchtauchen können in eine innere Kraft, die viele Probleme ganz von allein löst. Wir können dieses Core auch unsere Mitte nennen. Führungskräfte, die erfolgreich führen, handeln aus der Mitte. Wir werden dieses Handeln aus der Mitte heraus weiter unten beim Thema „Natürliche Autorität" wieder aufgreifen.

Die folgende Grafik gibt eine Skizzierung des Weges von außen nach innen, von den Rollen und Gedanken über die Gefühle, den Körper, über die Präsenz zum Sein, dem Kern. Ich habe diesen Weg in meinen bisherigen Büchern ausführlich beschrieben.

1	Soziale Strukturen Alltagskonzepte – Gewohnheiten, Klischees – Routinen
2	Bilder – Projektionen – Muster Standard-Denkweisen
3	Ziele – Richtungen Wertungen
4	Gefühle – Körperempfindungen Sensibilitäten
5	Grundüberzeugungen
6	Kontakt – Begegnung Berührt sein von der natürlichen und realen Umwelt
7	Intuition – unmittelbares Gewahrsein Präsenz – Jetzigkeit – Konzentration
8	Hochenergie – Flow – Gewinn
9	Seins-Erkenntnis – Glück
10	Core

Um den dynamischen Aspekt des Weges zu zeigen, sei dieser Prozess von außen nach innen in Form der Wachstumsspirale veranschaulicht.

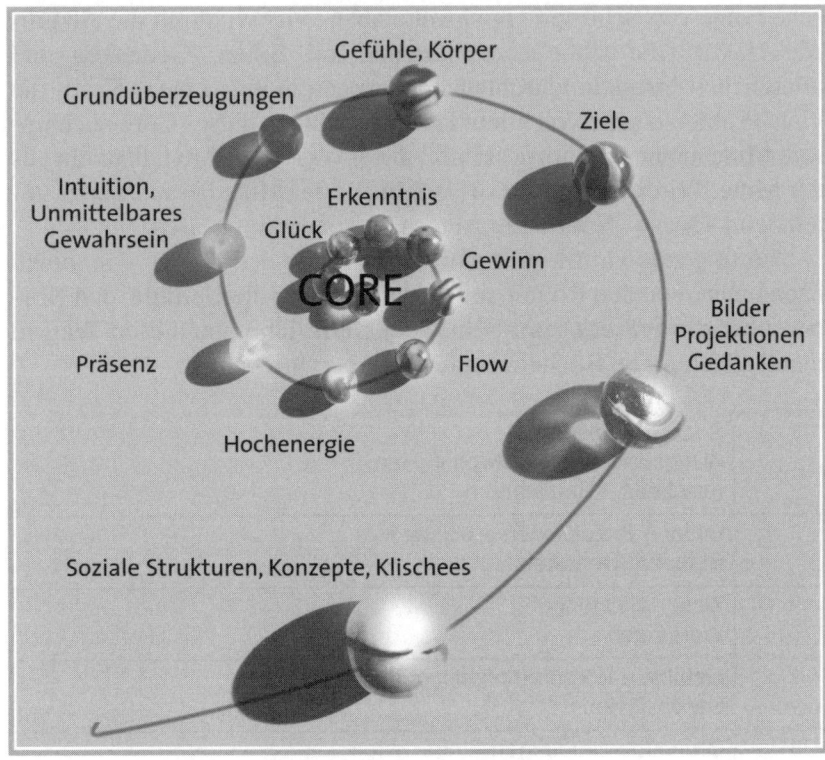

Abb. 28: Die Core-Spirale

Unser normales Alltagsbewusstsein, das ruhelos, unkonzentriert, rappelig ist, schnell ermüdet und leicht abgelenkt wird, ist der Hauptwidersacher jeder geistigen Entwicklung. Geistige Entwicklung ist aber eine grundlegende Führungskompetenz. Wesentliche Arbeitsfunktionen werden durch dieses normale alltägliche, unkonzentrierte und untrainierte Bewusstsein behindert. Meine Erfahrungen in Coachingprozessen mit leitenden Führungskräften zeigen oft, dass begabte Menschen enorme Arbeitsenergien verschwenden, indem sie ihren Tagesablauf unkonzentriert und undiszipliniert gestalten. Es scheint ein großes Tabu zu sein, sich einzugestehen, dass wir wesentliche Grundfunktionen für Führungskompetenz überhaupt erst lernen müssen, nämlich Konzentration und Disziplin. So werden teilweise Jahre mühevoll unter Stress verbracht, ohne den Schritt zu gehen, innezuhalten und zu beginnen, Konzentration zu üben und zu lernen.

Ich werde unten verschiedene Zustände der Konzentration beschreiben, denn es gibt partielle Formen der Konzentration und totale Formen der Konzentration. Es gibt das Arbeiten mit dem weichen Blick und dem geöffneten Bewusstsein sowie das Arbeiten mit Raum-Bewusstsein und dem Vordergrund-Hintergrund-Bewusstsein und der One-pointedness. Jede Form dieser Bewusstseinskonzentration wird unterschiedliche Ergebnisse der Arbeit mit sich bringen.

Um es noch einmal zu betonen: Am Anfang ist es wirklich schwer, sich zu konzentrieren. Wir müssen uns anstrengen und dann die Anstrengung wieder loslassen. Erst im Laufe der Zeit wird die Konzentration zu einer Art zweiten Natur und sie wird sozusagen spontan und ganz leicht möglich ohne jede Form von Anstrengung.

Wenn wir in tiefere Formen von Konzentration tauchen und wirklich fähig sind, uns auf einen Punkt oder den gesamten Raum zu konzentrieren, kann so etwas wie Angst entstehen. Denn One-pointedness und Raumwahrnehmung lässt ein Gefühl von Leere und Räumlichkeit in uns entstehen, das gleichzeitig eine große innere Ruhe und einen großen inneren Frieden mit sich bringt. Das kleine angestrengte, meist zerfahrene Ego wird verschwinden und es wird sich in uns ein größeres Bewusstsein ausdehnen. Die Bewusstheit ist zwar noch nicht unbedingt aufgelöst, aber die engen Grenzen unseres Bewusstseins dehnen sich und weichen auf.

Präsenz

Gedanken können für einige Zeit verschwinden. Das kann bei Menschen, die so einen Zustand nicht gewohnt sind, erst einmal Angst auslösen. Vielleicht entsteht dann nichts anderes als eine große innere Freiheit, ein grenzenloses Gefühl von Weite und Stille, die in ein großes Gefühl von innerem Frieden, ja sogar Glück und Wissen übergeht. Dies ist der Beginn der Öffnung der Intuition und der Beginn einer inneren Präsenz, die in keiner Weise bedrohlich oder gefährlich ist, sondern einfach den Raum öffnet, der uns hineinführt in diesen inneren Wesensbereich, unser Zentrum.

Wenn Sie dann nach einiger Zeit gelernt haben, sich auf einen Punkt zu konzentrieren, dann können Sie im nächsten Schritt damit beginnen, diese Konzentration bewusst auf bestimmte Objekte zu lenken. Zuerst auf Ihren Körper, bestimmte Körperteile wie Ihr Herz oder Bauch, dann auf bestimmte äußere Gegenstände wie eine Blume, ein Buch, ein Bild und dann im dritten Schritt auf ein bestimmtes Thema, ein Problem, das Sie im Moment zu lösen haben in Ihrem beruflichen oder privaten Feld.

Diese Konzentration auf ein Thema bedeutet, dass Sie eine Zeitlang still und konzentriert auf dieses Thema hin fokussiert sind ohne die normale innere Unruhe und Spannung, ohne eine Intention und ohne den Druck, das enthaltene Problem direkt lösen zu müssen. Nach einer gewissen Zeit wird das thematische Problem klarer und deutlich vor Ihre Augen treten und oftmals wird schon nach kurzer Zeit eine Problemlösung auftauchen. Sie müssen so lange mit Ihrer Konzentration bei diesem Thema bleiben, bis Sie den inneren Kontakt damit nicht mehr verlieren und Ihre ganze Identität mit diesem Thema verschmilzt. Wenn wir uns mit einem Thema identifizieren, werden wir zu dem Thema und können aus unserem Innersten Antworten schöpfen, die wir mit dem reinen Denken nicht für möglich gehalten hätten.

Solange diese Tür bei Ihnen noch geschlossen ist, zweifeln Sie vielleicht an Ihrer Fähigkeit. Aber wenn sich diese Tür einmal geöffnet hat, werden Sie merken, dass Sie Ihren Zweifel verlieren, dass Ihre Kraft, besonders Ihre Willenskraft, zunehmend wächst, und dass Sie einen immer tieferen Einblick in Ihre Thematik gewinnen können.

Eine wichtige Grundhaltung dabei ist vonnöten: Wie ein Spitzensportler niemals aufhören würde, solange er auf den Toprängen spielen will, ständig und regelmäßig zu trainieren, so müssen auch Führungskräfte ihre Konzentrationskraft regelmäßig trainieren. Dies bedarf eines Bewusstseinswandels höchster Form. Konzentration zu lernen ist anders, als wenn ich die Grundrechenarten gelernt habe – die beherrsche ich dann ein Leben lang. Konzentration will ständig weiter geübt werden und zwar regelmäßig, ja sogar täglich.

10.00 – 10.15

7.00 – 7.15

Abb. 29: 15 Minuten für Ihre Konzentration

Nehmen Sie sich jeden Tag eine festgesetzte Zeit von mindestens 15 Minuten, in der Sie systematisch und unbeirrt üben. Diese Konzentrationsübung wird Ihre Willenskraft enorm stabilisieren und damit auch Ihre natürliche Autorität steigern. Wie wir diese Autoritätssteigerung (dieses Charisma) durch Übung der körperlichen Bewegung erzielen können, werden wir in einem späteren Kapitel ausführen. Unser alltägliches Bewusstsein will uns vermitteln, dass wir durch Tempo und erhöhte Geschwindigkeit mehr leisten können als durch Ruhe und Besinnung. Betrachten wir jedoch Qualitätsmerkmale von Spitzenführungskräften, so werden wir beobachten, dass sie sich in der Regel langsam bewegen, langsam sprechen, und eine innere Ruhe ausstrahlen und dennoch eine enorm hohe Effektivität produzieren. Dies ist nur möglich durch ein hohes Maß an innerer Konzentration.

Werden Sie zu Ihrer Aufgabe, werden Sie zu dem Thema, das Sie gerade behandeln, werden Sie zu dem Punkt, den Sie fixieren. Dies ist

Checkliste: Konzentration auf einen Punkt

Formulieren Sie das zu bearbeitende Problem in einigen wenigen Sätzen oder besser noch in einem einzigen Satz ganz präzise. Dann konzentrieren Sie sich auf diesen einzigen Satz, indem Sie ganz zu diesen Worten werden. Identifizieren Sie sich ganz und gar mit den Worten und Bildern und dem Thema. Lassen Sie sich Zeit, sich nur auf diese Themen zu konzentrieren. Tun Sie nichts. Warten Sie auf keine Antwort. Forcieren Sie kein Ergebnis. Konzentrieren Sie sich nur auf die Fragestellungen und das Thema.

Halten Sie einen Kassettenrecorder bereit und sprechen Sie die möglichen Antworten, die Ihnen gekommen sind, anschließend auf.

das ganze Geheimnis. Plötzlich werden Sie sich vor einer Tür befinden, die sich öffnet, und Sie sind auf der anderen Seite. Wir müssen das werden, was wir wissen wollen. Das Geheimnis dabei ist, dass wir in unserem körperlich-seelisch-geistigen Organismus über ungeheure Kräfte verfügen, die wir im Alltag durch unsere Eile und unsere mentale Präokkupation nicht genügend nutzen. Wenn wir beginnen, uns zu konzentrieren, dann öffnen wir die Schleusen zu diesem Energiefeld. Dies bezieht sich nicht nur auf Führungsprobleme, sondern auf alle Arten zu bewältigender Themen, auch im Privatbereich.

Ihre Mitarbeiter, Kollegen und Freunde und Partner werden Sie als in einer positiven Weise verwandelt erleben, wenn Sie regelmäßig jeden Tag einige Minuten der Stille und Konzentration für sich verwenden.

Ein besonderer Bereich, in dem diese Konzentration mit dem Thema Kraft verbunden ist, ist eine Stelle unterhalb des Bauchnabels, welche die Japaner Hara nennen. Wenn wir uns hierauf konzentrieren (und immer wieder hierauf konzentrieren, indem wir auch unseren Atem dorthin schicken), wird in uns eine Kraft entstehen, die unsere Mitarbeiter sofort als eine Führungskompetenz wahrnehmen. Wirkliche natürliche Autorität entsteht nur aus diesem Innenraum. Sie kommt nicht aus einer Funktionszuweisung, einem Anspruch oder irgendeinem sonstigen ich-zentrierten Auftreten. Wirkliche innere Kraft und Autorität kann nur aus diesem inneren Kraftbereich kom-

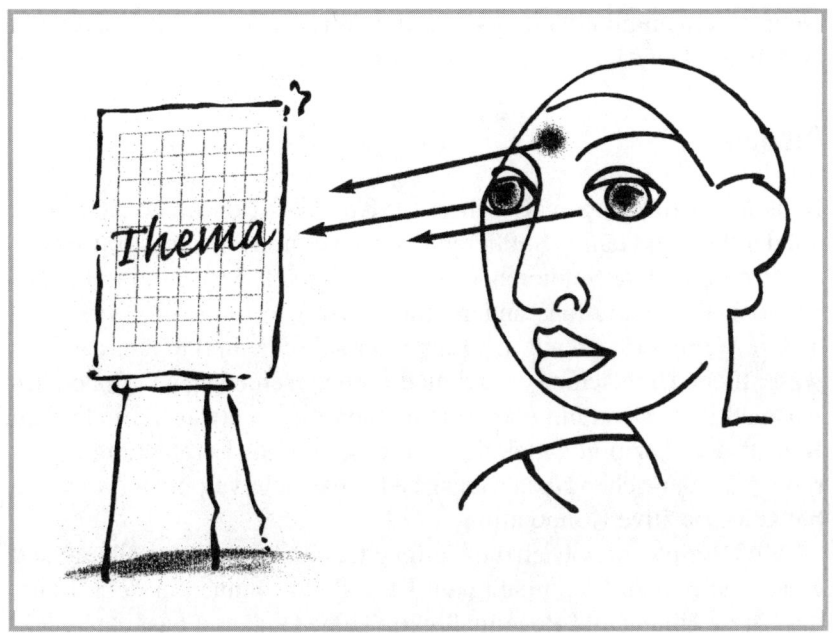

Abb. 30: Der konzentrierte Blick

men. Über diesen inneren Kraftbereich verfügen wir alle. Er ist nur mehr oder weniger verschüttet und zugedeckt oder geöffnet. Das Geheimnis ist, dass wir durch Konzentration und durch das Hinlenken unseres Bewusstseins auf diesen inneren Kraftbereich diese Energiequelle öffnen und entfalten können.

Aus dieser Konzentration entsteht dann Kreativität. Kreativität ist die Erschaffung von etwas Neuem in einem anderen Kontext. Auf neue Zusammenhänge können wir nur durch den Kontakt mit unserem tiefen Wissen kommen. Wir können neue Kontexte entdecken, weil wir als Menschen ein nicht-lokales Bewusstsein haben, das uns befähigt, aus dem bisherigen Gedankensystem herauszuspringen und unsere Grenzen zu überschreiten.

Diese Art von Problemlösung oder Kreativität bezeichnen wir als eine dritte Art des Wissens neben Wahrnehmung und Vorstellung (oder Denken). Das einzig Erforderliche für Kreativität ist eine tiefe

205

Neugier, ein unmittelbarer persönlicher Wissensdurst. Das Universum ist kreativ. Der Mensch ist der lebende Beweis dafür.

Disziplin

In meinen Erfahrungen als Lehrer für Konzentration stellte ich immer wieder fest, dass einige Studierende (seien es nun Führungskräfte, Klienten oder andere Studierende) sehr erfolgreich waren in ihrem Lernen der Konzentration, andere mittelmäßig erfolgreich, wiederum andere wenig erfolgreich. Im Laufe der Jahre bemerkte ich, dass der wesentliche Unterschied zwischen diesen verschiedenen Gruppen das Ausmaß ihrer Disziplin war. Wir müssen diesen etwas altmodischen Begriff der Disziplin enttabuisieren. Disziplin als Lernhaltung ist gerade in der deutschen Nachkriegsgesellschaft sehr verpönt worden und hat keine positive Konnotation.

Mit Disziplin meine ich die Fähigkeit, einer bestimmten Übung und einer bestimmten Regelmäßigkeit Lust abzugewinnen in dem Sinne, dass diese Übung und Regelmäßigkeit keine Qual und Last darstellen, sondern Freude und aus einem inneren Wollen heraus kommen, die direkt verbunden sind mit dem positiven Erfolgserlebnis.

Untersuchen wir das Wort Disziplin auf seinen Wortstamm hin, stellen wir fest, dass es lateinisch übersetzt „Schüler" bedeutet. Das heißt, ich muss in den Zustand des Lernenden, des Schülers gehen, um mich in eine innere Haltung von Üben und Regelmäßigkeit zu begeben, damit ich mir Dinge aneigne, die mir bisher nicht zur Verfügung standen, und, langsam über den Schülerstatus hinauswachsend, zum Meister in diesem Bereich werde.

Wenn ich auf diese Weise mein Verhältnis zu Disziplin geklärt habe, kann ich mich entspannter in einen Prozess von Übung begeben. Wichtig ist, dass ich mir ein kleinschrittiges Lernprogramm mache, mit dem ich schon nach kurzer Zeit kleine sichtbare Erfolge in meinem Lernen wahrnehmen kann.

Entscheidend bleiben die Fragen: „Will ich das, was ich hier übe, wirklich lernen? Ist es mir so wichtig, dass ich alles dafür tun würde, um diesen Lernprozess zu meistern? Auf was muss ich verzichten, um dieses lernen zu können, und auf was in meinem Leben muss ich verzichten, wenn ich das, was ich hier noch lernen muss, nicht lerne? Was ist der sekundäre Gewinn (der Symptomgewinn), wenn ich es nicht lerne?"

Der entlastende Umdenkungsprozess dabei ist, dass ich mich durch einen disziplinvollen Übungsprozess nicht einer fremden Autorität unterwerfe, sondern meinem inneren Willen, dem eigenen Ziel, das ich erreichen möchte. Ich unterwerfe mich einem inneren Ziel, das ich mir selbst setze. Sozusagen werde ich selbst zu meinem inneren Meister.

Eines jedoch muss ich mir eingestehen: nämlich dass ich überhaupt etwas lernen will oder sogar muss. Der Vorgang der Hingabe an diesen Lernprozess ist unumgänglich. Es ist jedoch eine Hingabe an mich selbst und nicht an ein von außen aufgedrücktes Ziel.

Checkliste: Behinderung von Disziplin

Zuerst muss ich mich fragen:

- Was hindert mich an einer Regelmäßigkeit?
- Was hindert mich am Üben?
- Was hindert mich am Verzicht auf alte Gewohnheiten?
- Was ist der Gewinn der bisherigen eingefahrenen Verhaltensmuster?
- Wie standen meine Eltern und meine Lehrer zum Thema Regelmäßigkeit?
- Habe ich eventuell eine Form von Gegenabhängigkeit (so wie die will ich auf keinen Fall werden) bezogen auf Eltern und Lehrer?
- Bin ich als Kind in übermäßiger Weise zu Disziplin gezwungen worden?
- Kenne ich Menschen, die eine sehr hohe Disziplin haben, aber sehr unangenehm sind in ihren Leistungsanforderungen?
- Wurde ich überfordert durch Disziplinanforderungen? etc.

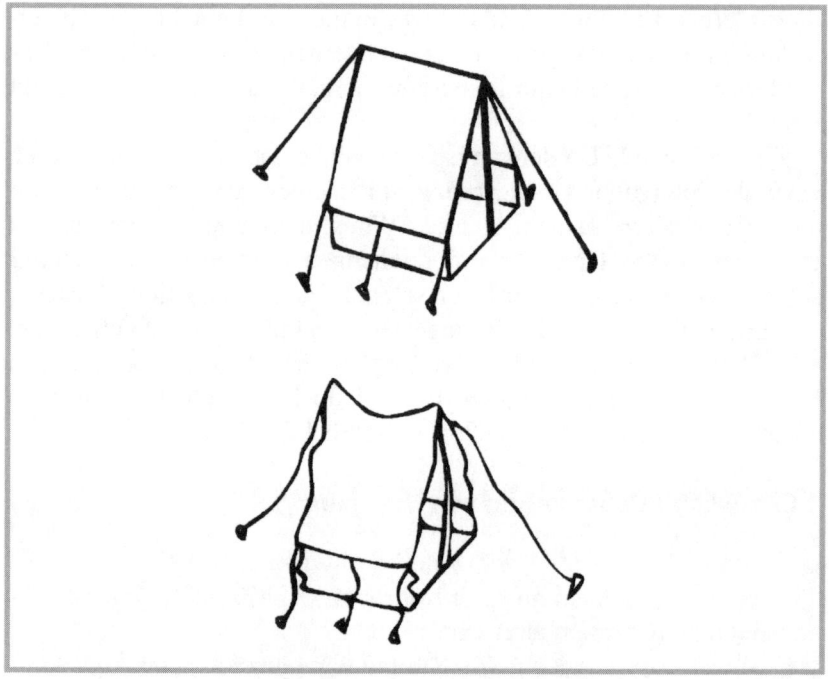

Abb. 31: Disziplin baut auf

Wenn ich mir dieser Selbstbestimmung bewusst werde, ändert sich die Wahrnehmung total. Ich bin nicht mehr das Opfer einer von außen aufgesetzten Zwangsmaßnahme, sondern ich bin der eigene Chef, der sich selbst die Richtung vorgibt. Ohne diesen Prozess, dass ich selbst zu meinem eigenen Chef werde, ohne die Hingabe an meine innere Disziplin ist Meisterschaft nicht möglich.

Die Hingabe an uns selbst kann ein Prozess sein, der mit tiefer Freude und innerer Erfüllung gepaart ist. Es ist wie ein Nachhausekommen, ein Beisichankommen und ein Loslassen alter Abhängigkeiten und der Unterwerfung an fremde, alte und äußere Autoritäten. Es ist ein Ankommen bei sich selbst: Dies ist die Grundlage natürlicher Autorität. So und nur auf diese Weise nähern wir uns unserem eigenen tiefen Charisma.

Ankommen in der Mitte

Einer der Grundsätze, um echten und langfristigen Erfolg zu haben, besteht darin, sich Ausgeglichenheit und innere Ruhe zum persönlichen Ziel zu setzen und seine Lebens- und Arbeitszeit entsprechend zu strukturieren. Das ist wichtiger als wir es uns vorstellen. Ankommen bei sich oder in der eigenen Mitte kann das höchste Ziel menschlichen Lebens sein.

Dieses Ankommen bei sich in der eigenen Mitte, im eigenen Kern oder Core ist das Kernstück jeglichen Glücks. Für dieses Gefühl, im Einklang mit sich und der Welt zu sein, sind wir bereit, alles zu tun. Wir müssen das, was zu tun ist, nur wirklich tun und uns dabei auf einen Weg des Übens begeben. Der Gewinn davon ist, dass unser Leben immer mehr zu fließen beginnt, dass wir immer häufiger in den glücklichen Zustand des Flow gelangen. Es geht auf dem Weg des Flow-Zustands um die Schulung des „Organs", mit dem wir das Leben in uns, das Sein in uns oder unser Core wahrnehmen. Der Sinn dieses Übens ist jedoch nicht einfach nur der Gewinn größerer Erfolge oder größeren Könnens, sondern es geht beim Üben um unsere Selbstverwirklichung. Dies ist die Verwirklichung unseres höheren Seins. Bei dieser Art des Übens verfallen wir leicht in den Irrtum, dass der Übungserfolg ausschließlich uns selbst zuzurechnen ist, zumal alles Üben einen konstanten und beharrlichen Willen voraussetzt. Der Übungserfolg stellt sich jedoch nicht durch unser Tun ein, sondern durch ein Zulassen jener unbewusst wirkenden Kräfte des Lebens, die in uns auf unsere Ganzwerdung hin wirken.

Im Grunde genommen sind diese inneren Kräfte auf Ganzwerdung hin und dieser Drang des Lebens ans Licht die zentralen Triebkräfte allen menschlichen Lebens überhaupt. Wenn wir auf dem Weg der Übung in Kontakt mit unserem Zentrum, unserem Core gelangen, so ist dies nicht unser Verdienst, sondern ein Geschenk des in diesem Bemühen unbewusst wirksamen Lebens. Die Übung erzeugt nicht die Erfahrung des Seins, sie macht uns nur für sie bereit. Die durch die Übung entstehende Erfahrung unserer Kraft ist nicht das Produkt eines

Machens, sondern eines Zulassen dessen, was in unserem tiefsten Grunde vorhanden ist und von sich aus ans Licht drängt.

Mit anderen Worten, Üben bedeutet: Wir lernen, die Bedingungen zu schaffen, unter denen unsere innere Kraft, unser Wesen, unsere immanente Seinswirklichkeit oder auch unser Charisma, hervorkommen und seine Gestalt gewinnen kann. Wenn wir spüren, dass uns unser derzeitiger Lebenszusammenhang, unser Lebenshorizont, und unser Gefühlsleben zu eng wird, wenn wir fühlen, dass wir in unserem Panzer verhärtet sind, kann es sein, dass wir den Drang verspüren, unsere gesamte, zu eng gewordene Lebensform zu sprengen. Dies ist meistens der Beginn eines Übungswegs, an dem zuerst das Loslassen von alten und festgefahrenen Mustern steht. Wenn wir uns zu sehr in einer wohlgefügten, traditionellen Ordnung unseres Ichs niedergelassen haben, merken wir oft ein Unbehagen und eine Tendenz in uns wird stärker, diesen engen Rahmen zu sprengen. Wir spüren, dass der eigentliche Nerv unseres Lebens, sein Verwandlungscharakter, müde wird oder getötet ist und dass es irgendwie nicht mehr weiter geht, dass sich nichts mehr bewegt. Leben ist jedoch Verwandlung und Öffnung zu immer neuen Räumen hin. Charismatische Persönlichkeiten sind solche, die sich öffnen für neue Dimensionen des im Unbewussten wirkenden ursprünglichen Lebens.

Wenn wir nicht mit dieser ursprünglichen Kraft in Kontakt sind, kann es sein, dass wir eine innere Not spüren, ein Ungenügen in unserer jetzigen Lebensform fühlen. Ohne dieses Spüren der Not kommt oft nichts Neues zustande. So ist dieses Spüren der Not eine erste Grundlage dafür, dass wir uns auf den beschwerlichen Weg des Übens begeben. Das Üben selbst wird unseren Willen stärken und unsere Ausdauer unterstützen. Für diesen Übungsweg braucht es unseren vollen Einsatz und das Commitment auch in schwierigen Zeiten, wenn wir keinen direkten Erfolg sehen, weiter zu üben auf diesem Weg zu unserer inneren Kraft.

Wir können lernen, dass wir dieses Üben nicht auf bestimmte Stunden oder Minuten begrenzen, sondern den ganzen Tag zur Übung machen. Sie können Charisma und Core-Erfahrung üben durch Neubestimmung der Haltung, Atmung und der rechten Spannung.

Die Übung der Haltung

Es mag zunächst befremdlich klingen, dass die Übung der Körperhaltung, der Atmung und der Spannung eine so wesentliche Bedeutung für die Entwicklung von Charisma und Ausstrahlung haben soll. Wenn Sie die nachfolgend aufgeführten Übungen jedoch durchführen, werden Sie diesen Zusammenhang selbst deutlich spüren.

Übung: Nachlässiges Stehen

Stellen Sie sich hin, die Beine eng nebeneinander. Die Knie nach hinten durchgedrückt, den Schwerpunkt auf der Ferse, das Gewicht ruht auf einem Bein. Der Oberkörper ist leicht nach vorne gebeugt, der gesamte Körper in sich gedreht, der Hals nach vorne abgeknickt. Bitten Sie nun einen Partner, Ihnen von hinten, vorne oder von der Seite einen Schubs zu geben. Wenn Sie in dieser üblichen Haltung stehen, wird ein plötzlicher Stoß Sie in alle Richtungen fallen lassen.

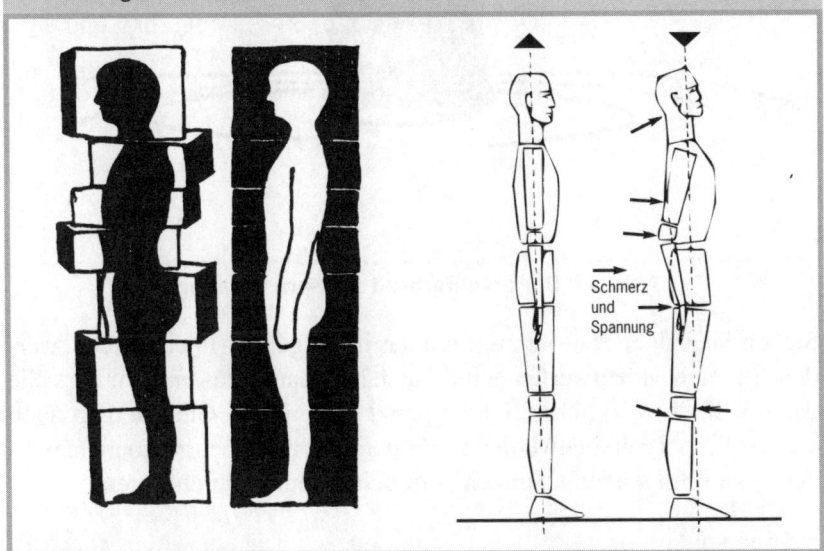

Schmerz
und
Spannung

Abb. 32: Instabil durch verdrehte Haltung

Abb. 33: Schmerz und Spannung durch Fehlhaltung

211

Abb. 34: Der schulterbreit im Hara Stehende

Stehen Sie jedoch zentriert, wie wir das im folgenden üben werden, werden Sie nicht umzuwerfen sein. Das hängt damit zusammen, dass Sie dann in Ihrem wirklichen Schwerpunkt stehen. Das Gleiche trifft auch auf das Emporgehobenwerden zu. Um dies vergleichen zu können, werden wir im folgenden Übungen zum Schwerpunkt durchführen.

Übung: Zentriertes Stehen

Stellen Sie sich schulterbreit hin, lassen Sie die Arme lose herunter hängen und richten Sie den Blick ins Unendliche. Stellen Sie sich so hin, wie Sie glauben, dass Sie eigentlich „gemeint" sind, aufrecht und frei, kraftvoll im Bewusstsein Ihrer Würde und Ihres Zentrums. Zunächst spüren Sie die Gesamthaltung und noch nicht einzelne Bereiche Ihres Körpers. Versuchen Sie, eine ganz natürliche, fest in sich ruhende und zugleich auf die Umwelt bezogene Grundhaltung zu entwickeln.

Es geht dabei um das Erspüren des Innenraums Ihres Körpers. Dazu müssen wir oftmals erst ein spezifisches Innenorgan der Wahrnehmung entwickeln. Es ist sinnvoll, zu Beginn die Augen zu schließen und unter die Haut still in sich hinein zu fühlen. Von oben nach unten, von außen nach innen, alle Spannungen fühlen und im Wahrnehmen der Spannungen diese loslassen. Insbesondere ist es hilfreich, der Atmung nachzulauschen, wie sie kommt und geht, nichts machen, sondern nur wahrnehmen, wie Sie atmen und so langsam vom Innenraum des Körpers Kenntnis nehmen.

Nach einiger Zeit lassen Sie sich, ohne dabei die Haltung zu ändern, etwas stärker in das Ausatmen gleiten. Das heißt, Sie verlängern im Vergleich zum Einatmen das Ausatmen etwas. Dann beginnen Sie mit einem entspannten Loslassen des Schulterbereichs, während Sie ausatmen. Die Schultern werden nicht bewusst heruntergedrückt, sondern Sie lassen sich selbst im Bereich Ihrer Schultern los. Spüren Sie deutlich diesen Unterschied zwischen „ich lasse meine Schultern los" und „ich lasse mich im Bereich meiner Schultern los".

Zu dieser ersten Bewegung in den Schultern folgt dann eine zweite: Sie lassen sich nieder in Ihrem Becken und zwar am Ende der Ausatmung. Im Laufe der Zeit wird das Loslassen der Schultern und das Niederlassen im Becken zu einer Bewegung. Das Niederlassen im Becken kann empfunden werden wie eine Erweiterung des inneren Raumes oder auch schwer werden im Beckenbereich. Manche Menschen empfinden es auch als eine Steigerung der Wachheit und Bewusstheit in dieser mittleren Region unseres Körpers. Diese Übung hat etwas mit dem Thema Vertrauen zu tun, Vertrauen in den Boden, der uns trägt.

213

Übung: Zentriertes Stehen

Dieses bewusste Schicken der Aufmerksamkeit und Kraft in die Mitte unseres Körpers wird dadurch unterstützt, dass wir am Ende des Ausatmens ganz vorsichtig den Unterbauch etwas vorstrecken. Wir lassen ihn also nicht eng werden wie in der normalen alltäglichen Ausatmung, sondern geben Raum durch ein leichtes Hervorstrecken des Bauches.

Abb. 35: Körperbild als Pyramide

Übung: Zentriertes Stehen

Dies stabilisiert die Kraft dort und kann zu einem Gefühl wie einer Birne oder einer Pyramide führen oder wir erleben uns wie von einem breiten und festen Sockel getragen oder wie fest in einem Wurzelstock verankert. Wir üben dabei, den Bauch nicht nur einfach herausfallen zu lassen, sondern in den gelöst und frei zugelassenen Unterleib etwas Kraft hineinzugeben. Es kommt darauf an, diese Kraft im Wurzelraum, im Kreuz und im ganzen Rumpf zu spüren.

Wir können das Bewusstsein dieser Kraft dadurch verstärken, dass wir einmal ganz kräftig unsere Faust unterhalb des Nabels in den Bauch drücken und dann mit der Bauchmuskulatur die Faust wieder nach vorne herausschnellen lassen. Wenn wir dies tun, spüren wir, dass es unsere Festigkeit unterstützt und wir so nicht umgeworfen werden können.

Manche Übenden spannen dabei auch ihre Magengrube an. Wir können jedoch erleben, dass es möglich ist, den Unterbauch leicht gespannt und die Magengrube darüber ganz weich sein zu lassen. Insgesamt fühlen Sie sich gelöst, aber im rechten Schwerpunkt, da unten „geerdet" und standfest.

Während dieser Übung entwickeln Sie langsam ein neues Haltungsbewusstsein, indem Sie sich immer wieder die Frage stellen: „Wo fühle ich mich und wie fühlt sich das dort an, wo ich mich fühle?" Diese mitlaufende Bewusstheit durch diese Frage ist ein wesentlicher Bestandteil unserer richtigen Haltung. Durch diese Haltung können Sie immer mehr Kraft in Ihren Lenden spüren und sich im ganzen Rumpf stark erleben. Sie erleben dabei den Schwerpunkt nicht als Punkt, sondern als Kraftraum, als eine im Beckenraum wohnende, nun erwachende, tragende, lösende und belebende Kraft (Dürckheim), aus der jene natürliche beschwingte entspannte Form hervorwächst, die sich so deutlich von jener angespannten Haltung unterscheidet.

Übung: Zentriertes Stehen

Die Verlagerung des Schwerpunktes nach unten hin durchzuführen ist schwerer als wir glauben. Es bedarf kontinuierlicher Übung. Es handelt sich hierbei nicht um einen Körpertrick, sondern um eine im vollen Bewusstsein durchgeführte Verlagerung des Schwerpunkts und eine damit einhergehende Veränderung des ganzen Ich und Weltgefühls. Es können Sätze hochkommen wie: „Ich stehe jetzt ganz anders da, ich fühle mich ganz anders in dieser Welt". „Ich stehe jetzt als ein Anderer da". Sie werden erleben, dass Sie mit fortschreitender Verankerung im Boden auf der festen breiten Basis des Bodens sich selbst verändern, dass Ihre Wahrnehmungen und Gefühle sich verändern und Ihre Ausstrahlung auch von der Umwelt als deutlich verändert wahrgenommen wird.

Wenn es Ihnen verwunderlich erscheint, dass solche starken Veränderungen nur durch die Verlagerung des Schwerpunktes im Körper zu erreichen sind, dann experimentieren Sie einmal damit, was in Ihrem Bewusstsein und in Ihren Gedanken sich alles verändert, wenn Sie den Schwerpunkt wieder nach oben verlagern, Ihre Schultern verkrampfen, Ihre Atmung anhalten und Ihre Augen starr auf einen Punkt fixieren. Wenn Sie dann wieder loslassen, erspüren Sie vielleicht erst nur für einen kurzen Augenblick die Richtung, in die diese Reise geht. Nämlich zu einem tiefen Kontakt mit sich selbst. Sie fühlen sich für Momente wie befreit und können vielleicht auch merken, dass durch die Bewegung nach unten hin gleichzeitig auch eine Bewegung nach oben hin entsteht durch Ihre Wirbelsäule. Eine Öffnung und Beweglichkeit nach oben hin, die eine angenehme freie Empfindung im Brust- und Kopfbereich nach sich zieht, die erfahrungsgemäß mit einem erhöhten Ausdruck, mit Kraft, Intuition und Wirksamkeit verbunden ist.

Diese Öffnung nach oben wird um so stärker, je mehr wir uns unten am Boden verwurzeln und darauf vertrauen, dass der Boden uns zuverlässig trägt. Weil er uns trägt, können wir uns auf ihm niederlassen, und weil wir uns niederlassen können, können wir uns nach oben hin loslassen.

Übung: Zentriertes Stehen

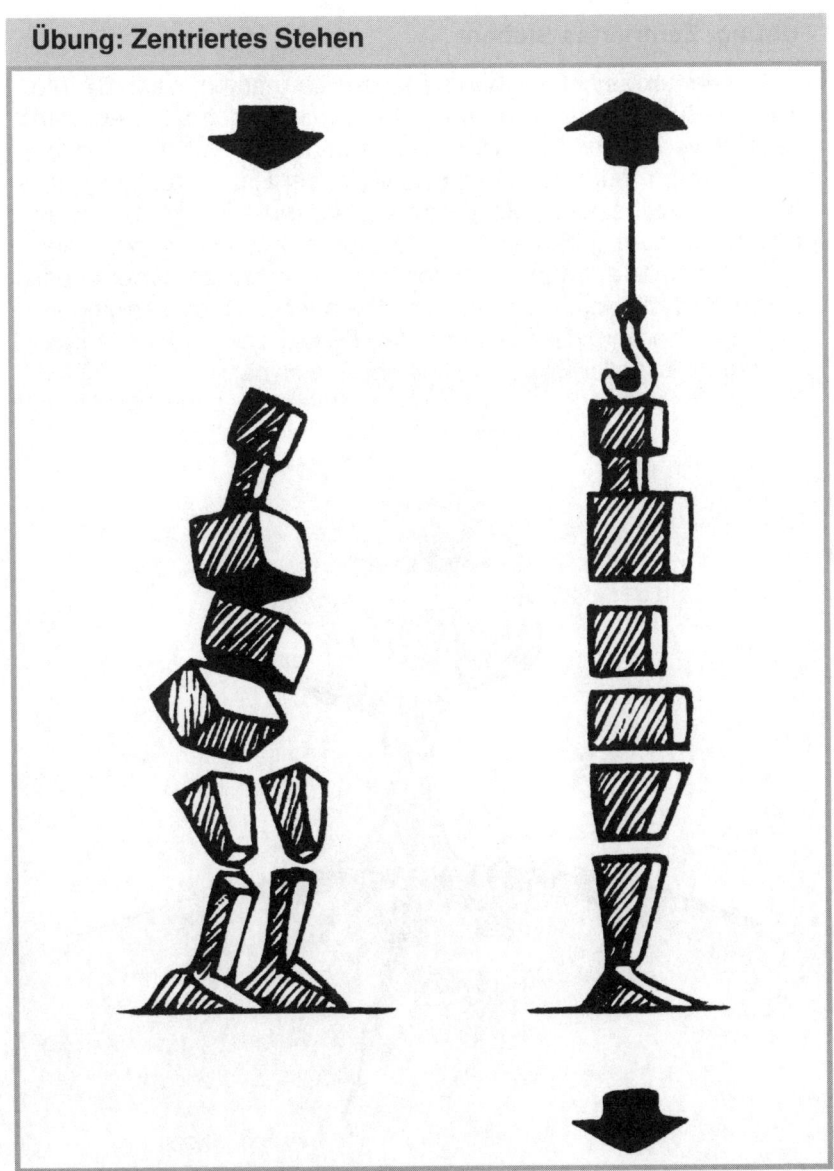

Abb. 36: Die Aufrichtung verwurzelt und zieht nach oben

Übung: Zentriertes Stehen

Nach einiger Zeit des Übens werden Sie merken, dass Sie die Wurzeln Ihres Daseins spüren. Dies ist der Innenraum, auf den Sie sich verlassen können, der Sie trägt, und Ihnen das Gefühl eines sicheren Halts vermittelt. Und es ist der Raum, aus dem heraus Sie wachsen in die Dimensionen, die Ihre Vision eines erfüllten Lebens Ihnen eröffnet. Wie von selbst scheint sich dann die Wirbelsäule emporzurecken und der ganze Oberkörper schwebt gleichsam entspannt in einem lebendigen schwingenden Gleichgewicht auf seiner Mitte. Die so entstehende Aufgerichtetheit ist voller Beweglichkeit und Elastizität.

Abb. 37: Fest verwurzelt wie ein Baum

Übung: Zentriertes Stehen

Diese Aufgerichtetheit ist kein angestrengtes Willensprodukt mehr, sondern sie kommt vielmehr von innen und von selbst zustande. Im Laufe der Zeit werden Sie lernen, diese Übungen nicht nur in einem rein körperlichen Sinne zu vollziehen, sondern mit Ihrem ganzen Sein. Sie werden lernen, das festziehende Ich loszulassen und Ihrer Haltung von innen her, von der inneren Kraft eine entspannte Aufrichtung zu geben. Dann gewinnt diese Übung einen Charakter, in dem die Kraft nicht mehr gemacht ist, sondern einfach geschieht. Sie spüren dann auf einmal ein leib-seelisches Rückgrat, das Sie frei macht und beglückt und Ihren inneren Entfaltungswünschen entspricht. Aus Ihrem gefestigten Mittelpunkt heraus wächst ganz von selbst jene Ausdrucksform und Gestalt, die Ihrem innersten Wesen entspricht.

Es ist Ihnen dann einerseits möglich, sich von dem Zwang befreien zu wollen, mehr scheinen zu wollen, als Sie sind, aber auch von dem Druck, weniger scheinend zu sein, als Sie sind. Schüchternheit, Verlegenheit und falsche Unterordnung verschwinden.

Das Bewusstsein der Wurzeln

Sie können lernen, wenn Sie sich Ihrer Wurzeln bewusst geworden sind, ganz natürlich und frei Sie selbst zu sein und entwickeln einen entspannten Kontakt zu Ihrer inneren spezifischen menschlichen Schönheit. Sie können lernen, auch in aller Bezogenheit auf die Umwelt doch Sie selbst und sich selbst treu zu bleiben.

Mehrere Geschenke werden mitgeliefert: Zuerst spüren Sie im gesicherten Stand eine größere Durchsetzungskraft. Des Weiteren erleben Sie einen tieferen Kontakt zu Ihrer inneren wahren Form und schließlich entsteht ein vielleicht neuer und unbekannter Kontakt zu Ihrer Wesenskraft, zu Ihrem Core, der Ihnen ein beglückendes Gefühl von Präsenz und Transparenz ermöglicht.

Die Übung der aufgerichteten, bei sich anwesenden Haltung wird unterstützt durch das dadurch entstehende Gefühl einer neuen Freiheit, ein natürliches Steh- und Durchsetzungsvermögen und eine immer schöner werdende Gestalt mit größerer Beweglichkeit und Würde.

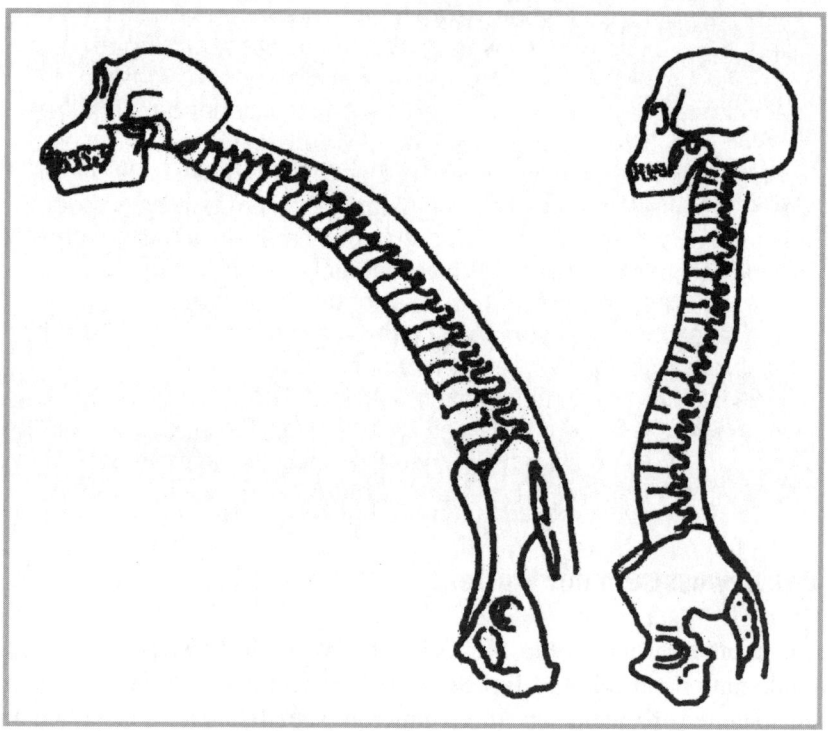

Abb. 38: Die Aufrichtung der Wirbelsäule

Genauso wie Sie die Übung der Tieflagerung Ihres Schwerpunkts im Stehen üben können, können Sie sie auch im *Sitzen* durchführen. Auch im Sitzen können Sie Ihren Schwerpunkt bewusst tiefer legen, Ihre ganze Aufmerksamkeit eine Handbreit unter dem Bauchnabel wahrnehmen und in Kontakt gehen mit einer Kraft der inneren zentralen Führung, in der sich der Eigenwille wie von alleine auflöst und eine Form der Aufrichtung entsteht, die nicht gemacht ist, sondern organisch aus der Zentrierung in Ihrer Mitte hervorwächst.

Es ist das Gegenteil von Zusammensacken oder starrem Sichaufrichten (Halte Dich gerade!). Es ist wie ein Kontakt zu diesen ersten freudvollen frühkindlichen Erfahrungen des ersten Sichaufrichtenkönnens aus eigener Kraft, was entscheidend zu der Grundlegung und Entwicklung des gefestigten Selbstgefühls beigetragen hat. Sie üben in dieser aufrechten Sitzhaltung einfach das Dasein, das Anwesend-Sein, das Präsent-Sein.

Was heißt das, Präsenz? Präsenz meint das volle „Ich bin da" und zwar in der dreifachen Bedeutung:

1. Ich in meinem gesamten Wesen bin da.
2. Ich bin wirklich da, im Sinne von gegenwärtig und jetzt.
3. Ich bin da. Ich bin mit dieser Situation hier in Kontakt und nicht woanders.

Je mehr wir in unserem Unterbauch zentriert sind, umso leichter fällt uns diese Präsenz im Hier und Jetzt. Dieser Zustand ist das Gegenteil von Zerstreut-, es ist Versammelt-Sein in sich selbst. Wenn wir so aus unserem Wesen heraus präsent sind, in unserem Wesen verankert sind, verlieren wir die Angst zu versagen. Wir entwickeln eine Kraft, die über das hinaus geht, was wir bisher als unser enges Ich zu sein geglaubt haben.

Es entsteht etwas Unbedingtes, Direktes, Angstloses, Wahres und Freies in einer aufrechten Sitzhaltung.

Wenn wir uns selbst und andere so aufrecht dasitzend erleben, spüren wir manchmal, dass die versammelte präsente Haltung in der Körpermitte auch ein Medium der Vermittlung tieferer Kräfte sein kann. Wir mögen dann gerne in dieser Situation sein, fühlen uns im Augenblick wohl. Der aufrechte in sich selbst verankerte Sitz ist nicht an bestimmte Sitzgelegenheiten gebunden.

Übung: Kraftvolles Sitzen

Sie können die für Sie richtige aufrechte versammelte Sitzhaltung selbst herausfinden, indem Sie sich aufrecht hinsetzen und Ohren, Schultern und Hüftknochen eine Senkrechte bilden lassen. Dann beginnen Sie vorsichtig pendelnd um den Schwerpunkt herum nach vorne und nach hinten zu pendeln. Bleiben Sie dabei breit auf dem Stuhl sitzen und werden Sie immer schwerer. Geben Sie etwas Kraft in den Unterbauch hinein. Die Schultern sind gelöst, die Arme hängen schwer herab und im entspannten Unterbauch wird jene leichte Spannung bewahrt, die dem ganzen Rumpf eine gewisse Fülle und Kraft und auch eine wachsende Wärme gibt. Sie sind nicht starr fixiert im Zentrum, sondern Ihr Zentrum schwingt auf eine angenehme Weise um eine geheimnisvolle Mitte.

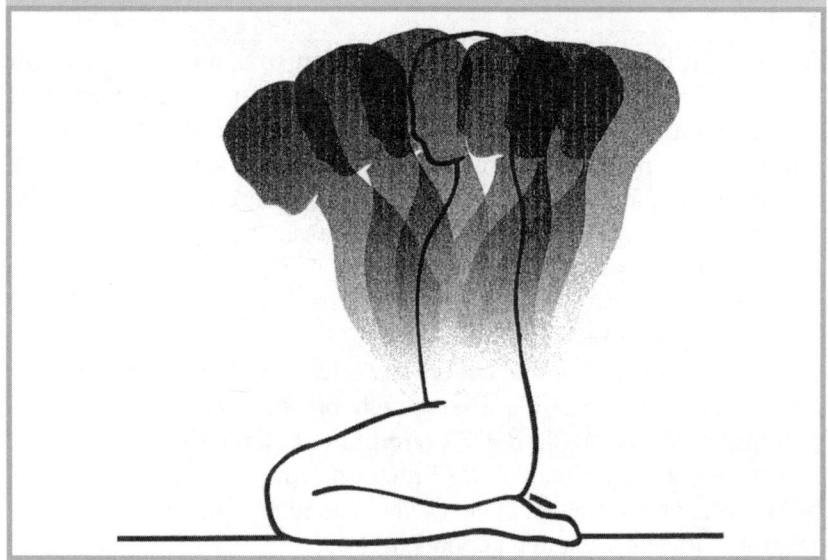

Abb. 39: Das schwingende Sitzen

Übung: Kraftvolles Sitzen

Ihre Haltung ist nicht bestimmt durch einen starren Stock im Rücken, sondern ist wie ein Grashalm oder eine Kornähre, die auch im Augenblick völliger Windstille immer noch um eine geheimnisvolle Achse vibriert (Dürckheim). Sie spüren das geheimnisvolle Leben dieser feinen Bewegung und pendeln sich immer mehr auf Ihre innere Mitte ein. Sie können noch nach vorne und nach hinten schwingen und verringern allmählich diese Schwingungen, bis Sie den Punkt erreichen, an dem die Bewegung wie von selbst stillsteht. Es ist ein Punkt, den Sie selbst als richtig empfinden, und von außen sieht es aus, als ob Sie in Stille sitzen und innen spüren Sie noch eine wohltuende leise Schwingung, ein wundersames Leben.

Sie spüren den Gegensatz dann, wenn Sie einmal versuchsweise in sich zusammensacken. Dann fühlen Sie sich leblos. Oder probieren Sie das andere Extrem aus, das viele Führungskräfte leben, Brust raus, den Bauch rein, den Big Boss spielen. Auch das fühlt sich leblos an.

Wann immer Sie sitzen, können Sie einem Meeting folgen, einem Gespräch lauschen oder auch selbst sich daran beteiligen und um diesen feinen Mittelpunkt herum pendeln, an dem Sie dieses geheimnisvolle Leben spüren können. Das ist die gesündeste Art zu sitzen und Sie fühlen sich damit in Form. Es entsteht eine wohltuende Entspannung und es macht Sie in einem tieferen Sinne erholt und präsent.

Natürlich können Sie sich dabei auch anlehnen, aber auch im angelehnten Sitzen bleiben Sie aufgerichtet, kraftvoll und der Schwerpunkt bleibt unten.

Diese Übungen des Stehens und Sitzens sind die Grundübungen für die Entwicklung von Charisma, Ausstrahlung, Erfolg und Führungskraft überhaupt. In diesen Übungen der Mitte sind tausend Dinge zu entdecken.

Spannung und Entspannung

Leben ist in sich selbst immer Spannung. Es kann nicht nur darum gehen, entspannt zu sein, in immer tiefere Auflösung zu gehen. Einfach nur entspannen bringt uns innerlich wenig weiter. Wir können uns bewusst machen, was unsere Spannungen bedingt, woran wir festhalten, was unser Anhaften an alten Mustern ist. Hinter allen Spannungen steht eine bewusste oder unbewusste Ich-Fixierung auf bestimmte, uns nicht gut tuende Ich-Ideale, Leistungsdrucknormen und Erfolgszwänge.

Dauerspannungen können unterschiedliche Ursachen haben. Sie können die Folge von Traumata, von Überforderungen, von Schuldgefühlen oder von Ängsten sein. Immer ist Spannung ein Zeichen dafür, dass wir im Bann von etwas stehen, was wir nicht loslassen. Dadurch wird das schöpferische Gleichgewicht der Kräfte in uns gestört. Jede auch nur partielle Verspannung betrifft den ganzen Menschen. Jede partielle Verspannung schränkt unsere Gesamtentwicklung ein.

Die reine Entspannung führt uns nicht heraus, sondern nur die Konzentration auf unsere Mitte, die Konzentration auf unsere Wurzeln und den Boden, in dem dann Vertrauen und Loslassen entstehen können. Verspannung ist der Ausdruck eines Misstrauens gegen das Leben. Entwickeln wir Vertrauen in den Boden, der uns trägt, entsteht Loslassen und Ausdruck.

Üben des Loslassens

Das Wissen darüber alleine hilft nicht. Wir müssen die Spannungen, die sich in unserem Körper abgelagert haben, systematisch körperlich übend loslassen. Dass dies durch körperliche und mentale Übungen möglich ist, ist in unserer Kultur erst einmal befremdlich. Aber Loslassen ist möglich. Die Haltung, die Geste, die innere Ausrichtung bezieht sich auf den Boden als mütterlich tragenden Seinsgrund. Dadurch entlassen wir besorgte Teile unserer Weltfixierung und nehmen Kontakt mit der nährenden Kraft des Grundes auf. Sie werden merken, wie es in dieser Haltung des vertrauensvollen Sichloslassens gelingt, die Angst loszulassen und sich hinein zu entspannen in das Ganze, in dem sich dann Intuition, Kreativität und Verbundenheit ereignen.

Im Zustand der bewussten Schwerpunktverlagerung und Entspannung kann etwas qualitativ Neues in den Menschen einziehen. Wir empfinden das als eine Wärme besonderer Art, als eine uns tragende Entgrenzung, in der wir selbst in einer vertrauten und doch unbekannten Weise da sind, aufgehoben in einem Umfassenden und zugleich in besonderer Weise im Ganzen geborgen.

Dies gibt unserer Führungskraft und unseren Führungsaufgaben eine völlig neue Qualität von innerer Ruhe, Klarheit und Prägnanz. Wir können aufhören, uns anzustrengen und zu kämpfen und werden erleben, dass aus dieser inneren Ruhe der versammelten Mitte eine Führungskraft entsteht, die MitarbeiterInnen mühelos mitreißt. Auf der Grundlage dieser Übung erfahren wir: Führung geschieht, wir brauchen nichts mehr zu machen. Das Ganze unterstützt uns.

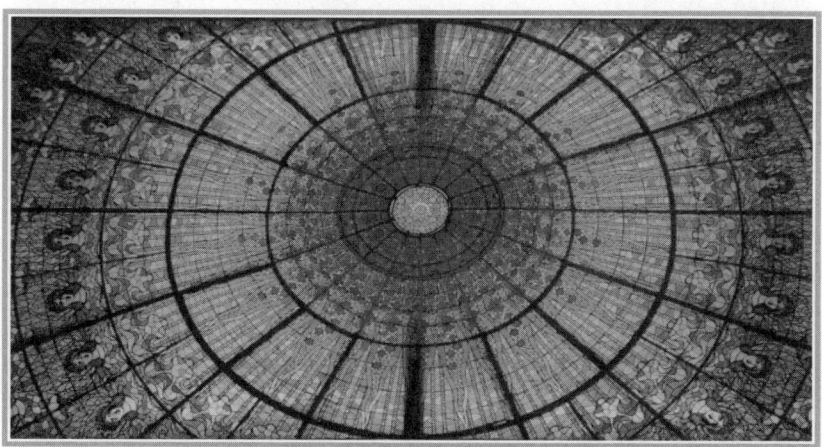

Abb. 40: Ein Mandala als Symbol der Mitte

225

Die Kraft des Atems

Das, was die Übungen zur Erfahrungen der eigenen Mitte und der angemessenen Spannung zur Entwicklung einer charismatischen Persönlichkeit verbindet, ist das Üben der Bewusstheit des Atems. Die Bewusstheit des Atems und seine Kraft zu entwickeln, ist die Grundlage, die dann andere Übungen zuallererst in der Tiefe wirksam werden lässt. Ohne Atembewusstheit bleiben alle Übungen oberflächliche Techniken. Als reine Tricks können sie nicht wirklich etwas verändern, sondern hinterlassen das hohle Gefühl von „als ob" (as if) und gemachten und bewusst eingesetzten Führungstechniken.

Die Bewusstheit des Atems ist das, was uns am nächsten mit Erfüllung und Glück in Kontakt bringt, was uns am deutlichsten Erfolg, Kommunikation und befriedigende Erfüllung unserer Lebensvisionen ermöglicht. Es gibt für uns keine Übung ohne Beachtung des Atems. Im Atem erfahren wir unmittelbar das Leben in seiner Verwandlungsbewegung. Wenn es uns gelingt, uns bewusst mit unserem Atem zu beschäftigen, werden wir der menschlichen Verwandlungsgesetze bewusst und befinden uns schon auf dem richtigen Weg.

Es gibt zahlreiche Atemübungen, die verschiedene Vor- und Nachteile haben. Die wesentlichste Atemübung ist jedoch zu lernen, den Atem zuzulassen. Der Atem wird nicht gemacht, sondern er kommt und geht ganz von selbst, ohne bewusstes Hinzutun des Ichs. Oftmals ist jedoch die natürliche Bewegung des Zwerchfells verkümmert, so dass wir als erstes unsere Bewusstheit dahin lenken müssen, unsere Zwerchfellatmung wiederherzustellen. Ein möglicher Zugang dazu ist, sich das Zwerchfell als lächelnd vorzustellen oder auch als einen breiten kraftvollen Muskel, der eine Luftsäule auf sich hochschiebt und wieder fallen lässt.

In der Tat ist unser Zwerchfell ein sehr starker Muskel, der gerade deswegen, weil er so stark ist, besonders gut festhalten kann und zur Verkrampfung neigt. Dies ist überhaupt bei allen starken Muskelbereichen der Fall: Je stärker sie sind (wie z.B. die Kiefer- und Becken-

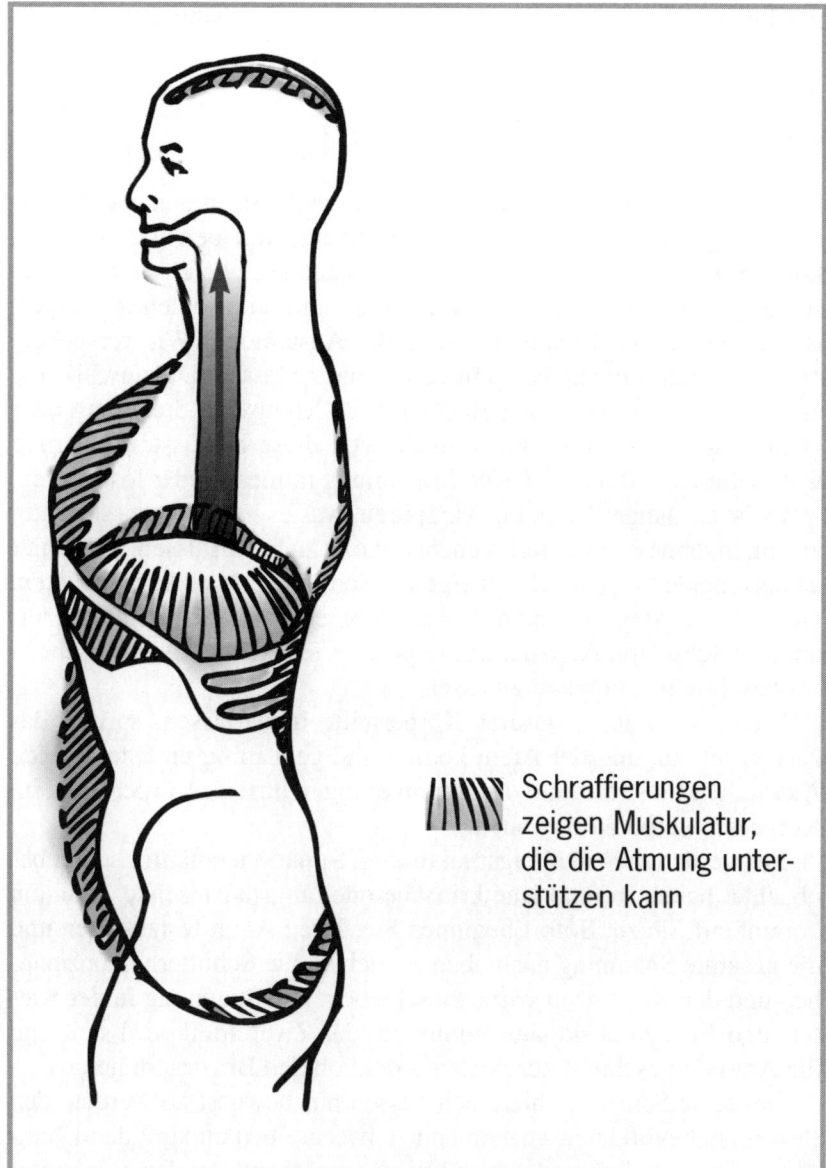

Schraffierungen
zeigen Muskulatur,
die die Atmung unter-
stützen kann

Abb. 41: Das Zwerchfell

muskulatur), desto mehr können sie auch festhalten, und umso wichtiger ist es, diese loszulassen.

Lachen hilft

Haben wir das Zwerchfell durch Lachen, tiefes Ausatmen oder Schütteln des gesamten Körpers zuerst entspannt und bewusst gemacht, können wir damit beginnen, nur zu beobachten, wie unser Atem geschieht. Wir lassen ihn einfach kommen und ausströmen und unterstützen weder die Einatmung noch die Ausatmung. Wir versuchen, uns dem Atem hinzugeben, ihn geschehen zu lassen. Die unwillkürliche Anspannung des Ichs bewirkt jedoch leicht eine Steuerung oder Hemmung des Atems. Wir können auch diese bewusste Steuerung wahrnehmen und durch die Wahrnehmung immer wieder loslassen.

Es ist ein langer Weg, bis wir spüren, was es heißt, bewusst richtig zu atmen, ohne es zu unterbrechen, ohne es zu beeinflussen. Auch hier ist entscheidend, sich auf den eigenen Schwerpunkt zu konzentrieren. Der richtige Atem geschieht in dem Moment von alleine, in dem wir unseren Schwerpunkt in der Leibesmitte, wie in den vorigen Abschnitten beschrieben, bewusst zulassen.

Wenn wir uns in unserer Körpermitte niederlassen, springt das Zwerchfell an, und der Atem kommt und geht ruhig und stetig. Jede Atemarbeit muss also mit der Verankerung in unserer Körpermitte, im Körperschwerpunkt beginnen.

Sie werden dies in alltagspraktischen Situationen häufig schon beobachtet haben: Irgend eine kritische oder angstauslösende Situation kommt auf Sie zu. Sofort beginnen Sie, Ihren Atem festzuhalten und die gesamte Spannung nach oben zu ziehen, die Schultern hochzuziehen und den Kopf nach vorne zu schieben. Die Spannung in der Kiefer- und Beckenmuskulatur nimmt zu, das Zwerchfell wird steif und die Atmung geschieht nur noch aus dem oberen Brustraum heraus.

Der erste Schritt ist hier, sich dessen nur bewusst zu werden, den Prozess liebevoll anzuschauen und zu beschreiben und mit den Übungen der inneren Schwerkraft zu beginnen: sich auf den Bereich unterhalb des Bauchnabels zu konzentrieren, die innere Aufrichtung zuzulassen, die Würde in der Wirbelsäule einzuladen und den Kopf auf dem obersten Halswirbel zu balancieren, so lange, bis die Atmung wieder von alleine geschieht und dieses angenehme Gefühl der inneren Aufrichtung wieder genossen werden kann.

Der Schwerpunkt liegt auf der Ausatmung

Nach einiger Zeit werden Sie wie von allein damit beginnen, die Ausatmung etwas zu verstärken. Durch die Akzentverschiebung auf das Ausatmen verlegen wir unseren Schwerpunkt von oben nach unten, entspannen uns und reduzieren die Haltespannungen des Ichs.

Sie können es umgekehrt ausprobieren: Wenn Sie das Einatmen betonen und die Kraft mehr im oberen Brustraum konzentrieren, werden sich Ihre Ich-Funktionen verstärken, Abgrenzungsbedürfnisse und Größenvorstellungen werden sich sehr schnell einstellen.

Man könnte daher sagen, dass ich-schwache Menschen eher die Einatmung betonen sollten und ich-starke und verspannte Menschen die Ausatmung. Dies ist jedoch nur auf einer sehr oberflächlichen Ebene richtig. Generell ist die Verstärkung der Ausatmung und die Schwerpunktverlagerung nach unten für „westliche" Menschen von großer Bedeutung.

Wenn Sie mit der Atemübung beginnen, werden Sie wahrscheinlich den Atem zuerst als eine Funktion wahrnehmen, als Etwas, was Sie aus dem Gesamtzusammenhang Ihrer Wahrnehmung herauslösen. Mit dieser Haltung üben wir uns noch nicht als Gesamtkörper, der wir sind, sondern wir behandeln unseren Körper als etwas, was wir haben. Dies ist zwar in sich schon gesund und gut, aber ein Gewinn unserer geistigen Kraft ist damit noch nicht verbunden. Sinn der Übung entsteht erst, wenn wir den Atem so wahrnehmen, dass wir der Atem sind, dass wir uns selbst in der Atembewegung beobachten.

Der Atem ist ein Spiegel

Als handlungsfähige und alltagstaugliche Persönlichkeit müssen wir fähig sein, uns durchzusetzen, sachlich zu arbeiten und ich-los zu lieben. Dies verhindern wir in dem Maße, als wir von unserem kleinen Ich beherrscht werden und somit zu flachem Atem neigen. Im Spiegel der Wahrnehmung des Atmens lernen wir erkennen, wie weit wir davon entfernt sind, uns loszulassen und inwieweit wir uns ständig absichern und wehren gegen die Welt.

Wir können lernen, den flachen Atem als Ausdruck einer Identifizierung mit unserem Ich kennenzulernen, ein kleines Ich, das sich nur wehren und schützen will gegen das Loslassen, ausgedrückt durch den freien Ausatem.

Wir können die Ich-Bezogenheit jedoch nicht allein schon dadurch korrigieren, dass wir einfach den Ausatem betonen. Sondern wir müssen lernen, *uns selbst* im Ausatem loszulassen. Das heißt, uns hinzugeben im Ausatmen. Es nützt nichts, unsere Krämpfe allein durch Massagen, warme Bäder oder Spritzen zu lösen. Nein, wir können lernen, uns dort in diesen Körperregionen loszulassen. Dazu bedarf es einer grundsätzlich neuen Einstellung zu unseren Ich-Strukturen.

Atem bedeutet nicht das Einziehen und Ausströmen von Luft, sondern ist eine Grundbewegung des Lebens. Atem ist der Rhythmus, in dem sich das lebendige Menschsein im Medium des Körpers ausdrückt und verwirklicht. Am Atem lässt sich die gesamte Lebenseinstellung eines Menschen ablesen. Wenn wir unseren Atem verändern, verändern wir auch unsere Einstellung zum Leben generell. Der falsche oder festgehaltene Atem bedeutet, dass wir uns dem Grundrhythmus des Lebens widersetzen. Öffnen wir uns zunächst mental und dann auch emotional diesem Grundrhythmus des Lebens, wird sich bei der bewussten Beobachtung des Atems dieser von allein vertiefen und einen gleichmäßigen Rhythmus finden mit einer leichten Betonung auf der Ausatmung.

Wir können dann in diesen glücklichen Zustand kommen, von dem Langstreckenläufer oder andere Sportler berichten, wenn sie sagen, *es* läuft oder *es* atmet und sie damit den tiefen Kontakt zu ihrem Sein, ihrem Körper oder ihrer Seele meinen, bei dem sie ohne Anstrengung einfach im Fließen, im Flow sind.

Dies ist oftmals verbunden mit einer Bewusstwerdung des in uns verkörperten Lebens und Wesens. Sich des Atems als einer Grundbewegung des Lebens bewusst zu werden, ist ein entscheidender Schritt auf dem Weg zu einer starken Persönlichkeit, zu einem erfüllten Leben und zu einer charismatischen Ausstrahlung, die uns alle Kontaktsituationen erleichtert, ja sie wie von selbst geschehen lässt.

Der Gewinn

Der besondere Gewinn in der Atembewusstheit liegt darin, dass wir immer mehr aufhören können zu machen und immer mehr in den Zustand des Geschehenlassens gelangen. Wir können lernen zu genießen, innerlich leer zu werden, uns damit Neuem zu öffnen, vor allem unserer Intuition, die wir brauchen, um langfristig sinnvolle Entscheidungen zu treffen und neue Ideen zu entwickeln.

Wenn wir mit der inneren Leere über Atembewusstheit und Tieflegung des Schwerpunktes in Kontakt kommen, können wir zwei Zustände erleben: Entweder wir erleben ein tiefes Glücksgefühl oder wir bekommen Angst. Innere Leere oder der weite Raum kann vom Standort des engen Ichs aus als erschreckend erlebt werden. Wenn wir uns auf diese Wahrnehmung einlassen, können wir jedoch eine unbeschreibliche Fülle in diesem leeren Raum wahrnehmen, die uns kraftvoll, licht und warm durchdringt.

Auf dem Grund der Leere können wir die Fülle des Seins erleben, die das ganze Atmen durchdringt und in verschiedenen Tiefen erfahren werden kann.

Wir können lernen, auch die leiseste Berührung mit diesem Seinsgrund wahrzunehmen, ohne uns darauf zu fixieren und es festhalten zu wollen. Wir können lernen, uns von diesem Glückszustand immer mehr beschenken zu lassen, ihn jedoch nicht zu erzwingen oder zu erwarten, geschweige denn zu fordern. Alles, was wir in diesem inneren Raum machen, tun, herstellen wollen, entzieht sich unserem Zugriff.

Wir können nur warten und zulassen, dass es geschieht, dann werden wir oft davon beschenkt.

„Lass Dich überraschen ..."

Es geht in diesen Übungen nicht nur darum, dass etwas Schönes erlebt wird, sondern dass wir uns überraschen lassen von den verschiedenen Tiefendimensionen des Seins, das von schrecklich bis kraftvoll, von zart bis lichtvoll, von erschütternd bis tragend alle Dimensionen des lebendigen Seins annehmen kann.

Am tiefsten kann dies alles in der Übung des meditativen Sitzens erfahren werden. Dieser Zustand kann vielleicht nur für den Bruchteil einer Sekunde oder für eine als endlos wahrgenommene erschütternde Begegnung mit den Mächten der Tiefe erlebt werden, sowohl im dunklen als auch im lichten Bereich. Es kann eine funkelnde Fülle aus unendlicher Weite erlebt werden. Diese Verwurzelung in der Mitte des Leibes bringt uns immer wieder aufs Neue in Kontakt mit dem Ge-

---

Übung: Meditatives Sitzen

Wir nehmen wieder die stabile Sitzhaltung ein und legen unseren Schwerpunkt tief. Wir können beobachten, dass wir am Anfang oft unwillkürlich wieder nach oben rutschen, die Atmung festhalten, und können uns dann liebevoll erlauben, die Atmung wieder loszulassen.

Es ist wichtig darauf zu achten, der Einatmung nicht auch nur das Geringste hinzuzufügen. Es geht darum, ein interesseloses Wohlgefallen an der Atmung zu entwickeln und einfach nur zu registrieren, dass „da unten" ganz von selbst und ohne alles Zutun etwas kommt und geht, und geht und kommt. Wir lassen uns im Becken nieder, verschieben den Rhythmus des Atems zugunsten des Ausatmens und beobachten in aller Ruhe, wie die Gedanken an uns vorbeiziehen und wie durch das Nichtfesthalten an den Gedanken ein immer größerer Innenraum in uns entsteht, der teilweise auch unsere Körpergrenzen überschreitet und wir uns in einem großen, stillen, leeren, hellen Raum befinden.

---

heimnis des Ursprungs des Lebens. Dort entsteht Kraft, dort entsteht Wachstum, dort entsteht Seinsfühlung mit unserem Wesen, das wir immer schon sind.

Die Alltagsprobleme erscheinen in einem völlig neuen Licht. Das berichten Übende immer wieder. Der Abstand von Problemen oder scheinbar unlösbaren Aufgaben wird so groß, dass plötzlich neue Lösungen erscheinen. Die Wahrnehmungsweise wird komplexer, und es erscheinen Antworten in uns, die weit über das hinausgehen, was wir mit rein mentaler Gedankenleistung zu erzielen in der Lage gewesen wären. Auf einmal eröffnen sich uns neue Türen von Produktivität und Kreativität.

Langsam entsteht ein immer tiefer werdendes Schwingen von Boden und Becken zum Kopf und zum Raum oberhalb des Kopfes. Zwischen Ausatmen und Einatmen entsteht eine Schwingung durch die Wirbelsäule vom Becken in den Kopfinnenraum.

Es ist ein Niederlassen und Aufsteigen und eine rhythmisierende Bewegung von unten nach oben und von oben nach unten. Mit dieser Pulsation entwickeln wir ein feines Instrument der Ausdehnung unserer Grenzen und damit der Möglichkeit der Wahrnehmung von Informationen, die uns im Alltag sonst verschlossen sind.

Bei diesen Übungen gehören drei Dimensionen zusammen: die aufrechte Haltung, der Atem und eine Wohlspannung (Eutonie), die weder Erschlaffung noch Anspannung ist. Diese drei Prinzipien wirken zusammen und unterstützen sich gegenseitig. Keine Entspannung ohne Atembewusstheit, keine Aufrichtung ohne Spannung. Keine Atembewusstheit und Atemkraft ohne Schwerpunkt in der Körpermitte und richtige Spannung. Alles drei zusammen führt uns zu den Wurzeln, zu unserer ursprünglichen Wirklichkeit in unserer Natur, die uns immer trägt, löst, verwandelt und immer wieder neu aus unserem Wesen heraus unsere Kraft entstehen lässt.

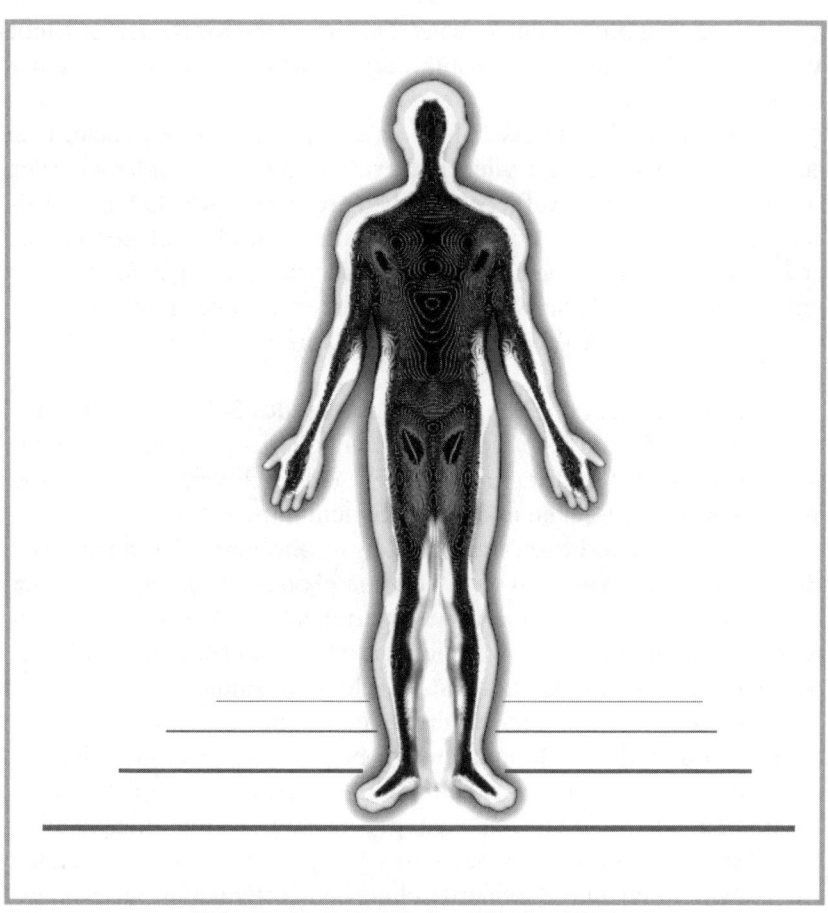

Abb. 42: Der energiedurchflutete Körper

Die Erfahrung beweist es

Was hier über die Entwicklung von Charisma gesagt ist, kann wirklich in der Tiefe nur verstehen, wer selbst zu üben beginnt. Ohne die persönliche Erfahrung muss das, was hier gesagt wird, übertrieben oder unwahrscheinlich erscheinen. Auch wird der Unerfahrene dazu neigen, die Anforderungen zu unterschätzen, die diese Übungen mit sich bringen. Dieser Entwicklungsweg setzt eine enorme Disziplin, Kraft und Ausdauer voraus, um wirklich ein Übender zu werden.

Wenn Sie jedoch beginnen, regelmäßig zu üben und diese Übungen in Ihren gesamten Alltag zu übernehmen, werden Sie erkennen, wie die innere Kraft sich in körperlicher und geistiger Hinsicht in Ihrem ganzen Leben verbreitet, in Ihrer Arbeit, in Ihrer Liebe, in Ihrer Kreativität und in Ihren alltäglichen Kontakten. Dort, wo der Mensch in seiner Mitte ist, entstehen Kräfte, die vorher unmöglich, ja undenkbar schienen.

Die Bedeutung von Augen und Stimme

Langjährige Erfahrungen zeigen, dass die Konzentration im Unterbauch und das Üben der rechten Haltung im Bewusstsein des Atems auch den Blick und die Stimme in positiver Weise verändern.

Durch die Betonung des Schwergewichts in der Körpermitte wird die Stimme immer mehr aus dem Bauch kommen und einen klareren, tieferen und runderen Klang erfahren. Dies ist wesentlich für den Ausdruck unserer Kraft und für unsere Wirksamkeit in der Welt. Der Resonanzkörper unserer Stimme wird automatisch runder und tiefer, wenn unser Schwergewicht unterhalb des Bauchnabels liegt. Unsere Stimme beginnt zu klingen und durch diesen Klang, durch diese feine Schwingung den gesamten Körper zu massieren und ein Wohlgefühl in uns zu produzieren, was zu erreichen, solange wir die Stimme festhielten, nicht möglich war.

Alle Formen der Stimmübungen und Rhetorik-Kurse sind nur vorbereitende Eingangstüren, die nicht wirklich unsere Stimme verändern können. Erst wenn wir uns ganz auf unseren Bauch konzentrieren, entsteht eine Kraft in unserer Stimme, die einerseits angenehm, andererseits aber auch unwiderstehlich ist und einen ganzen Raum zum Klingen bringen kann.

Übung: Die Kraft der Stimme und der Augen

Sie können damit experimentieren: Hören Sie Ihrer Stimme zu, während Sie das Schwergewicht Ihres Bewusstseins in den oberen Brustraum oder in den Hals oder gar in den Kopf verlagern. Hören Sie dem Klang und dem Volumen Ihrer Stimme zu und spüren Sie den Unterschied, wenn Sie den Klang Ihrer Stimme in den Unterbauch verlagern und von dort her die ganze Fülle Ihrer Stimme zulassen.

Das Gleiche vollziehen Sie mit Ihren Augen. Spüren Sie die Kraft in Ihrem Augenausdruck, wenn Sie in Ihrem Kopf konzentriert sind und merken Sie den Unterschied, wenn Sie langsam den Körperbewusstseinsraum vergrößern über den Hals, über den Brustraum bis in den Bauch- und Beckenraum.

Stimmkraft steht in Zusammenhang mit der Kraft unserer Augen. Durch Schwerpunktverlagern und Atembewusstheit entsteht Kraft und Ausdruck in unseren Augen.

Was ist natürliche Autorität?

Natürliche Autorität ist nicht angeboren, so nach dem Motto „Man hat's oder man hat's nicht", sondern natürliche Autorität können wir lernen. Wie jede andere Fähigkeit muss sie entwickelt werden. Die natürliche Autorität zeigt sich am Mut zu entschiedenem, selbstverantwortlichem Handeln, zu einem Handeln aus der eigenen Mitte heraus, aus dem eigenen Selbst. Die Grundlage dafür ist Selbstkenntnis und Selbstachtung und auch eine Akzeptanz unserer vernetzten wechselseitigen Abhängigkeiten.

Neben diesem Mut zum verantwortlichen Handeln hat ein Mensch mit natürlicher Autorität auch die Fähigkeit, die Bedürfnisse anderer zu befriedigen. Natürliche Autorität kann nähren, und in jeder anderen erdenklichen Weise Menschen unterstützen. Dazu ist eine wichtige Grundlage die Erkenntnis und Würdigung fremder Wirklichkeiten und die

Fähigkeit zu kränkungsvermeidendem, unterschiedsbejahendem Verhalten. In jedem Kontakt ist immer die Gefahr von Verletzung und Kränkung vorhanden. Eine Person, die über natürliche Autorität verfügt, wird so sehr für den Support seines oder ihres Gegenübers sorgen, dass die Dynamik von Kränkungen möglichst verringert und minimiert wird.

Wenn wir andere Menschen kränken, führt es bei diesen zu Blockierungen, Schmerz, Scham und Aggression.

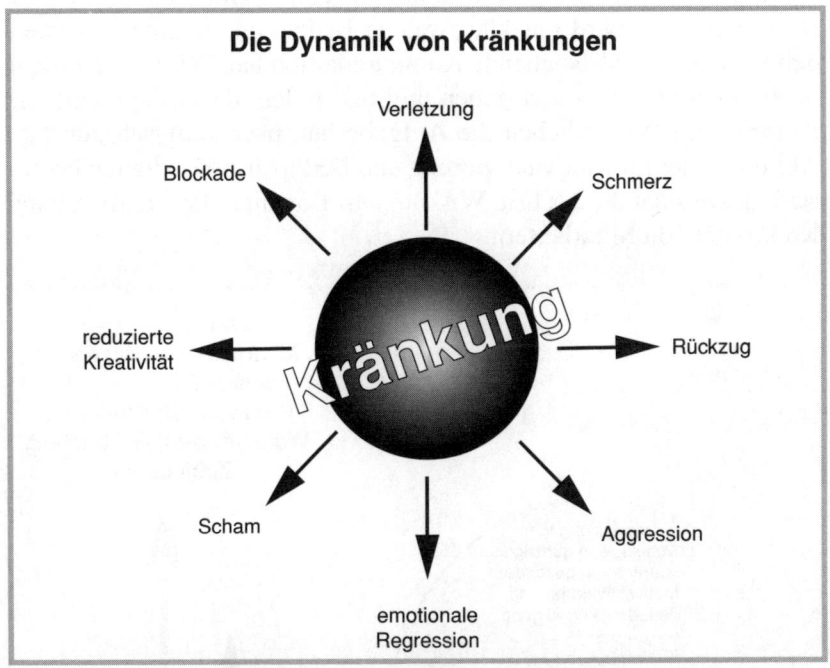

Die Dynamik von Kränkungen

Verletzung

Blockade

Schmerz

reduzierte Kreativität

Kränkung

Rückzug

Scham

Aggression

emotionale Regression

Abb. 43: Die Dynamik von Kränkungen

Jede Kränkung löst immer mehrere Prozesse aus, auch wenn häufig nur ein Prozess bewusst ist (z. B. Aggression: „Ich bin wütend über diese Verletzung.").

Eine Person mit natürlicher Autorität ist sich dieser Dynamik bewusst und achtet deswegen darauf, die Kränkungen in ihrer Kommunikation möglichst zu reduzieren. Durch respektvollen Umgang mit den Mitarbeitern versucht sie, jede Kommunikationssituation zu einer Supportsituation zu machen, zu einer Nährungssituation für die Mitarbeiter. Soziale Kompetenz ist nämlich untrennbar verbunden mit der Befriedigung der psychischen Grundbedürfnisse der Mitarbeiter. Wenn uns bewusst wird, dass die einfache Bezahlung von Lohn und Geld nur ein sehr geringer Motivator ist, kränkungsvermeidende Kommunikation und die damit einher gehende Befriedigung von Sicherheits- und Wertschätzungsmotiven jedoch eine viel deutlichere Bestätigung ist, wird uns klar, welche Bedeutung kränkungsvermeidende, unterschiedsbejahende Kommunikation hat. Wir können sogar noch einen Schritt weiter gehen und feststellen, dass eine natürliche Autorität im Wesentlichen die Aufgabe hat, psychologisch günstige Aktionsfelder für Motivaktivierung und Bedürfnisbefriedigung herzustellen. Dies hat die höchste Wirkung auf Loyalität, Produktivität und Kreativität von Mitarbeitern.

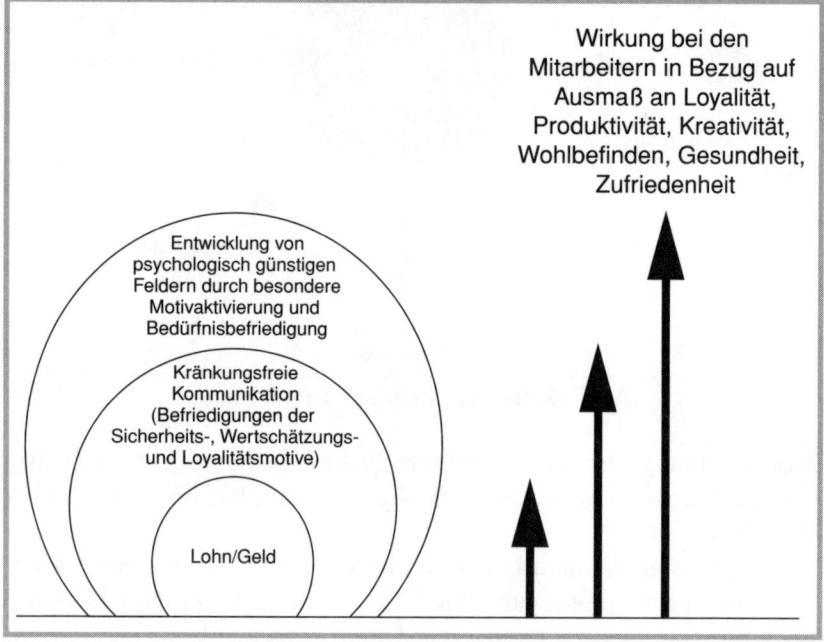

Abb. 44: Motivationsfaktoren

Kränkungsvermeidende und unterschiedsbejahende Kommunikation ist vor allem dann möglich, wenn ich mir als Führungskraft und als Kommunikationspartner meines eigenen Selbstwertes bewusst bin. Bewusstheit des Selbstwertes erfordert einen langwierigen Prozess der Selbstentfaltung, bei dem man immer wieder Kontakt mit seinem inneren Wert aufnimmt. Dieser Kontakt geschieht in der Stille, in der Natur oder einfach in der Selbstbesinnung. Eine gute Unterstützung gibt die zulassende Atmung.

Übung: Selbstwertgefühl

Setzen Sie sich entspannt hin, lassen Sie Ihren Atem ruhig kommen und gehen. Lassen Sie sich Zeit, innerlich ruhig und entspannt zu werden. Konzentrieren Sie sich auf Ihren Wert. Nehmen Sie auf Ihre ganz persönliche Weise Kontakt auf zu Ihrem Selbstwert, zu Ihrer persönlichen Wahrheit. Jenseits Ihrer Leistungen, jenseits Ihres Erfolges, jenseits Ihrer Prüfungen und Examina, die Sie mit guten Leistungen abgeschlossen haben, haben Sie einen Wert, mit dem Sie jetzt Kontakt aufnehmen können.

Lassen Sie sich Zeit, zuerst Ihre äußeren Erfolge, Ihre äußere Attraktivität, Ihre materielle Sicherheit, Ihre beruflichen Erfolge wahrzunehmen und jeweils dahinter zu schauen und die dahinter liegende Kraft in sich zu spüren.

- Hinter meinem beruflichen Erfolg gibt es einen Wert, gibt es einen Erfolg, der größer ist als mein beruflicher Erfolg.
- Hinter meiner materiellen Leistung bin ich größer als mein Erfolg.
- Hinter meiner Funktion als Führungskraft, hinter meinen Titeln, hinter meiner familiären Herkunft, hinter meinem Vermögen, hinter meinem Bankkonto bin ich ein Wesen von besonderer Qualität.
- Ich habe viel geleistet und erreicht in meinem Leben, und ich bin mehr als diese Leistung.
- Ich habe viel Wissen angehäuft in meinem Leben, und ich bin mehr als dieses Wissen.
- Ich habe viele Kontakte, Begegnungen und Ideen, und ich bin mehr als diese Kontakte, Begegnungen und Ideen.

Lassen Sie sich Zeit, verschiedene Aspekte Ihres Lebens anzuschauen und immer wieder dahinter zu sehen, was Sie hinter diesen Verhaltensweisen, Rollen und Erfolgen sind. Lassen Sie sich ruhig werden in diesem stillen Wissen und stillen Spüren Ihrer eigenen Kraft, Ihrer tiefsten Kraft, die Sie jetzt beatmen, einladen und willkommen heißen.

Übung: Meine Vorbilder

Nehmen Sie Kontakt auf mit den wichtigen Vorbildern in Ihrem Leben, mit Personen, die natürliche Autorität für Sie darstellten, die Sie geschützt, genährt und Sie in einer positiven Weise etwas gelehrt haben. Machen Sie sich die Qualitäten dieser Menschen bewusst, und versuchen Sie, bei jeder dieser Qualitäten die entsprechende Qualität in sich wiederzufinden.

Nehmen Sie die unten aufgeführte Tabelle und schreiben Sie für jede Person, die für Sie eine natürliche Autorität bedeutete, zuerst alle deren Qualitäten auf und lassen Sie sich dann Zeit, jeweils diese Qualitäten in sich zu spüren.

Person mit natürlicher Autorität	ihre Qualitäten	bei mir vorhanden?

Bevor Sie weiterlesen, füllen Sie diese Tabelle zuerst ganz nach Ihrem subjektiven Ermessen aus, damit Sie eine Liste mit Ihren eigenen Vorstellungen von einer Person mit natürlicher Autorität haben. Im Folgenden werde ich Ihnen eine Reihe von Qualitäten anbieten, die Sie darüber hinaus auch anschauen, prüfen und – wenn Sie wollen – bei sich selbst beobachten und wahrnehmen können. Das Geheimnis der Entwicklung von positiven Qualitäten liegt darin, dass wir sie uns nur anzuschauen, dass wir uns nur auf sie zu konzentrieren brauchen. Wenn wir dies lange und intensiv genug tun, werden sich diese Qualitäten auch bei uns entfalten.

Als einfaches Beispiel möchte ich Ihnen folgendes kleines Experiment vorschlagen: Stellen Sie sich bitte die Farbe Gelb vor. Je länger Sie sich nun auf den Begriff Gelb konzentrieren, desto deutlicher werden Sie die Farbe Gelb vor Ihrem inneren Auge sehen, und sie wird sich immer mehr in Ihrem ganzen Körper und im Bewusstsein ausdehnen. Auf ähnliche Weise werden Sie dies auch tun können mit verschiedenen anderen Farben, mit Landschaften, mit geometrischen Formen und auch mit Gefühlen. Sie brauchen sich nur eine Zeitlang auf den Begriff Freude oder Angst zu konzentrieren und das entsprechende Gefühl wird sich in Ihrem Organismus ausbreiten.

Auf ähnliche Weise ist eine Konzentrationsarbeit möglich mit Qualitäten, die wir uns aneignen wollen. Suchen Sie sich zunächst aus der folgenden Liste die Qualitäten heraus, die Ihnen angenehm und wichtig erscheinen und konzentrieren Sie sich jeweils für einige Minuten auf diese Qualität.

Suchen Sie sich jeden Tag einige dieser Qualitäten aus und konzentrieren Sie sich so viele Tage darauf, bis Sie spüren, dass diese Qualitäten langsam in Ihnen Substanz gewinnen. Dann suchen Sie sich neue Qualitäten aus und üben so lange, bis auch diese in Ihnen Wirklichkeit werden. Wir Menschen verfügen immer schon über alle diese Qualitäten. Sie sind nur verschüttet und müssen durch Konzentration und innere Aufmerksamkeit auf diese Kernqualitäten wieder geweckt und belebt werden.

Wenn wir die Biografien führender Persönlichkeiten genau anschauen, werden wir feststellen, dass sie in jungen Jahren und auch später während ihres gesamten Lebens immer wieder übten, dass sie diese Qualitäten bewusst entwickelten, dass sie bestimmte Anforderungssituationen auswählten, in denen sie diese Qualitäten gezielt üben konnten und mussten und dass sie auch in schwierigen Situationen immer in Kontakt mit diesen Qualitäten waren.

Es wird auf diesem Übungsweg immer wieder Rückfälle geben. Manchmal werden wir das Gefühl haben, noch gar nicht vorangekommen zu sein. Dann auf einmal werden wir merken, dass wir plötzlich auf einem neuen Lernniveau angekommen sind.

Auch hier gilt: Entwicklung geschieht langsam und in Sprüngen. Es erfordert oftmals eine lange Inkubationszeit, in der wir denken, dass kaum Lernprozesse stattfinden. Aber unser Unbewusstes lernt, und plötzlich sind wir auf einer neuen Stufe der Erfüllung und des Glücks.

Übung: Konzentration auf Qualitäten natürlicher Autorität

- Aufmerksamkeit
- Achtsamkeit
- Ruhe
- Konzentration
- innere Kraft
- innerer Frieden
- Ausstrahlung
- Selbstbewusstsein
- Selbstlosigkeit
- Hingabefähigkeit
- Leistungsorientierung
- Verbundenheit
- Kränkungsfreiheit
- Humor
- Abstand von den kleinen Widrigkeiten des Alltags
- Liebesfähigkeit
- Metakommunikation
- Körperbewusstheit
- Beweglichkeit im Körper
- Beweglichkeit im Geiste
- Vorurteilsfreiheit
- Kraft, nach vorne zu gehen
- Willenskraft
- Kraft, Dinge auf den Punkt zu bringen
- Fähigkeit zur Freude
- Fähigkeit zum Mitgefühl
- Fähigkeit, Gefühle zu zeigen
- Fähigkeit zum Zuhören
- Fähigkeit zu loben
- Denkfähigkeit
- klare kraftvolle Sprache
- Ausdauer
- innere Würde
- Frustrationstoleranz
- Vision
- Wertgelenktheit
- Wertebewusstheit
- künstlerische Interessen
- Kontakt mit der Natur
- Kontakt mit dem Boden
- Bewusstheit des Atems
- Bewusstheit des Blicks
- Bewusstheit des Jetzt
- Im Hier und Jetzt ruhend
- ganz bei sich sein
- abgegrenzt sein
- Fähigkeit zum klaren Ja- und Neinsagen
- Respekt vor dem Leben
- Konzentrationsfähigkeit

Ihre persönliche Akzeptanz erhöhen

Akzeptanz durch andere und von anderen ist nur erreichbar, wenn wir uns selbst annehmen. Fremdakzeptanz basiert auf der Eigenakzeptanz, d.h. alle Wege, die Akzeptanz durch andere und von anderen zu erhöhen, führen notwendig zu Übungen und Erfahrungen, in denen wir zuerst unsere Selbstakzeptanz untersuchen und diese langsam aufbauend stabilisieren und erhöhen.

Wesentliche Möglichkeiten zur Verbesserung der Selbstakzeptanz können Sie aus der Checkliste im Kasten ersehen.

Checkliste: Wege zur Verbesserung der Selbstakzeptanz

- Untersuchung der behindernden Lebensentscheidungen (Skriptanalyse nach den Methoden der Transaktionsanalyse) und Neuentscheidung für einen unterstützenderen Lebensentwurf.
- Vertiefung der Ausdrucksmöglichkeiten des gesamten psychophysischen Organismus (Gefühle, Stimme, Beweglichkeit, Differenziertheit der Selbstwahrnehmung, Körpersupport, Beziehungen, Konflikt-, Liebes- und Arbeitsfähigkeit).
- Bewusstsein der eigenen starken Wahrnehmungs- und Ausdruckskanäle entwickeln und diese besonders einsetzen (visuell, auditiv, kinästhetisch ...).
- Sichere Handhabung von Selbst- und Fremdtrance-Induktionen, um den optimalen eigenen Empfangskanal und den des Gegenüber zu erreichen.
- Sich durch positive Sätze stabilisieren, die auch in Krisensituationen leicht abrufbar sind, d.h. mit einem gut geankerten Selbstaffirmationssystem in Kontakt sein.
- Erfolgreiche und erfüllende Situationen des eigenen Lebens (Moments of Excellence) erinnern.
- Atembewusstheit im Hier-und-Jetzt verbunden mit der Freiheit des Nicht-Reagierens.
- Entwicklung eines inneren Kernbewusstseins, d.h. den Körper als Schwingungsphänomen mit einem Kern begreifen und erfahren lernen.

Lernen als Einzelleistung und als Ergebnis der Feldenergie

Lernen erscheint zunächst als eine höchst individuelle Angelegenheit. Wir müssen als Einzelperson den mühsamen Prozess des Konzentrierens und Identifizierens mit Qualitäten üben und üben und üben. Oftmals fühlen wir uns isoliert und frustriert darüber, dass es nicht voranzugehen scheint. Wir können uns jedoch auch die Kraft des Feldes zunutze machen.

Rupert Sheldrake hat in zahlreichen Experimenten nachgewiesen, dass in einem bestimmten Energiefeld zu lernen eine viel höhere Effektivität mit sich bringt. Das heißt, es ist gut, sich Menschen zu suchen, die auf einem ähnlichen Weg hin zu einer natürlichen Autorität sind, zu einem Leben aus der Mitte und aus der inneren Kraft heraus. Wenn wir diese Menschen gefunden haben, können wir mit ihnen gemeinsam die Schwierigkeiten des Anfangslernens durcharbeiten. Wir können uns gegenseitig Unterstützung holen, indem wir die Schwierigkeiten beim Lernen besprechen, austauschen und bestimmte Übungen gemeinsam durchführen. Dadurch entsteht ein Lernfeld, das wie bei einem Magnetfeld einen Sog hin zu den gemeinsam erstellten Lernzielen ausübt. Verstärkend wirkt das übergreifende Feld einer gesellschaftlichen Entwicklung zu höherer Komplexität und Verantwortlichkeit.

Natürlich gibt es auch die gegenläufigen Tendenzen von Verantwortungslosigkeit und Nachlässigkeit. Wir können uns jedoch auf die Qualitäten konzentrieren, die wir wirklich wünschen und Kontakt aufnehmen mit Menschen, die unsere Vision unterstützen und mit uns in eine Richtung gehen wollen, die uns gut tut.

In einem falschen Kontext kann keine Wahrheit entstehen. Das heißt, es gehört zur Verantwortung meines persönlichen Wachstums, dass ich mir ein Lernumfeld schaffe, das meine Lernprozesse unterstützt. So ist es wichtig, dass die institutionellen und organisatorischen Umstände meiner Beziehungen und meiner Arbeit so gestaltet werden, dass sie für ein gemeinsames Lernen in Richtung auf höhere Erfüllung und Humanität unterstützend sind. Kann ich also meine natürliche Autorität in einem bestimmten Arbeitsfeld nicht entwickeln, weil die Umstände zu negativ und die einschränkenden Bedingungen zu groß sind, dann ist es meine Aufgabe, dieses Arbeitsfeld zu verlassen und mir einen Entwicklungsraum zu gestalten, in dem ich zu allererst die erwünschten Fähigkeiten entwickeln kann, bevor ich es mir wieder zumute, in einem Kontext zu arbeiten, in dem die Bedingungen vielleicht nicht so optimal sind.

Manchmal sind die Rahmenbedingungen so schwierig und negativ, dass eine persönliche Entfaltung wirklich nicht möglich ist. Dann kann und darf man gehen, kann man diesen Prozess sich selbst überlassen. Meistens wird ein dysfunktionaler Prozess sowieso nach einiger Zeit kollabieren, eine Abteilung oder eine ganze Institution wird sich auflösen, und es ist gut, sich rechtzeitig ein Arbeitsfeld zu schaffen, in dem Wachstum und gegenseitige Akzeptanz die entscheidenden Werte bilden.

Raumkräfte in ihrem Bezug zur Führung

Um komplexe Führungsaufgaben bewältigen zu können, brauchen wir eine wachsende Flexibilität unseres gesamten neuronalen Organismus. Dies betrifft nicht nur unser Gehirn, sondern das gesamte darauf bezogene Nervensystem. Die Interaktion dieser neuronalen Systeme ist die reale Grundlage von Denk-, Fühl-, Intuitions- und Führungsleistungen.

Die beste Möglichkeit der Stimulation dieses Systems liegt in unserer Körperbewegung. Durch Training des Körpers können wir indirekt auf Hirnfunktionen einwirken, deren Verbesserung wiederum auf unsere Leistungsfähigkeit im Allgemeinen und auf unsere Fähigkeit zu Komplexitätsmanagement im Besonderen rückwirken. Durch gezielte Bewegungen der Beine, Arme und Hände können wir eine Bewusstheit unserer Existenz im dreidimensionalen Raum erzielen. Dreidimensionalität des Bewusstseins ist eine wesentliche Grundlage für intuitive Führung. Wir lokalisieren unsere Denk- und Fühlvorgänge, unsere Phantasien und intuitiven Erkenntnisse auf eine eigentümlich räumliche Weise in unserem Körperbewusstsein, so dass die Raummetapher sehr hilfreich ist, um klarere begriffliche Strukturen zu ermöglichen.

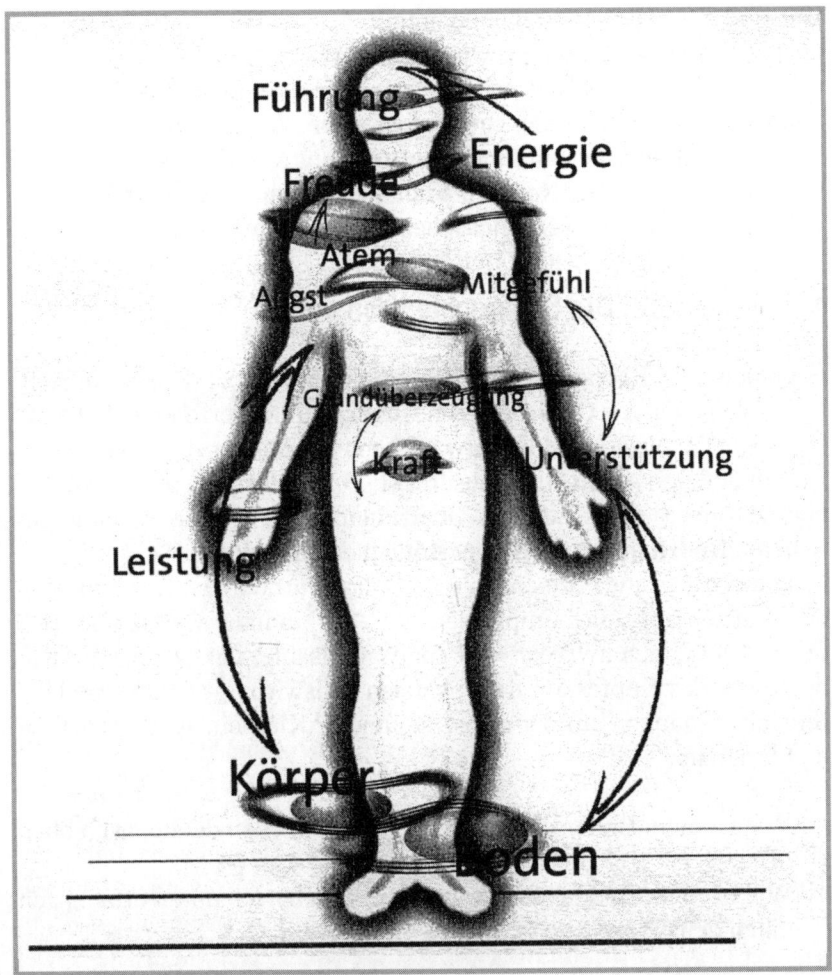

Abb. 45: Themen im Körper

Da unsere Körper dreidimensional ausgedehnte Objekte im Raum sind, brauchen wir ein Leitsystem in unseren Köpfen, das uns ermöglicht, uns auf der richtigen Route durch den Raum zu bewegen. Dieses Leitsystem sind die einfachen und komplexen geometrischen Dimensionen des Raumes.

247

Wir sind fähig, Raum direkt und unmittelbar zu erleben. Wenn uns das noch nicht gelingt, können wir es lernen. Die Erfahrung von Raum kann unser gestörtes Körperbild korrigieren und einen ganzheitlichen Lern- und Heilungsprozess in Gang setzen. In der Ausbildung von Führungskräften, speziell für die Entwicklung von Charisma und Ausstrahlungskraft, gehen wir von Raumkräften aus, die unser Kontaktverhalten mit uns, den Mitmenschen und der Umwelt prägen.

1. Raumkraft: Die Senkrechte nach unten

Grundlage der Körperarbeit mit Raum ist das Stehen in der Aufrichtung. Wenn wir von Charisma, von Ausstrahlung oder „Persönlichkeit" sprechen, hat dies wesentlich etwas zu tun mit innerer Aufrichtung, die sich in äußerer Aufrichtung ausdrückt: Das Stehen als Zu-etwas-Stehen, Zu-mir-Stehen, Zu-einer-Überzeugung-Stehen, das Verwurzelt-Sein am Boden und in meiner persönlichen Geschichte.

Die Wirbelsäule bezeichnen wir als das Würdeorgan. Das Atmen in der Aufrichtung, das Empfinden von Verbindung von unten nach oben, das Getragenwerden von der Wirbelsäule, das entspannte Ruhenlassen des Kopfes auf dem obersten Halswirbel – all dies sind essenzielle Übungen auf dem Weg zu innerer Klarheit, Abgegrenztheit und Prägnanz.

- Wie ist mein Bodenkontakt, wenn ich nach oben denke, nach oben öffne?
- Wie ist mein Bodenkontakt, wenn ich mich nach unten öffne, nach unten denke?

2. Raumkraft: Nach vorn

Wenn wir bewusst schreiten, Schritte tun, gewinnen wir Orientierung im Raum, durchschauen wir die Struktur des Raumes. Durch einfaches Gehen im Raum vermitteln wir die Dimensionen vorwärts, rückwärts, seitwärts und diagonal.

Durch langsames Gehen und Wiederholungen werden diese Richtungsdimensionen dem Körperempfinden nahegebracht.

- Wie spüre ich die Qualität von Nach-Vorn?
- Darf ich nach vorne gehen?
- Womit in meinem Körper gehe ich nach vorn?
- Was von mir und in mir richtet sich nach vorn?

Abb. 46: Die Nach-vorn-Haltung

Auch die Körperhaltung, die wir für Entscheidungen brauchen, hat etwas mit der Dimension Nach-Vorn zu tun. Die Entscheidungshaltung basiert auf einer Kombination von Bodenkontakt und Ausrichtung nach vorn und kann in der Bewegung des Schneidens, des Abtrennens, eben des Entscheidens ausgedrückt werden. Übungen mit dem Schwert oder dem Stock und auch dem Pfeil und Bogen sind hier hilfreich.

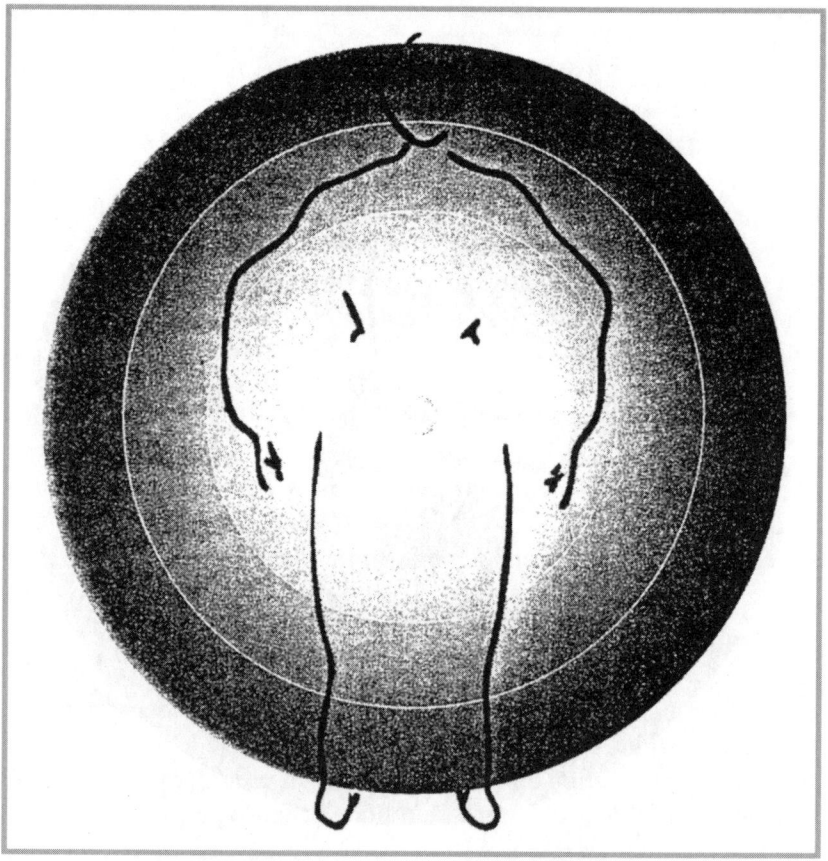

Abb. 47: Die Krafthaltung

3.   Raumkraft: Rückwärts

Bewegungen nach rückwärts können differenzierte Erlebnisse, Bilder oder Gedanken auslösen.

- Wie ist es, rückwärts zu gehen?
- Welche Gefühle und Bilder löst es in mir aus?
- In welchen beruflichen oder privaten Situationen gehe ich rückwärts?
- Und wie fühlt sich das an, das Rückwärtsgehen zu stoppen, stehen zu bleiben und wieder nach vorne zu gehen?

4.   Raumkraft: Nach oben

Die Raumkraft „Nach oben" ist für die Entwicklung von Führungskraft von besonderer Bedeutung. Während wir vom Boden die Stabilität beziehen, gibt uns der Raum über dem Kopf Würde, Klarheit und ein Kontextbewusstsein, das wir gerade für schwierige Führungsaufgaben benötigen. Die Führungsperson kann sich fragen:

- Was erlebe ich an Bildern, Gedanken, Führungskraft oder Visionen, wenn ich nach oben spüre?
- Wie ist mein Bodenkontakt, wenn ich nach oben denke, nach oben öffne?
- Was begegnet mir, wenn ich mich von oben „beregnen" lasse?

5.   Raumkraft: In der Mitte versammelt

Wir haben diesen Aspekt schon in den Abschnitten über natürliche Autorität ausführlich besprochen. Wir können diese Mitte-Erfahrung auch als Konzentration auf einen Punkt in unserem Unterbauch erleben, und es ist gleichzeitig eine räumliche Erfahrung von Ausdehnung und Orientierung im Raum.

251

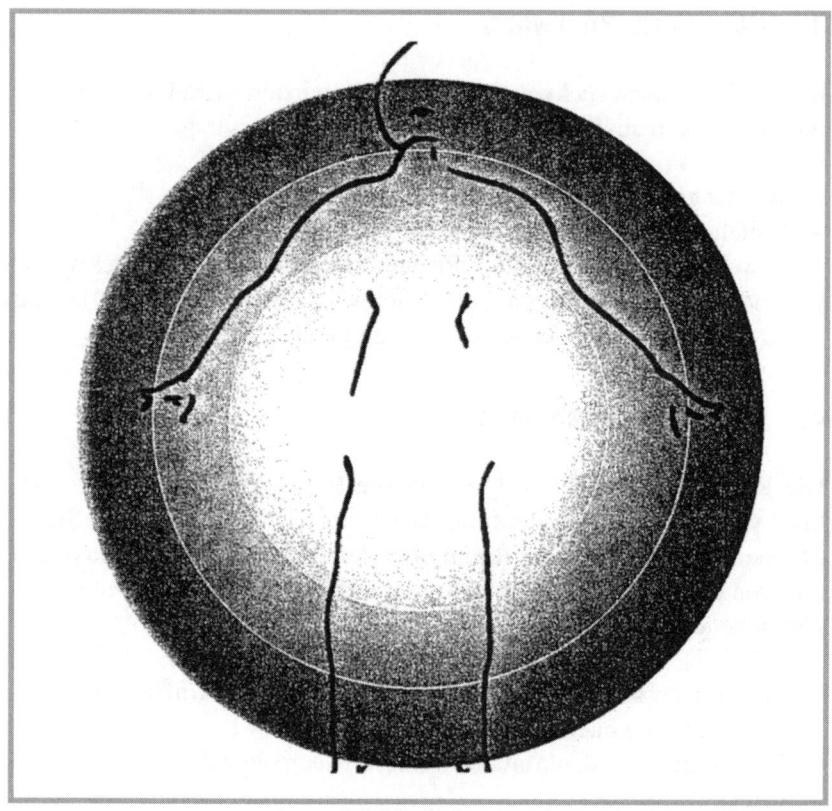

Abb. 48: Die Empfangshaltung

Zusammenfassung

Ausführlicher bin ich auf das Raumthema in meinem Buch „Kontakt, Intuition und Kreativität" eingegangen. Um das Bild vollständig zu machen, soll die Essenz hier kurz angesprochen werden.

In der Arbeit mit Raum wird unser Kontakt mit der Umwelt klarer und sachlicher. Wenn wir die Erfahrung von Raum zulassen, entsteht in uns eine deutliche Präsenz, eine Wachheit und ein unmittelbares Gewahrsein. Diese Präsenz übernimmt – jenseits der rigiden Grenzen des Ichs – neue, kreativere Selbst-Funktionen, die reifer, erfüllender und freier sind. Raum ermöglicht uns vor allem die Erfahrung von Weite und Leere und dann den Genuss von Fülle, jedoch einer neuen und kreativeren Fülle als der, die uns in unseren alten Mustern möglich gewesen ist. Viele Übende fühlen sich nach der Raumerfahrung auch körperlich größer und erfüllter. Dieser neue innere Raum fühlt sich leer und leicht an, aber auch voll und dicht.

Raum ist nun nicht mehr Abwesenheit von etwas, sondern Anwesenheit von Fülle und Sein.

13. Optimale Führung in Meetings

Wir haben über Stresshandwerkszeug und über Inner Management als Möglichkeiten der Komplexitätsbewältigung gesprochen. Eine weitere Reduzierung von Stressfaktoren liegt in der optimalen Gestaltung von Meetings und anderen Teamsitzungen. Bei derartigen Treffen wird zumeist viel Energie verschleudert. In unseren Trainings hören wir oft Klagen und Stöhnen zu diesem Thema. Hier ist vordergründig der leichteste und meist gefordertste Änderungsbedarf.

Um es vorweg zu nehmen: Die konkreten Hilfsmittel, die ich Ihnen zunächst anbiete, sind effektiv und lassen sich wirklich umsetzen. Eine wirkliche Lösung der Sitzungsprobleme ist mit reinen Geschäftsordnungstechniken jedoch noch nicht gegeben.

Zur Veranschaulichung erinnere ich Sie an den bekannten Eisberg der Kommunikation.

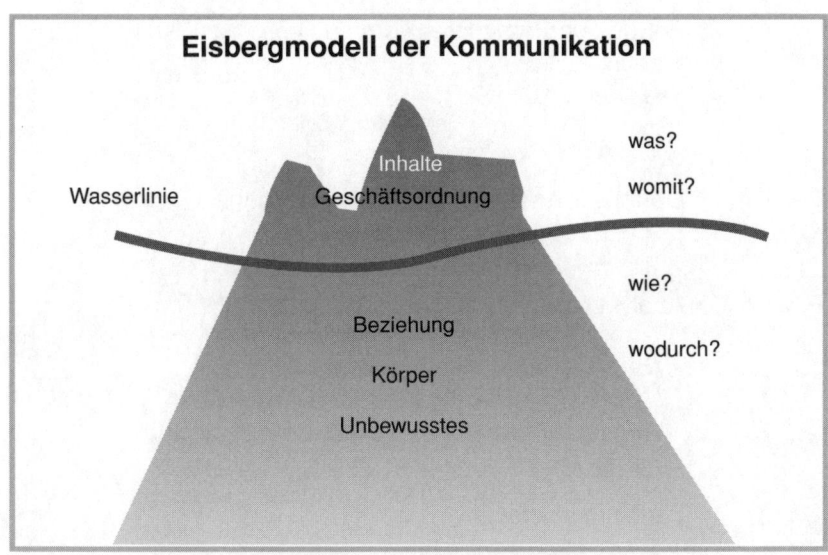

Abb. 49: Eisbergmodell der Kommunikation

Dieses einfache Modell bietet die Grundlage für jede Optimierung von Kommunikationsstrukturen. Die Frage ist doch: „Was wollen wir?" Wenn wir als Ziel von wirtschaftlichen Unternehmungen den wirtschaftlichen Erfolg und die emotionale Erfüllung setzen, ergibt sich als Strategie die in dem folgenden Kasten von unten nach oben aufgelistete Handlungsabfolge. Damit Sachinformationen wirksam werden können, müssen wir mögliche Blockaden analysieren, und dies führt über die Schritte 3 bis 6 dann zum eigentlichen Ziel, dem Erfolg und der Erfüllung.

Was wollen wir?

Ziel	wirtschaftlicher Erfolg + emotionale und geistige Erfüllung
	↑
6	optimaler Informationsfluss
	↑
5	Entwicklung optimaler Kommunikationsstrukturen, u.a.: Meetingkultur Feedback-Kultur
	↑
4	Übungen zur optimalen Kommunikation
	↑
3	Analyse des Informationsflusses
	↑
2	Analyse der Blockaden
	↑
1	Sachinformationen

Die wesentlichen Kommunikationsverbesserer

Die Optimierung der Geschäftsordnung und der Kommunikationsregeln ist nur eine Ebene der Interaktion. Sie ist wichtig, umfasst aber nicht alles. Strukturelle Veränderungen sind oftmals unumgänglich. Und dennoch: Als „Kommunikationsverbesserer" haben sich eine Reihe von Regeln bewährt, die wir zuerst einfach nur als Merkposten in den Raum zu stellen brauchen. Zweitens brauchen wir in der Einführungsphase einen „Prozessbegleiter", der sich für die Einhaltung dieser Hinweise oder Regeln verantwortlich fühlt.

Wenn diese Hinweise optisch gut sichtbar für alle im Raum aufgehängt sind, braucht der „Prozessbegleiter" nur noch auf die jeweilige Regel zu deuten, wenn sie nicht eingehalten wurde. Die Funktion eines „Prozessbegleiters" oder „Prozesscoaches" ist für eine effektive Arbeitssitzung unumgänglich. Die anfängliche Zeit, die es kostet, wenn der Prozessbegleiter die inhaltlichen Gespräche unterbricht und auf die Einhaltung der Regeln drängt, lohnt sich auf Dauer. Wenn diese Funktion des Prozessbegleiters rotiert, lernen damit immer mehr Teammitglieder, neben ihren inhaltlichen Beiträgen auf die Prozessebene zu achten und sich zu disziplinieren, nicht abzuschweifen, die eigene Person der Sache zu unterstellen und die Redundanz so gering wie möglich zu halten.

Gerade der Hinweis „Das wiederholen Sie jetzt zum dritten Mal" verblüfft viele Teammitglieder zunächst. Sie können dieses Verhalten zuerst kaum glauben, lernen aber sehr schnell, auf Wiederholungen zu achten, die oftmals aus Unsicherheit entstehen, man könne sie vielleicht noch nicht richtig verstanden haben. Deswegen wiederholen sie das Gesagte, weil sie glauben, dass die anderen ihnen bei einmaligem Reden nicht zuhören und sagen es dann nochmal, indem sie … usw.

Wenn dieses Redundanz-Verhalten ohne Arroganz, sondern respektvoll angesprochen wird, muss der Gesprächseingriff keine Verletzung darstellen, sondern kann zur allgemein akzeptierten Norm der Gesprächseffektivierung werden.

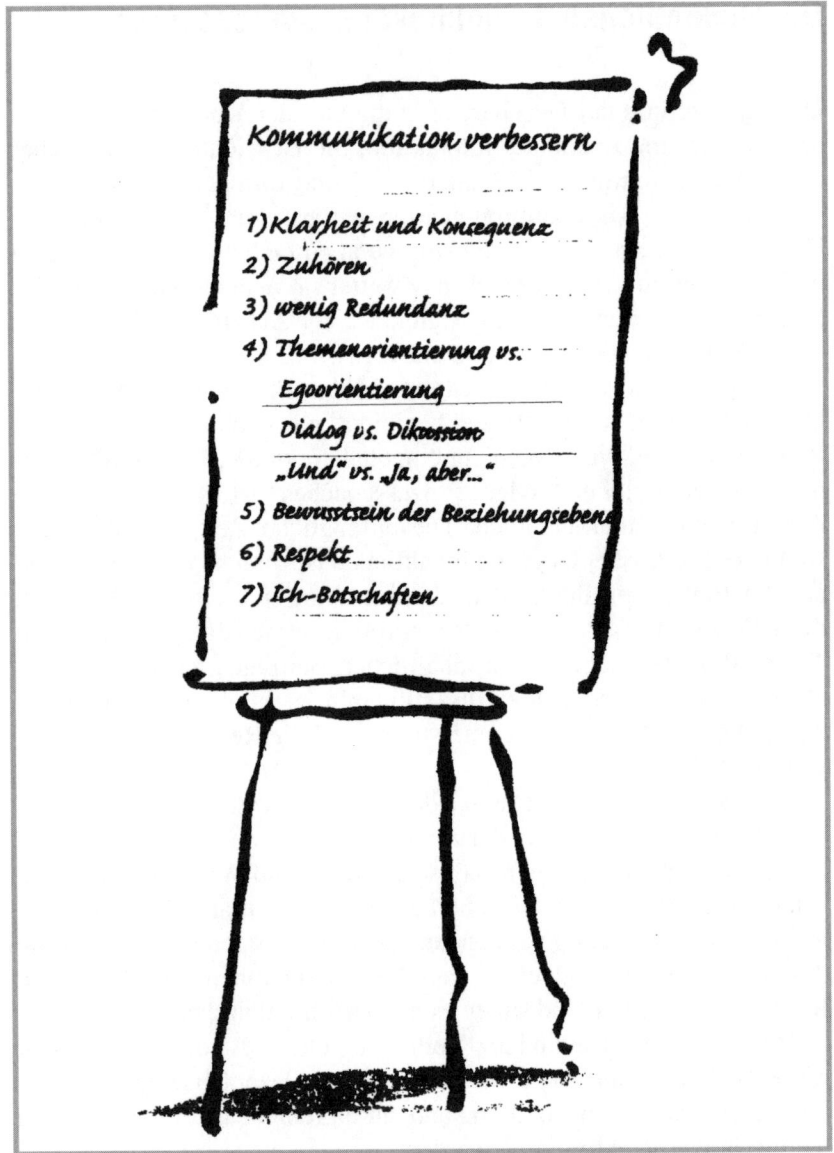

Abb. 50: Die Regeln zur Kommunikationsverbesserung

Insbesondere die grundlegende Erlaubnis, andere jederzeit bei Nichtbeachtung der kommunikationsverbessernden Hinweise zu unterbrechen, stellt immer wieder eine Provokation dar. Hierzu können Teammitglieder schnell lernen, dass es mehr Respekt darstellt, wenn aufgrund genauen Zuhörens auf Prägnanz gedrungen wird, als wenn man innerlich infolge von Langeweile abschaltet und so dem Redner jeglichen Support entzieht.

Halbieren Sie die Meetingdauer

Klar und deutlich will ich hier sagen: Vergessen Sie die traditionelle Besprechung und zwar sofort. Diese Zeitverschwender können wir uns nicht mehr leisten. Es geht nicht um bessere Besprechungen, es geht um völlig andere Besprechungen.

Seien Sie geizig mit Ihrer Zeit als Führungskraft. Sie haben Wichtigeres zu tun, als ermüdende Tagesordnungen abzuarbeiten. Es geht nicht um die Länge der Besprechungen, sondern um die Intensität des Kontaktes. Deswegen beginnen Sie damit, dass Sie die Zeitdauer für Ihre Meetings ab sofort halbieren. Sie werden feststellen, dass nach wie vor nicht alles besprochen werden kann, dass aber mehr Zeit für das anschließende Arbeiten und den informellen Kontakt bleibt.

Vielleicht haben Sie diese Erfahrung schon gemacht: Manche Menschen können in einer Stunde so sehr anwesend sein, dass man das Gefühl hat, sie sind schon den ganzen Tag da. Dies drückt das Geheimnis der Intensität von Zeit aus. Bestehen Sie darauf, dass Ihre Zeit intensiv ist. Bestehen Sie darauf, dass der Kontakt in Ihren Meetings intensiv genutzt wird.

Paradoxerweise reduziert diese neue Einstellung Spannungen und Stress und erhöht den Output der Meetings messbar. Wenn wir wollen, können wir von der Besprechung, in der nur geredet wird, wegkommen, hin zu einer Besprechung, in der wirklich gearbeitet wird.

Stellen Sie alte Rituale in Frage

Zuerst müssen wir alle alten Rituale, die seit Jahrzehnten in Meeting-Führern stehen, völlig in Frage stellen. Zu diesen ermüdenden Ritualen gehören:

- Besprechung bzw. Verabschiedung des Protokolls der vorherigen Sitzung
- Feststellung der Anwesenheit
- Mitteilungen
- straffe Zeiteinteilung
- überfüllte Tagesordnungen

Solche Rezeptologien bilden einfache Lösungen. Michael Kami sagte zum Thema einfache Lösungen: „Einfache Lösungen für komplexe Probleme – sind zumeist falsch". Für Unternehmensprobleme von heute gibt es keine einfachen Lösungen. Diese Tatsache müssen wir schon beim Aufbau unserer Meetingkultur beherzigen.

Wenn verstanden wird, dass es nicht um Diskussion geht, dass es nicht um Recht haben geht, können alle Selbstdarstellungen (*ja, aber* ... ich möchte dagegen betonen ...) sofort unterbrochen werden. Die meisten Formen von Diskussion sind nicht nutzbringend. Wir können lernen, uns von der Diskussion zum Dialog weiterzuentwickeln, indem wir die Disziplin aufbringen, wirklich nur konstruktive Beiträge zur Verbesserung (Erweiterung, Vertiefung, Ergänzung, Präzisierung...) des Gesagten vorzubringen. Wir können das daran prüfen, ob Beiträge wirklich mit einem ehrlichen „*und*" beginnen, oder das profilierend-abgrenzende aber gewohnte „Ja, aber ..." (wenn auch nur indirekt) beinhalten. Die Kommunikation zu effektivieren erfordert einen Neuanfang, der manchmal erst in einem von den Arbeitsaufgaben getrennten Kontext und mit Hilfe eines externen Spezialisten gelernt werden muss.

Das „mitfliegende Ich" kann gelernt werden, d.h. der innere Prozessbeobachter kann sich zu einer entspannten Selbstverständlichkeit entwickeln. Das konstante Prozessbewusstsein erhöht die Effektivität von Sitzungen am allermeisten. Letztlich werden diese scheinbaren Umwege durch ein eigentümlich befriedigendes Gefühl von Kontakt und Erfüllung belohnt werden.

Nach aller Erfahrung mit Optimierung von Meetings fassen wir zusammen: Natürlich sind präzise Vorbereitung, rechtzeitige Einladung und Pünktlichkeit, kurze Redebeiträge, Visualisierung und Protokollierung hilfreich und notwendig. Aber um solche „Techniken" geht es letztlich nur am Rande. Das sind Selbstverständlichkeiten der Geschäftsordnung, so ähnlich als wenn ein Affe lernt, zwei Stühle übereinander zu stellen, um an eine hoch hängende Banane zu gelangen. Aber Bewusstheit dabei, *wie* er die Banane öffnet, *wie* er sie schmeckt und genießt und wie er anderen Affen mitteilt, *wie* er die Banane gepflückt hat und wo noch andere Bananen hängen, *wie* sie dann gemeinsam diese Bananenstauden suchen und finden und sich am gemeinsamen Übereinanderstellen von Stühlen freuen, das ist etwas fundamental anderes.

Haben Sie Mut zu verrückten Handlungen: Wenn wir unserer Angst folgen, dann bleibt leicht alles beim Alten, denn Gewohnheit ist zumeist angstfrei. Natürlich ist es bei jedem Neuanfang auch wichtig, unsere eigene Persönlichkeitsstruktur und die unserer Mitarbeiter zu bedenken.

Probieren Sie einmal aus, was sich an Ihrer Meetingkultur ändert, wenn Sie gute Laune als oberstes Kriterium nehmen. Die Folge könnte sein, dass Sie zu Beginn und am Ende eine fetzige oder auch besinnliche Musik laufen lassen. Das aktiviert die Kreativität ungemein. Oder versuchen Sie es einfach mal mit Schönheit: Der Meetingraum wird von einer Untergruppe (die Mitarbeiter mit Nähe- und Wechseltendenz erklären sich am ehesten dazu bereit) vorher so hergerichtet, dass er eine angenehme Atmosphäre ausstrahlt: Blumen, weiches Licht, Bilder an der Wand, und die Photos vom letzten Betriebsausflug in Großabzügen.

Natürlich ändert das nichts an den grundsätzlichen Strukturen, doch es schafft die emotionalen Bedingungen, durch die Menschen bereit werden, etwas an den grundsätzlichen Strukturen zu ändern.

Dies sind wichtige erste Schritte zu einer effektiven Meetingkultur. Eine wirklich transformative Kraft haben allerdings erst Methoden, die aus diesen traditionellen Wegen der Kommunikation ausbrechen und den Sprung in Neues wagen. Erprobte Wege dazu erläutere ich im übernächsten Abschnitt (Kapitel 15).

14. Soziale Erfolgsfaktoren implementieren

Es wird immer wieder gefragt, ob wir es uns leisten können, so viel Zeit und Energie auf Sozialkompetenz, Kommunikationstechniken, Entwicklung von Führungspersönlichkeiten zu „verschwenden". Diese Frage ist falsch gestellt. Wir müssen umgekehrt fragen: Können wir es uns leisten, keine Zeit und Energie in die Implementierung sozialer Erfolgsfaktoren, nämlich die Entwicklung von Persönlichkeiten, von Teamkulturen und optimalen Kommunikationsprozessen zu investieren?

Firmen und Organisationen nämlich, die keine Energie in diesen wesentlichen Produktionsfaktor investieren, werden mittelfristig scheitern und haben gegen Organisationsformen, die diese so genannten „weichen Faktoren" unterstützen und fördern, in der Zukunft keine Chance mehr.

Erfolgsfaktoren gewinnender Unternehmen

Zum Thema Unternehmensgewinne zeigen neuere Untersuchungen, die groß angelegt verschiedenste Firmenkulturen untersuchten (z.B. die Kienbaumstudie), dass der Erfolg eines Unternehmens wesentlich von folgenden Faktoren abhängig ist:

1. Über den Erfolg einer Unternehmung entscheidet, wie effizient die Zusammenarbeit ist und welche Qualität die sozialen und gruppendynamischen Prozesse in einer Organisation aufweisen. Firmen, die diesem Kriterium des sogenannten ergänzenden Aufeinanderzugehens entsprechen, haben eine deutlich höhere Rendite als Firmen, die diesen Kriterien nicht entsprechen.

263

2. Ein weiterer Erfolgsfaktor von Unternehmen ist die Ausprägung der Vertrauenskultur in einem Unternehmen. Der Grundsatz lautet: Kontrolle ist gut, Vertrauen ist besser. Die Rendite dieser Firmen ist nachweisbar deutlich erhöht im Vergleich zu traditionellen Kontrollstrukturen.
3. Als weiterer Erfolgsfaktor wurde eine sinnstiftende Vision (Ethik) im Unternehmen erkannt und zwar eine Vision, die die Bedürfnisse aller MitarbeiterInnen widerspiegelt. Firmen mit einer solchen gemeinsamen Vision performen deutlich besser als andere Firmen.

Die Konsequenz dieser Erkenntnisse ist, dass man bei Investitionsentscheidungen vor allem in solche Firmen investieren wird, die in hohem Maße diese Erfolgsfaktoren nachweisen können.

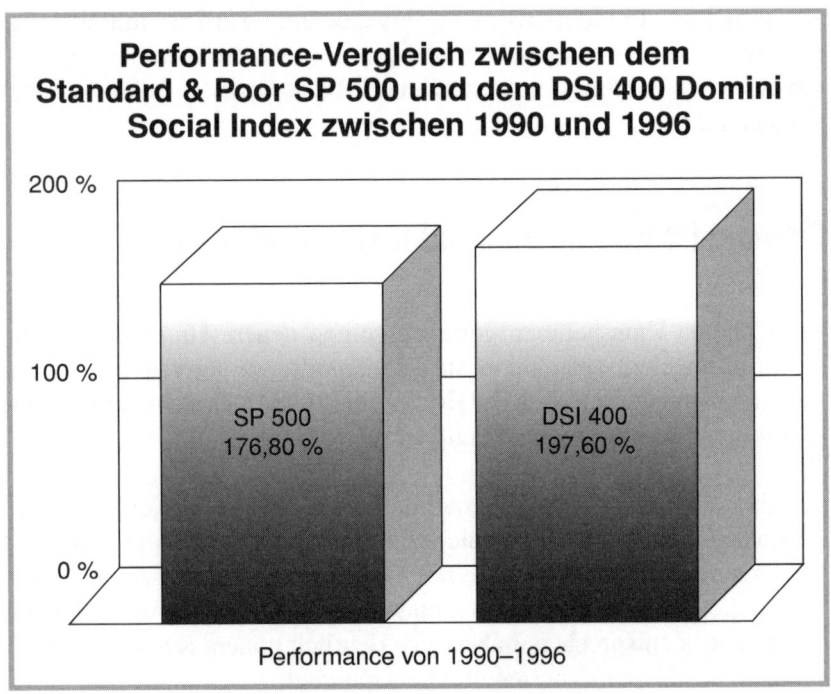

Performance-Vergleich zwischen dem Standard & Poor SP 500 und dem DSI 400 Domini Social Index zwischen 1990 und 1996

200 %

100 %

SP 500
176,80 %

DSI 400
197,60 %

0 %

Performance von 1990–1996

Abb. 51: Performance-Vergleich

Erfolgreiche Unternehmen

- weisen eine nachweisbare positive Sozialbilanz auf,
- verfügen über ein messbares Niveau an sozialer Verantwortlichkeit
- und werden als Stakeholder-Companies bezeichnet.

Im Vergleich zu den reinen Shareholder-Companies berücksichtigen Stakeholder-Companies die Interessen von allen am Wirtschaftsprozess Beteiligten, insbesondere der Kunden, der Arbeitnehmer, der näheren und entfernteren Umwelt und des Staates und schließlich auch der Investoren. Erfolgreiche Unternehmen scheinen für alle Interessengruppen einen relativ höheren Wert zu erzeugen.

So gibt es heute schon Investment Fonds, die dadurch besonders erfolgreich sind, dass sie in sozial verantwortliche Firmen investieren. Sie prüfen die Unternehmen dahingehend,

- ob die MitarbeiterInnen ein hohes Maß an Mitspracherechten und Freiheit zu Selbstverantwortung und Eigeninitiative eingeräumt bekommen,
- ob positive Arbeitsbedingungen und damit ein überdurchschnittliches Maß an Motivation und Zufriedenheit bei den Mitarbeitern nachweisbar sind,
- ob die Leitung sich in ihrer Unternehmensstrategie zum Ziel gesetzt hat, die Interessen aller Stakeholder wie Aktionäre, Management, MitarbeiterInnen, Kunden, Gemeinden und Umwelt mit zu berücksichtigen,
- ob durch Sozialleistungen aktiv die Interessen und die Entwicklung von MitarbeiterInnen auf allen Ebenen über die gesetzlichen Bestimmungen hinaus realisiert werden können, wie z. B. in der Weiterbildung, dem Mutterschutz, der Altersversicherung und der Teilzeitarbeit,
- ob erneuerbare Ressourcen und effiziente Technologien benutzt werden und auf diese Weise Nachhaltigkeit im ökologischen Sinne angestrebt wird.

Wie wir unter Pacing und Leading ausgeführt haben, kann eine Führungskraft niemals gegen bestehende Tendenzen innerhalb einer Organisation führen. Es geht immer darum, die kollektive Kreativität der Mitarbeiter zu nutzen und praktisch umzusetzen. Wie D.L. Lauri sagte: „Lösungen für erfolgreiche Strategien kommen nicht (allein) von der Führungsetage, sondern aus dem kollektiven Bewusstsein der Mitarbeiter aller Ebenen".

Es spricht sich in Expertenkreisen immer mehr herum: Eine hohe Sozialkompetenz und ethisches Verhalten sind zentrale Schlüssel für den nachhaltigen Erfolg eines Unternehmens. Motivierte, engagierte und kreative Mitarbeiter sind eine Folge dieser Unternehmenskultur. Firmen und Organisationen sind heute auf das gesamte kreative Potenzial und die Eigenverantwortung, das engagierte Sicheinsetzen ihrer Mitarbeiter angewiesen. „Erfolg ist nur dann nachhaltig, wenn bei Entscheidungen Sache und Mensch gleichermaßen berücksichtigt werden." (Claudio Weiss)

Eine moderne effektive Führungskraft ist in der Lage, dieses kreative Potenzial ihrer Mitarbeiter freizusetzen und setzt ihr Know-how dafür ein, soziale Erfolgsfaktoren in der gesamten Organisation zu implementieren, indem sie eine Unternehmenskultur einrichtet, die das in diesem Buch beschriebene Handwerkszeug zur Selbstverständlichkeit werden lässt.

Unsere Erfahrungen über die Effizienz von Veränderungen in Unternehmen während der letzten 15 Jahre haben gezeigt, dass viele kleine Schritte bei Veränderungsprozessen die besten Erfolgschancen haben. Die von Mitarbeitern initiierte Veränderung wird auch nachhaltig von ihnen getragen.

Aufgrund unserer Untersuchungen in der europaweit tätigen Carefield Unternehmensberatungsgruppe stellen wir fest, dass die Implementierung sozialer Erfolgsfaktoren vermehrt in Firmen an Bedeutung gewinnt. Wir beobachten, dass ständig neue Kriterienkataloge für sozial verantwortliches Handeln veröffentlicht werden, dass immer mehr Firmen sich sozialen Werten verpflichten.

Wir glauben nicht, dass dies aus rein humanen Gesichtspunkten allein geschieht, sondern aus der Erkenntnis und Erfahrung heraus, dass soziale Erfolgsfaktoren wie Persönlichkeits-, Kommunikations- und Teamentwicklung immer mehr zu wesentlichen Produktivitätsfaktoren werden. So haben wir im Rahmen von Carefield eine Forschungsgruppe eingerichtet, die weltweit Firmen hinsichtlich ihrer sozialen Unternehmenskultur und ihrer besonderen Errungenschaften in diesem Bereich untersucht. Wir finden speziell unter Firmen, die hohe Effektivität auszeichnet, solche, die sich durch Förderung der persönlichen und fachlichen Entwicklung der Mitarbeiter auf breiter Ebene auszeichnen, großzügige soziale Leistungen anbieten, Frauenförderungsmaßnahmen durchführen und direktere kürzere Kommunikationswege zwischen Geschäftsleitung und Angestellten anstreben. Wir kennen Firmen, die innovative Arbeitsmodelle zur Vermeidung von massivem Stellenabbau und zur nachhaltigen Sicherung der Arbeitsplätze in Zeiten raschen Wandels erforschen.

Wenn wir uns die folgende Tabelle anschauen, sehen wir, dass seit 1989 die sozial-ethischen Fonds allein in England sich verfünffacht haben. Die Auswahl der Unternehmen, in die diese Investmentfonds investieren, erfolgt auf der Basis einer gründlichen Analyse, inwieweit sie den sozial-ethischen Anlagerichtlinien und auch finanziellen Kriterien wie Rentabilität und Wachstumspotenzial entsprechen.

Wir können also mit Recht behaupten, dass die Zahl der Unternehmen wächst, die sich auch ihrer sozialen Verantwortung bewusst sind und entsprechend handeln. Sie erzielen ihre Gewinne nicht auf Kosten der Gesellschaft, sondern durch die Prinzipien sozialer Verantwortlichkeit wie:

- Fairness im Lohn bezogen auf Geschlecht und Arbeitsplatz,
- Gewinnbeteiligung der MitarbeiterInnen,
- Arbeitsplatzsicherheit,
- Verantwortung für Umwelt, Gemeinden und Bevölkerung.

Firmen, die den oben angeführten Kriterien entsprechen, gehören zu den rentabelsten Unternehmen und haben auch in wirtschaftlich schwierigen Zeiten keine Entlassungen vornehmen müssen.

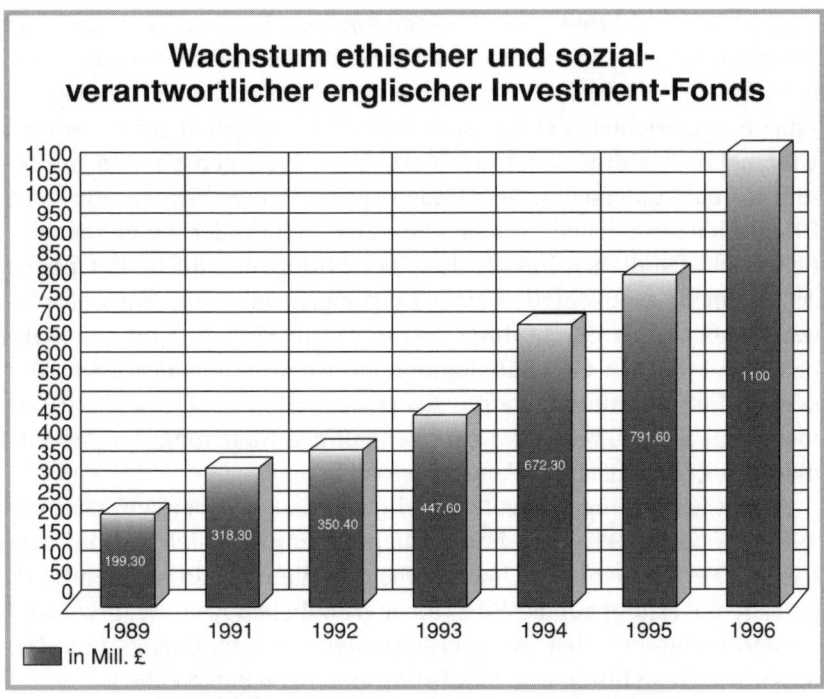

Abb. 52: Das Wachstum sozial-ethischer Fonds

Unsere Entscheidungen beeinflussen wirtschaftliche Prozesse. Wir können dafür Verantwortung übernehmen, wohin unsere Energie fließt. Wenn wir unsere Energie auf das Wohlergehen der MitarbeiterInnen, der Umwelt und auf die Sinnhaftigkeit unserer Produkte legen, beeinflussen wir die wirtschaftlichen Prozesse im Sinne sozialer Verantwortlichkeit. Als Führungskraft können wir aktiv an der Gestaltung einer fairen und sozial ausgewogenen Zukunft mitwirken.

Engagierte Führungskräfte sind in diesem Prozess nicht mehr allein. Menschen entscheiden sich zunehmend für sozial verantwortliche Produktionsmethoden. So wurde z. B. das Social Venture Network 1987 von J. Mailman in den USA gegründet als ein Netzwerk von sozial und ökologisch engagierten Unternehmen und Führungskräften, die sich zum Ziel setzten, eine gerechtere, menschlichere und nachhaltigere Zukunft aufzubauen. Im Laufe der Zeit sind aus dem Netzwerk heraus weitere Organisationen entstanden, wie z.B. das BSR (Business for Social Responsability), The Investors Circle und SRB (Students for Responsable Business) mit über 2000 Mitgliedern.

Das Social Venture Network Europe SVNE, das 1993 in Holland gegründet wurde, geht davon aus, dass Unternehmen und NGO's (non governmental organisations) eine wichtige soziale Funktion in der Gesellschaft übernehmen werden. Durch die Mitgliedschaft im SVNE Netzwerk können die Mitglieder ihre unterschiedlichen Erfahrungen und „best practice" miteinander teilen und Synergien entwickeln. Die Mitglieder sind Einzelpersonen, Unternehmen und gemeinnützige Organisationen aus über 20 europäischen Ländern. Größere Unternehmen wie The Bodyshop, die ECOVER-Gruppe, Ben & Jerry, Benelux und Weleda gehören ebenso dazu wie Care Invest AG, Rao Bank, VTZ, Cooperative Bank, die unter anderem im Bereich ökologisch und sozial verantwortliche Investitionen tätig sind. Andere Mitglieder sind beispielsweise die Max Havilaar Stiftung, Fair Trade Organisation, Gaya Foundation, Human Rights Watch und das Institut für Ostweststudien. Diese und andere Organisationen und insbesondere die SGS (Societé Générale de Surveillance), die weltweite Zertifizierungsorganisation mit Sitz in Hamburg, Zürich, London etc. erkennen immer mehr, dass sozial-ethische Verantwortlichkeit im Produktionsbereich unumgänglich wird.

Das Bild, das MitarbeiterInnen und die Öffentlichkeit von Unternehmen haben, wird immer wichtiger, speziell für multinationale Unternehmen. MitarbeiterInnen wollen zunehmend stolz sein, für ein bestimmtes Unternehmen zu arbeiten und wechseln den Job, wenn sie sich für ihre Firma schämen. Durch die Globalisierung der Informationen (Internet etc.) werden Unternehmen zunehmend verwundbarer, wenn sie sich unethisch verhalten.

Unethisches Verhalten und mangelnde soziale Verantwortlichkeit können zum Bumerang werden und massive Umsatzeinbußen bedeuten. (Beispiel: Shell – Brent Spar/Bankenfusion – UBS und Bankverein).

Eine Norm für soziale Verantwortlichkeit

Die SGS hat jetzt eine neue Norm entwickelt (Social Accountability 8000), die Firmen hinsichtlich ihrer Sozialverantwortlichkeit zertifizieren kann. Die Bedeutung einer solchen sozial verantwortlichen Zertifizierung wird langfristig immer größer werden. Die Bedeutung der Sozialverantwortlichkeit trifft insbesondere auch für den Kunden zu. 76 Prozent der Konsumenten sind bereit, aufgrund ethischer Überlegungen die Marke zu wechseln, wenn Qualität und Preis gleich bleiben (Marketingreport 1997).

Diese neue Norm SA 8000, die es möglich macht, die sozialen und ethischen Grundlagen eines Unternehmens zu prüfen und nachzuweisen, wurde aufgrund einer Initiative des Council on Economic Priorities Accreditations Agency (CEPAA) in Zusammenarbeit mit internationalen Firmen und der SGS entwickelt. Ralph Wilms, Helmut Volk-von Bialy und ich haben SA8000 für den deutschen Sprachraum spezifiziert. Firmen wie NIKE, Adidas oder Shell mussten sich dem Vorwurf stellen, ethische und soziale Aspekte zu wenig berücksichtigt zu haben. Massiver Imageverlust und Umsatzrückgänge waren das Resultat. Auch fehlende Sozialkompetenz bei Firmenfusionen, z.B. im Banken- oder Pharmabereich haben die Frage der sozialen Verantwortung von Unternehmen in den Brennpunkt der Öffentlichkeit gerückt.

Zusammenfassung

Sozialkompetenz wird immer mehr als Erfolgsfaktor gesehen. Langzeituntersuchungen zeigen, dass die Gründe für den nachhaltigen Erfolg von Unternehmen hauptsächlich auf folgenden Faktoren beruhen:

- Qualität der Zusammenarbeit und Teamfähigkeit
- Bereitschaft zu unternehmerischem Denken und Eigenverantwortung auf allen Stufen
- Übereinstimmung des Wertesystems der Mitarbeiter mit den Werten, für welche das Unternehmen einsteht

Werteanalyse

Das hoch komplexe Thema der Werteanalyse einer Organisation und der Übereinstimmung der Werte der Mitarbeiter, der Führung der Organisationen und der Umwelt würde in seiner Vollständigkeit eines weiteren Buches bedürfen. Wir können in diesem Rahmen nur einige Aspekte nennen, um dem Leser einen Einblick in diese Thematik zu geben.

Werte allein können eine Firma nicht führen. Sie müssen gefüllt und gelebt werden. Nicht eine nachgemachte Managementtechnik, sondern vorgelebte Führungsethik bewirkt den Unternehmenserfolg. Kreativität, Handlungskompetenz und Menschlichkeit sind die Schwimmflügel im Strom des unternehmerischen Tuns. Nur wenn der Sinn unserer Handlung stimmt, stimmen auch Umsatz und Gewinn. Deswegen beschäftigen wir uns mit den Werten einer Organisation.

Werte und Bedürfnisse der Menschen hängen sehr eng zusammen. Wer die Bedürfnisse seiner Mitarbeiter in allen Bereichen befriedigt, dessen Erfolg ist nicht mehr zu verhindern. Ebenso hängen Werte und Vision eng zusammen. Schon Goethe sagte: „Behandle Menschen, wie sie sind und sie werden schlechter. Behandle sie, wie sie sein könnten, und sie werden besser."

Bei einer Analyse des Wertesystems einer Organisation geht es um die Qualität der *gelebten* Werte und um die Ganzheitlichkeit des Wertesystems, nicht nur um Zielsetzungen und abstrakte Wertewünsche. Oberstes Kriterium einer Sozialethik im Arbeitsleben ist dabei die Sinnhaftigkeit von Arbeit.

Diese kann gemessen werden an den Kriterien:

- Ganzheitlichkeit (Kontext)
- Informationsfluss
- Beteiligungsgrad

Die Analysen dieser drei Faktoren sind auf den Ebenen

- Individuum
- Team
- Organisation

möglich und notwendig. Grundsätzlich ist bei solchen Werteanalysen und Untersuchungen der Sozialethik der Ansatz der Aktionsforschung Voraussetzung. Das heißt: die Datenerhebung dient gleichzeitig der Initiierung von Prozessen. Wissenschaftliche Erhebung ist niemals in sich alleine sinnvoll und gültig. Die Instrumente verfolgen keinerlei Ansprüche auf empirische Exaktheit (wir messen ganz genau, was sich nicht mehr zu messen lohnt), sondern dienen zur Beschreibung und Veränderung einer Ganzheit. Der Entwicklungsprozess der Menschen ist der Maßstab, nicht die Stufe auf einer Skala. Mit anderen Worten: Werteorientierung ist nicht eine einmalige Gegebenheit, sondern ein ständiger Prozess.

Checkliste erfolgreicher Unternehmen

Werteorientierte und visionäre Organisationen haben sechs wesentliche Charakteristiken:

- Sie stellen die Werteorientierung oben an.
- Sie machen ein Commitment in Richtung Lernen und Entwicklung.
- Sie verändern sich regelmäßig auf der Grundlage von internem und externem Feedback.
- Sie entwickeln strategische Allianzen mit inneren und äußeren Partnern, Kunden und Zulieferern.
- Sie sind bereit, Risiken einzugehen und Experimente zu machen.
- Sie versuchen, Ihre Werte auf einer Wertehierarchie auszugleichen.

Abb. 53: Die drei zu analysierenden Ebenen

Was ist eine Wertehierarchie?

Auf der Grundlage des Maslow'schen Konzepts der Bedürfnishierarchie hat Richard Barrett eine siebenstufige Wertehierarchie entwickelt, nach der wir individuelle und organisationelle Werte kategorisieren können.

1. Grundlegend sind die *Überlebenswerte*: Das Schwergewicht liegt auf der materiellen und finanziellen Sicherheit, auf dem Profit und auf dem Organisationswachstum.
2. Beziehungen als Wert: Der Schwerpunkt liegt auf *Kommunikation* und Beziehungen mit den Mitarbeitern, Kunden und Zulieferern.
3. Selbstentfaltung: Es geht um organisatorische Entwicklung im Sinne von *Produktivität*, Effizienz, Qualität, Systeme und Prozesse.
4. Transformation: Es geht um organisatorische Evolution und Entwicklung. Ziele sind *kollektives Lernen*, Teilhabe der Mitarbeiter, Innovation von Produkten und Dienstleistungen.
5. Organisation: Es geht um eine starke positive Kultur in der Organisation, die auf einer *gemeinsamen Vision* und Werten, auf Vertrauen und Offenheit und Zusammenhalten basiert.
6. Gemeinschaft: Es werden Allianzen mit den Kunden und den Zulieferern und der lokalen *Gemeinschaft* gebildet. Es entsteht eine Umweltbewusstheit und es geht um Erfüllung der Mitarbeiter.
7. *Gesellschaft*: Es geht um den Beitrag, gesellschaftliche Bedingungen zu verbessern. Es entsteht eine langfristige Perspektive.

Parallel zu diesen sieben Stufen des Organisationsbewusstseins gibt es sieben Stufen des Bewusstseins einer Führungskraft.

1. *Autoritär*: Die Führungskraft ist ein autoritärer Führer im Diktatorstil. Sie ist emotional unsicher und vertraut den anderen nicht.
2. *Paternal*: Auch hier noch verlangt die Führungskraft Loyalität und Unterwerfung und hat ein starkes Bedürfnis nach Kontrolle. Sie ist jedoch überwiegend wohlwollend und will gemocht werden.
3. *Manager*: Hier entsteht die Ergebnisorientiertheit. Es geht um Produktivität. Hierarchie und Formalismus ist ihm angenehm.
4. *Ermöglicher*: Diese Führungskraft bildet Teams, unterstützt die Mitarbeiter und strebt nach persönlicher und professioneller Ausgeglichenheit. Hier ist der Übergang vom Manager zur Führungskraft.
5. Auf dieser Ebene operiert die Führungskraft von einer gemeinsamen Vision und klaren *Werten* aus. Emotionale Intelligenz und Prozessorientierung rücken in den Vordergrund.
6. *Partner*: Hier wird die Führungskraft zum Systemiker. Sie organisiert strategische Allianzen, ist Mentor und Coach.
7. *Visionär*: Die Führungskraft entwickelt eine Langzeitperspektive sowie Weisheit und unterstützt die gesellschaftlichen und sozialen Umwelten.

In dem folgenden Bild sind diese jeweils sieben Stufen zusammengefasst und den zugehörigen Körperregionen zugeordnet. Es ist möglich, diese spezifischen Werte-Themen in den unterschiedlichen angegebenen Körperräumen wahrzunehmen und zu aktivieren.

Das Wertesystem eines Unternehmens und der Führungskräfte sollte auf allen sieben Ebenen ausgeglichen sein. Unternehmen unterscheiden sich hinsichtlich der Schwerpunktsetzung auf diesen verschiedenen Ebenen. Fehlt eine dieser Stufen oder ist sie zu deutlich unterentwickelt, ist die Effektivität und Effizienz eines Unternehmens eingeschränkt.

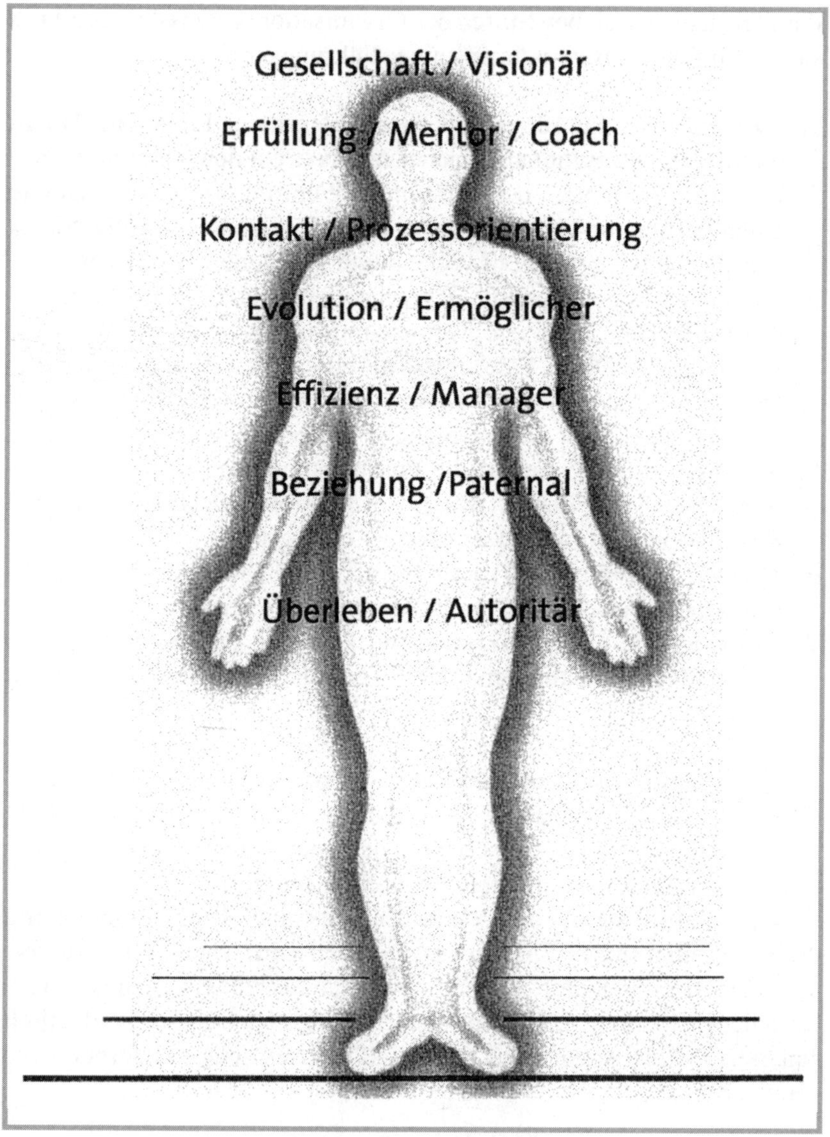

Gesellschaft / Visionär

Erfüllung / Mentor / Coach

Kontakt / Prozessorientierung

Evolution / Ermöglicher

Effizienz / Manager

Beziehung /Paternal

Überleben / Autoritär

Abb. 54: Wertepyramide im Körper

Wir arbeiten mit der Werteorientierung nicht nur als Erhebungsinstrument, sondern immer auch als ein Erfahrungs- und Trainingsinstrument, d. h. die Wertediskussion ist immer zugleich Forschungs- *und* Entwicklungsprozess. Sie können die folgenden Schritte der Werteanalyse jetzt bezogen auf Ihr Unternehmen selbst durchführen.

Übung: Werteanalyse

Zuerst sammeln die Mitarbeiter und Führungskräfte ihre Werte in freier Auflistung, das heißt, sie schreiben auf:

1. alle Werte, die sie persönlich für sich haben,
2. alle Werte, von denen sie glauben, dass ihre Firma sie vertritt,
3. die Werte, von denen sie glauben, dass eine ideale Organisation sie vertreten sollte.

Nach dieser freien Erhebungsphase geben wir ihnen eine Liste von 100 relevanten Wertorientierungen und sie verfahren im gleichen Dreierschritt:

1. Eigene Werte
2. Reale Unternehmenswerte
3. Ideale, gewünschte Unternehmenswerte

Als Beispiele unserer Werteliste seien hier einige ausgewählte genannt:

Arbeitsplatzsicherheit	Lernen
Ausbildung	Meinungsfreiheit
Belohnung	Mitgefühl
Beratung	Offenheit
Dialog	Toleranz
Ehrlichkeit	Umweltbewusstsein
emotionale Sicherheit	Unabhängigkeit
Ergebnisorientierung	Vertrauen
Fairness	Verzeihen
Geduld	Vision
Glaubwürdigkeit	Würde
Großzügigkeit	Zuverlässigkeit.
Konfliktbewältigung	

Übung: Werteanalyse

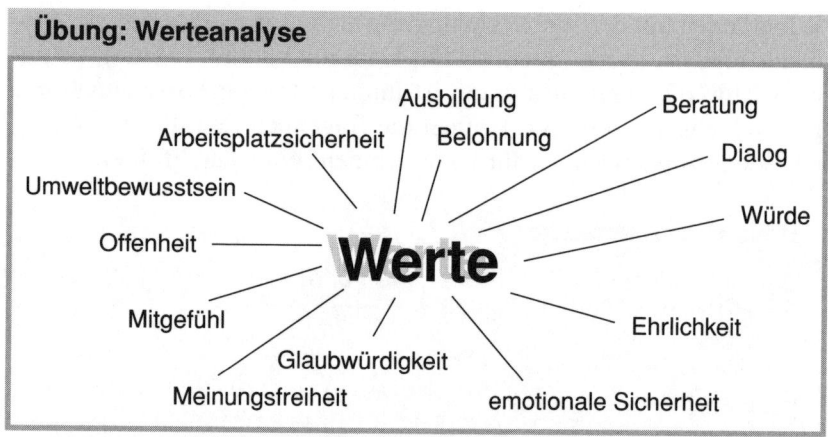

Abb. 55: Werteliste

In einem gemeinsamen Dialogprozess werden die angekreuzten Werte den sieben Stufen der Wertehierarchie zugeordnet und in diesem Gespräch festgestellt, auf welcher Ebene der Schwerpunkt der Werte für die drei Dimensionen liegt, wo Entwicklungsdefizite sind und wohin die Reise gehen sollte.

Ein wichtiger Aspekt der Diskussion ist jedoch die *Realität* der betrieblichen Umgebung. Bei einer reinen *Werte*diskussion können Wunschbilder und Illusionen, Projektionen und Ängste eine zu große Rolle spielen, so dass wir nur aufgrund einer Werteanalyse keine realistische Erfassung der Situation eines Unternehmens erreichen können. Aus diesem Grunde wird eine Werteanalyse immer auch andere objektivierbare Daten heranziehen wollen, wie z.B. Vorortbeobachtungen, Erhebungsgespräche mit Mitarbeitern auf anderen Entscheidungsebenen.

Erfahrene Berater können bei der Beobachtung der realen Arbeitsplatzsituation sehr schnell einige wesentliche Übereinstimmungen oder Abweichungen vom postulierten Wertesystem beobachten, wie z.B.:

● Sind die Arbeitsplätze psycho-ergonomisch ausgerichtet?
● Gibt es eine wirkliche Teamkultur?
● Wie sind die Teammeetings organisiert?
● Welche Kommunikationsregeln werden befolgt?
● Wie komplex ist das Managementsystem organisiert?
● Welche Informationsflüsse werden geöffnet und wo sind Schranken im Informationsfluss?
● Wo fließt die Energie und wo ist der Strom unterbrochen?

Um es noch einmal zu betonen: Bei der Werteanalyse handelt es sich um Absichtserklärungen und nicht um die Wirklichkeit. Es ist jedoch ein großer Unterschied und es prägt unser Verhalten sehr deutlich, ob wir uns komplexeren Werten wie einer Sozialverbindlichkeit verpflichten oder nur an der Maximierung der Gewinne interessiert sind. Diese Werte prägen unser Verhalten und sind zumindest eine Orientierung, ein Maßstab, der alltägliches Führungsverhalten in einen Rahmen stellt und ihm den notwendigen Boden gibt. Werte wirken wie ein Sog: Wie ein energetisches Feld prägen sie das Verhalten, sind aber noch nicht das Verhalten selbst.

Wertediskussion als Prozess

Eine einmalige Wertediskussion hat wenig Sinn. Regelmäßige Reflexionen über die Werteorientierung energetisieren jedoch den Führungsprozess und können dem Verhalten eine stabilisierenden Basis geben.

Der Dialog über Werte dient zur Überbrückung der Kluft zwischen Sein und Sollen, zwischen den Tatsachen und den Werten. Er schafft die Grundlage für gemeinsame Festlegung von Handlungsleitlinien und damit für sozial verantwortliches Handeln.

Indem der Wertedialog die Diskrepanz zwischen Sein und Sollen aufzeigt, führt er zu einem Handlungsdruck. Ethik hat mit Handeln zu tun. Wertedialoge können und werden zu Konflikten führen. Gleichzeitig sind sie die Grundlage für ein sinnvolles und effektives Konfliktmanagement.

15. Führen in Netzwerken

Leben mit Unsicherheit und unvollständiger Kontrolle

In gewisser Weise liegt der Schwerpunkt der bisherigen Betrachtungen auf der Persönlichkeit und den Grundkräften der Führungskraft. Dies ist gut so, denn die Wesenskräfte und das Verhalten sind die einflussreichsten Faktoren in der Kommunikation eines Unternehmens. Was für einen realistischen Zugang zu den komplexen Aufgaben einer Führungskraft in turbulenten Zeiten jedoch unumgänglich mitbedacht werden sollte, ist der systemische Zusammenhang von Sein und Verhalten. Verhalten vollzieht sich immer in einem sozialen Bezugssystem und ein angemessenes Modell dafür ist das Netzwerk.

Ich will dessen Wichtigkeit erläutern: Früher erschien ein hierarchisches Modell sozialer Beziehungen als sinnvoll und angemessen. Überblick, Entscheidungen und Anordnungen waren (scheinbar) oben und wurden nach unten weitergegeben.

In diesem überholten Modell der direktiven Führung versuchte die Führung von oben nach unten ihren Standpunkt durchzusetzen, es ging um Machtausübung. Die Aufgaben waren den einzelnen Mitarbeitern genau zugeordnet. Durch eine Vielzahl von „Report-Systemen" („Ich berichte an …") wurde ein dichtes Kontrollnetz geschaffen. Die Kommunikationswege waren durch Liniensysteme eindeutig festgelegt.

Den Anforderungen einer schnellen, komplexen und kreativen Informationsweiterleitung kann mit diesem Modell nicht entsprochen werden. Die künftig erforderliche Geschwindigkeit und Komplexität verlangt ein anderes Modell, das Konzept der interaktiven Führung.

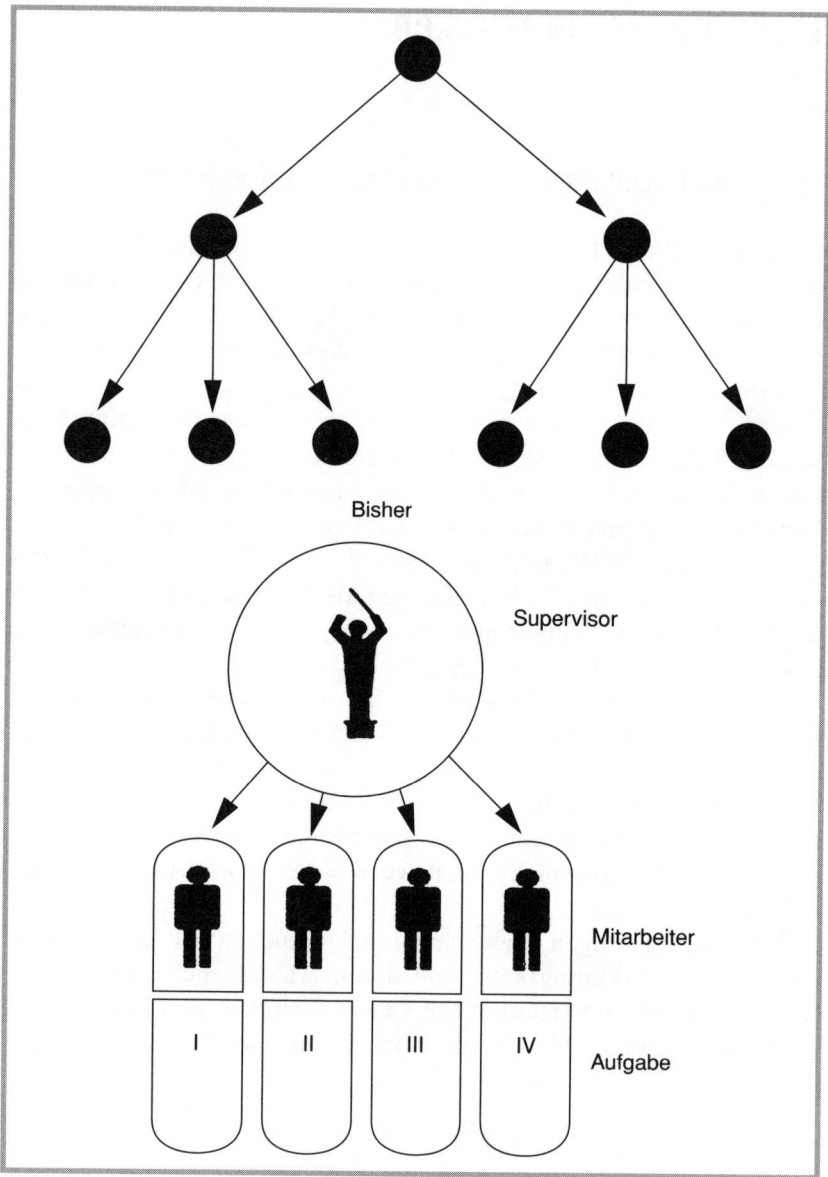

Bisher

Supervisor

Mitarbeiter

Aufgabe

Abb. 56: Modell Hierarchie

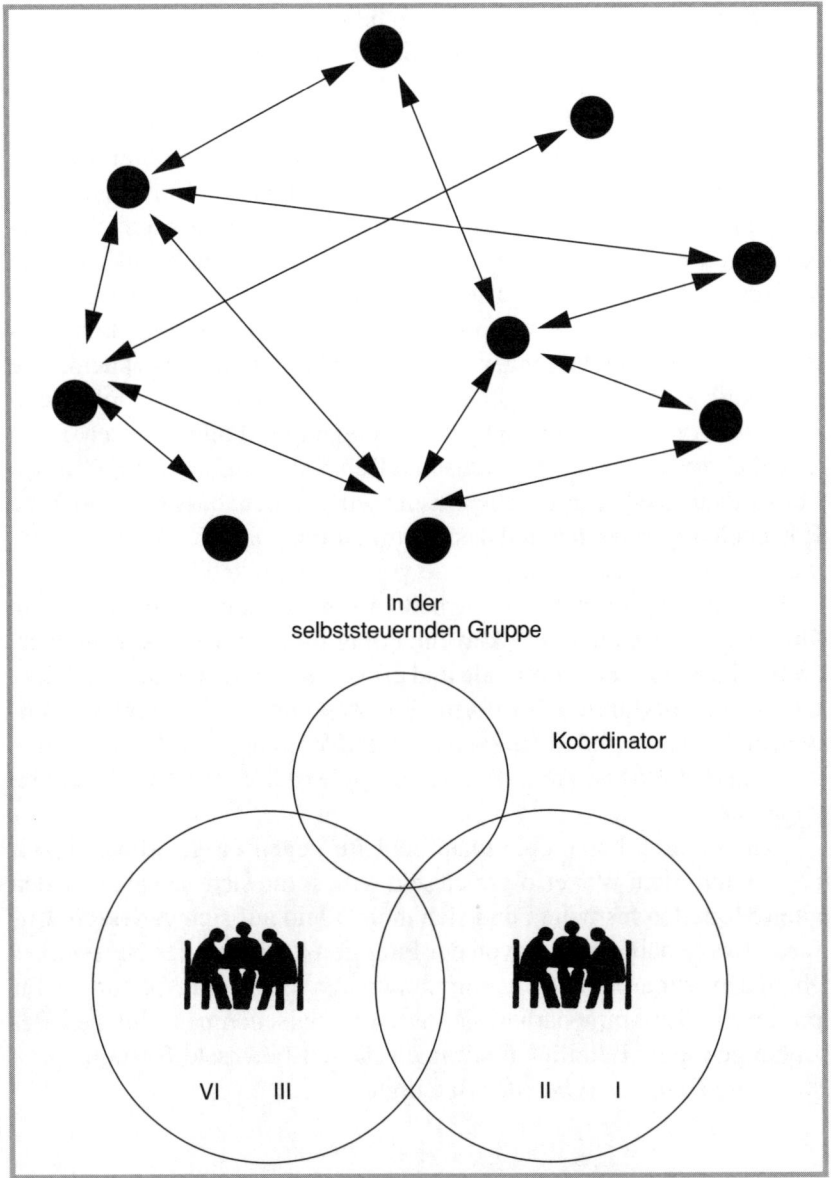

In der
selbststeuernden Gruppe

Koordinator

VI   III   II   I

Abb. 57: Modell der komplexen Vernetzung

283

Das Konzept interaktiver Führung beruht auf der Erfahrung, dass heute der Erfolg einer Organisation nicht mehr auf der Einzelleistung basiert, sondern wesentlich von der Synergie, vom Zusammenwirken aller Beteiligten (auch der so genannten Stakeholder, den Interessenten außerhalb des Unternehmens, wie z.b. Kunden und Umwelt) abhängig ist. Das Ganze ist mehr als die Summe der Einzelteile. Wir müssen lernen, Zusammenarbeit als ein Netzwerk menschlicher Beziehungen zu verstehen. Alle Mitglieder hängen voneinander ab und können sich sowohl gegenseitig hemmen als auch fördern. Jedes kleine Element kann im Gesamtgefüge eine eminente Bedeutung förderlicher oder blockierender Wirkung bekommen, je nachdem, wie viele und welche Schaltstellen an ihm hängen und welche Informationskanäle durch das Element gefördert oder unterlaufen werden. Es ist also theoretisch und auch praktisch falsch, wenn wir uns als Führungskräfte als Einzelkämpfer sehen, wenn wir glauben, dass wir autonome Entscheidungen treffen und dass Informations- und Kommunikationswege noch so linear verlaufen wie vor einigen Jahrzehnten.

Für die Organisation der Arbeit in einem Marmor-Steinbruch in Oberitalien zu Zeiten der Sklavenhaltung im alten Rom war die hierarchische Struktur die optimale und effektivste. Nur sind die Produkte, die Warenstrukturen und Informationswege inzwischen etwas verändert und unsere Modelle und auch realen Vollzüge von Leitung müssen sich der Wirklichkeit, d.h. der Komplexität der realen Strukturen anpassen.

Wir erfahren heute eine unaufhebbare gegenseitige Abhängigkeit aller Beteiligten. Wer erfolgreich sein will, sollte sich also nicht an den alten Modellen festhalten und sich nicht allein auf sich verlassen. Unsere Erfolge hängen heute von der Funktionsfähigkeit des Netzwerkes ab, in dem wir arbeiten, d.h. kommunizieren. Die Voraussetzungen für produktive Zusammenarbeit ist, dass die zwischenmenschlichen Beziehungen aller Beteiligten stimmen. Deren bewusste Gestaltung ist somit die Hauptaufgabe aller Beteiligten.

Reziprokes Management

Zuerst klingt das alles wie Forderungen und irreale Wünsche an eine Wirklichkeit, die dies nicht herzugeben bereit ist. Wenn wir uns jedoch klar machen, dass es keine Entwicklung gibt, die nicht vorher in den Köpfen der Verantwortlichen gedacht und geplant worden ist, so erspüren und erkennen wir die Bedeutung von neuen Ideen und Konzepten für eine interaktive und komplexe Führungsstruktur.

Die *Kraft des Denkens* ist in der Lage, neue Strukturen zu schaffen, die über das hinausgehen, was „wir immer schon so gemacht haben". Die Entwicklung von Modellen, Flussdiagrammen, möglichen neuen Entscheidungswegen, die Phantasie: All dies sind Produktivitätsfaktoren erster Größenordnung. Lassen Sie sich also noch einige Seiten lang auf neue Ideen ein, mit denen wir (meine engeren KollegInnen und ich) gerade in modernen IT-Unternehmen gute Erfahrungen gemacht haben.

Das Konzept des reziproken Managements wurde von M. Dollinger formuliert und in erfolgreichen Unternehmen erprobt. Es ist ein Konzept der Unternehmensführung, bei dem die Leitenden und die Mitarbeiter permanent lernen, und zwar nicht in Seminaren, sondern im betrieblichen Alltag. Grundlage ist die Erfahrung, dass der Führungserfolg nicht nur vom Denken und Handeln der Führenden, sondern auch von den Geführten abhängig ist.

Es ist eine Erfahrung, die auch ich seit Jahren in meinen Ausbildungsgruppen systematisch einsetze, nämlich dass Führende und Geführte regelmäßig informell alle ihre Rollen wechseln. Hintergrund ist die Erfahrung, dass ich dann am besten lerne, wenn ich etwas für andere aufbereiten und vermitteln soll. Etwas, was ich andere gelehrt habe und es ihnen dabei immer wieder gesagt habe, werde ich irgendwann auch mal mir selbst sagen. Das Motto lautet: Schaffe dir einen Schülerkreis für das, was du gerne lernen möchtest. So zeigt die Beobachtung von Trainern, Therapeuten und Coaches, dass sie das, was sie vermitteln, irgendwann später auch selbst in ihrem Leben verwirklichen. Dies ist keine Ironie, sondern reale Praxiserfahrung. Und damit ist keine Wertung verbunden.

Brown und Palinscar bewiesen, dass Schulklassen, in denen die Schüler sich gegenseitig unterrichteten, deutlich besser lernten, als Klassen mit reinem Frontalunterricht.

Funktionswechsel ist Perspektivenwechsel

Was ist der Grund für den Erfolg von „reciprocal teaching" oder auch reziprokem Management?

1. Durch den Wechsel der Funktionen ergibt sich ein Perspektiven-wechsel und die Flexibilität wird gefördert. Perspektiven wechseln ist die wirksamste Form der Verbesserung von Kommunikation überhaupt. Systematisch eingesetzt für die Optimierung von Füh-rung heißt das, dass wir regelmäßig einen zeitlich begrenzten Tausch der Funktionen vollziehen können und sollten. Dieser Funktionstausch wird die Führenden und die Geführten inhaltlich und kommunikativ weiterbringen. Es ist ein Auftrag an alle Hier-archieebenen, zu führen und sich führen zu lassen. Die Führungs-funktion soll wechselseitig übernommen werden, ohne dass gleich die Stellenbeschreibungen und Organigramme verändert werden müssen (Dollinger).

2. Im Verlauf des reziproken Managements werden die Lernenden zu guten Lehrern und die Mitarbeiter zu guten Führungskräften, weil sie während dieses Experiments von allen Seiten unterstützt wer-den. Naturgemäß entwickeln alle ein Interesse, dass das Experi-ment gelingt. Die Führungskräfte stehen den Untergebenen in dieser zeitlich begrenzten Phase als Coach und Supervisor zur Ver-fügung.

3. Durch diesen phasenweisen, zeitlich begrenzten Funktionstausch werden alle Beteiligten in die Lage versetzt, ihre Funktion und ihr Selbstverständnis neu zu definieren. Dies ist das Geheimnis des Er-folgs dieser Versuche: Das veränderte und deutlich verbesserte

Selbstverständnis aller Beteiligten durch Heraustreten aus den eingefahrenen Perspektiven und Verhaltensmustern und damit aus der Einschränkung von Beteiligung und Aktivität. Schließlich hängt der unternehmerische Erfolg davon ab, wie die Mitarbeiter sich führen lassen, und ob sie ihre Situation als Geführte so sehen, dass sie mitverantwortlich sind für das Gelingen des Gesamten und damit auch für die Unterstützung der Führungskräfte.

Die Untergebenen können lernen, dass sie Möglichkeiten haben, etwas zu tun, und dass Macht unabhängig von der Stufe der Hierarchie erfahren werden kann. Systemiker stellten fest, dass die Reziprozität (gegenseitige Abhängigkeit) in den heutigen Unternehmungen zunehmend wächst und noch nie so groß war wie heute. Mitarbeiter können durch Funktionstausch lernen, ihr Handeln aus der Dynamik des Ganzen zu verstehen.

Wechselwirkungen prägen ein System

Führungserfolg kann im Führungsprozess nicht monokausal auf die Persönlichkeit oder die Verhaltensweisen der Führungskräfte zurückgeführt werden. Personalentwicklungsmaßnahmen, die nur bei den Leitenden ansetzen, werden aus der Sicht der systemischen Wechselwirkungen heraus wenig erfolgreich sein, wenn nicht alle relevanten Umwelten der Führungskräfte mit einbezogen werden (Dollinger).

4. Bei diesen Experimenten setzen sich die Mitarbeiter mit ihren Vorgesetzen auseinander. Es wird zum neuen Inhalt der Kultur, dass die Mitarbeiter ihren Vorgesetzten regelmäßig Feedback geben dürfen und sollen.
5. Die effektive und bewusst lernende Führungskraft sucht sich aus ihren MitarbeiterInnen einige aus, die gezielt von externen TrainerInnen zu Coaches für Führungskräfte ausgebildet werden. Damit bekommt der Vorgesetzte einen qualifizierten Supervisor von unten, der aus der Alltagspraxis weiß, was „da unten" los ist.

6. Außerdem sind damit gleichzeitig *Multiplikatoren* ausgebildet, die die Idee der reziproken Führung in alle Abteilungen tragen. Es reicht heute nicht mehr, nach dem Gießkannenprinzip hier und dort mal ein Führungskräftetraining durchzuführen, wenn in den Abteilungen alles beim Alten bleibt. Bewusst ausgewählte, an einer Veränderung Interessierte haben einen viel größeren Einfluss auf Unternehmens-Innovation als Pflichtseminare für alle.

Führungskräfte können diese Experimente zusammen mit ihren MitarbeiterInnen für unterschiedlich lange Zeiträume konzipieren. Dieses Konzept reziproken Managements kann projektbezogen, zeitbezogen, themenbezogen oder personenbezogen entworfen und erprobt werden. Dabei üben die Mitarbeiter, ihrem Vorgesetzten regelmäßig Feedback über sein Führungsverhalten und seine Entscheidungen zu geben. Sie gestehen ihm und sich selbst ein, dabei zu Fehler zu machen. Sie üben dabei, den Vorgesetzten Loyalität, Akzeptanz und Wertschätzung entgegenzubringen. Sie können dabei erleben, welche Einflussmöglichkeiten sie nach oben haben und wie sie diese ausbauen können.

Eine besonders wirksame Form ist die unten vorgeschlagene neue Meetingkultur. Denn wenn wir diese Erfahrungen aus dem reziproken Management mit den Erkenntnissen der Kreativitätsforschung (der Körper und die Bewegung sind das Medium) und der Konzeption des Netzwerks verbinden, gelangen wir zu einer neuen Form des Kreativmeetings.

Eine neue kreative Meetingkultur

Interaktive Prozesse enthalten Kettenreaktionen. Am Anfang ist es oft schwer, festzustellen, zu welchen Auswirkungen welche Inputs führen werden. Das haben Peter Senge und auch die Chaostheorie sehr differenziert beschrieben. Führungskräfte können lernen, den Verstärkereffekt, der durch Kettenreaktionen ausgelöst wird, intuitiv zur

Bündelung von Kräften (Synergie) zu nutzen. Der gegenseitige Wissenstransfer ist dabei von entscheidender Bedeutung.

Wir können lernen, uns darin wohlzufühlen, dass Netzwerke meist sehr komplex sind, was die sozialen Beziehungen und die Informationskanäle betrifft. Diese Komplexität zeigt sich in Vielfalt und oft auch Undurchsichtigkeit, ja sogar Unbestimmbarkeit. Aus der Einsicht, dass jeder von jedem in dem Netzwerk abhängig ist, ergibt sich die Erkenntnis über die Notwendigkeit von Kooperation. „Wer erfolgreich sein will, muss andere erfolgreich machen." (Witt, S. 22) Und: Obwohl zu einer gelungenen Zusammenarbeit mindestens zwei Personen gehören, bedarf es trotzdem nur einer, um die Qualität der Beziehung zu verbessern. Das verweist uns darauf, wie notwendig es ist, den Prozess der Personalauswahl sehr ernst zu nehmen.

Checkliste: Aufbau eines Netzwerks

Wer also ein wirklich leistungsfähiges Netzwerk aufbauen will, muss folgende Fragen selbstkritisch beantworten:

- Wer sind die richtigen Partner für dieses konkrete Netzwerk?
- Welche Leistungspotenziale werden in diesem System benötigt?
- Wie genau muss ich die Zusammenarbeit der Netzwerkpartner organisieren, damit eine optimale Informationsweiterleitung möglich wird?
- Wie sind die zwischenmenschlichen Beziehungen so zu entwickeln, dass die Mitglieder Bereitschaft zu kooperativem Handeln, Freude am Neuen und vielfältige Querverbindungen aufbauen?
- Wie kann ich als Führungskraft die durch die Komplexität auch wachsende Belastung meiner MitarbeiterInnen durch den Gewinn an Sinn, Einflussnahme und Erfüllung durch die Arbeit ausgleichen?
- Wie kann ich dazu beitragen, dass die Entwicklung und Verwirklichung neuer Ideen zu einem Leitwert wird?
- Wie kann ich die Idee einer Lernenden Organisation konkretisieren und realisieren, in der alle Beteiligten ihre *persönliche* Entwicklung mit dem innovativen Wachstum der Kommunikationskanäle des Netzwerks verbinden?

289

Hier scheint eine Hauptmöglichkeit zu liegen: Die persönlichen Motive und Interessen an Weiterentwicklung mit der zunehmenden Komplexität des Netzwerks zu verbinden, wäre eine Meisterleistung jeder modernen Führungskraft.

Dazu braucht es den Kontakt aus der eigenen Mitte, umgangssprachlich Charisma genannt. Denn die Bewältigung wachsender Komplexität gelingt nur über eine einzige Motivationsschiene: die Begeisterung. Wenn wir keine Begeisterung für ein Projekt, ein Produkt oder einen Prozess entwickeln und erzeugen können, können wir die interaktive Führungsform in Netzwerken vergessen. Es gibt jedoch erprobte Verfahren, wie wir eine aktivitätssteigernde Netzwerk-Kultur über Begeisterung herstellen können.

Übung: Entwicklung einer Netzwerkkultur

Immer sind es Raum und Bewegung, die zuallererst den ganzen Menschen aktivieren. Das Herumsitzen auf Stühlen und vielleicht sogar hinter dicken Tischen blockiert uns und hält uns oftmals im Alten und unseren festgefahrenen Rollen gefangen. Kreative Führungskräfte schaffen die Stühle und Tische beiseite und fordern die Mitarbeiter eines Teams oder einer ganzen Organisation auf, sich frei im Raum zu bewegen.

Erster Schritt

Der Kontakt mit sich selbst. Der erste Schritt in der Kreativität ist immer die Entspannung. Bevor wir unser Bewusstsein verändern können, müssen wir den Punkt physischer und emotionaler Entspannung erreichen. Ein angespannter Mensch wird in vorgefertigten Bahnen denken und fühlen und kann keine effektiven Ergebnisse erzielen, die über das bisher Bekannte hinausgehen.

Fordern Sie Ihre Mitarbeiter auf, sich selbst wahrzunehmen, ihre Befindlichkeit, ihre Motivation, ihre Ideen zu einem bestimmten Projekt. Regen Sie sie an, ihre Rollen als Untergebene oder mittlere Führungskraft zu vergessen und sich ganz und gar als Expertin in dieser Angelegenheit zu fühlen. Unabhängig von Funktionen wird jeder Mitarbeiter als vollgültig ernst genommen. Ebenenunterschiede

Übung: Entwicklung einer Netzwerkkultur

verschwimmen im „gleichberechtigten Herumgehen und -stehen im Raum".

Zweiter Schritt

Alle an diesem Projekt Beteiligten gehen entspannt durch den Raum und tauschen sich mit Einzelnen oder in kleinen Gruppen über die anstehende Aufgabe aus. Dies ist eine Art Brainstorming in Bewegung. Es wird einfach nur gesprochen, gehört, informiert, ausgetauscht. Der entscheidende Impuls ist dabei die Bewegung im Raum, die Neugruppierung der Austauschsysteme und der Wechsel der Funktion in der Hierarchie. Durch diese Verkörperlichung der Kontakt- und Denkfunktionen wird eine Konkretisierung des Netzwerks auf der sinnlichen Ebene erreicht, die mit keiner Metaplan-Technik, keiner Buntfolie und keiner Power-Point-Darbietung erzielt werden kann. Ich habe die Bedeutung der Bewegungen oben ausführlich erläutert.

Dritter Schritt

In Erweiterung von de Bonos Hüte-Übung werden im Raum verschiedene Plätze eingerichtet und dann von allen Teammitgliedern in selbstgewählter Reihenfolge abgegangen und eingenommen:

Übung: Entwicklung einer Netzwerkkultur

Plätze für kreative Lösungen

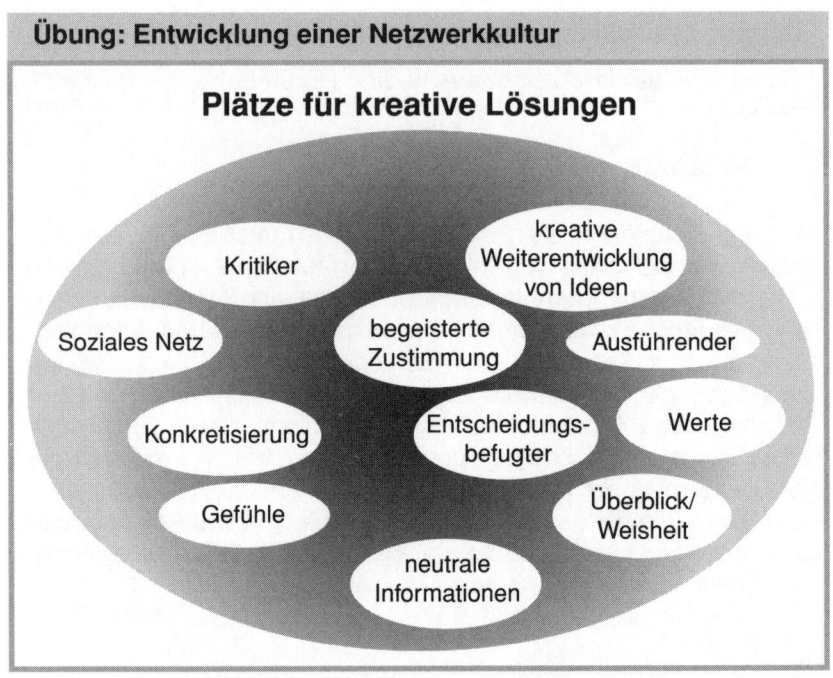

Abb. 58: Plätze für kreative Lösungen

- *Der Platz des Kritikers:* Hier machen sich die Teammitglieder innerlich und jeder für sich alle Bedenken und Einwände bewusst, die gegen das Projekt oder die Innovation sprechen. Alles Kritische wird gesammelt, Negatives wird herbeigezogen. Alles Gute wird mies gemacht. Fehler werden gesucht. Eine Negativliste wird angefertigt.
- *Der Platz der begeisterten Zustimmung (Optimismus):* Auf diesem Platz geht es ins Gegenteil. Rosarot werden die Vorteile der neuen Aufgabe, des neuen Projekts oder neuer Umsetzungsstrukturen gemalt. Alle Vorteile werden gesammelt. Man stimmt begeistert zu und Energie für die Durchführung wird gesammelt.

Übung: Entwicklung einer Netzwerkkultur

- *Der Platz der Konkretisierung:* Hier geht es um konkrete Schritte der Realisierung. Was wäre Schritt Nr. 1, welche Kosten entstehen, welche Durchführungsbedingungen müssen abgeklärt werden, ...

- *Der Platz der Gefühle:* Welche meiner Gefühle sind hier beteiligt: Wo entsteht Trauer, Freude oder emotionale Abwehr? Die Teammitglieder lassen sich auf ihre Gefühle ein, ganz spontan werden Emotionen angeschaut und gewürdigt.

- *Der Platz der neutralen Information:* Auf diesem Platz geht es darum, vorurteilsfrei alle Informationen zu sammeln, die bei diesem Projekt eine Bedeutung haben könnten: Marktsituation, Kundenbedürfnisse, Arbeitsplatzrealitäten, Finanzierung.

- *Der Platz des Entscheidungsbefugten:* Hier machen sich die Beteiligten klar, wer in dieser Sache eigentlich das Sagen hat. Bin ich selbst der Entscheidungsbefugte oder die Chefetage über mir? Hat es der Vorstand ganz oben entschieden oder entscheidet vielleicht meine Frau über diese Sachlage ...? Aus der Sicht des Entscheidungsbefugten schaue ich dann auf die Fragestellung.

- *Der Platz des (später) Ausführenden:* Wer muss das Projekt umsetzen und wie sieht die Sachlage aus der Sicht des Ausführenden aus? Auch hier werden Vor- und Nachteile und Handlungsmöglichkeiten gesammelt.

- *Der Platz der kreativen Weiterentwicklung von Ideen:* Hier sind einige Leitfragen hilfreich: Kann man das Produkt oder die Dienstleistung auch in anderen Zusammenhängen nutzen? Größer oder kleiner machen? Verändern? Bestandteile verändern? Verbinden mit ...? Was, wenn man es ganz anders sieht? Wie kann man es neu ordnen? Wie beschleunigen? Wie verlangsamen?

Übung: Entwicklung einer Netzwerkkultur

● Der Platz der Übersicht und Weisheit: Auf diesem Platz gehen wir in die Haltung des alten Weisen, der in Ruhe mit weißen Haaren im Alter von 70 Jahren auf sein Leben zurückblickt und sich die Sache aus dem Abstand anschaut. Wie sieht das aus dieser Perspektive aus? Welche Kleinlichkeiten spielen eine Rolle? Wo kann ich großzügiger denken und handeln? Was sage ich als alter Mann/alte Frau dazu?

● *Soziales Netz:* Stabilisiert oder labilisiert diese Aufgabe, dieses Projekt mein soziales Netz? Was würden meine Freunde zu dieser Sache sagen?

● *Werte:* Wie steht das Projekt in Übereinstimmung mit meinen Werten, meinen mentalen Modellen und innersten Vorstellungen? Erfüllt es mich langfristig oder ist es nur kurzfristig gedacht?

Wichtig ist, dass die Mitarbeiter nicht nur von einem Platz aus argumentieren, sondern die Plätze wechseln und dieselbe Sachlage aus verschiedenen Perspektiven und vor allem Funktionsrollen und Hierarchieebenen aus anschauen, weiterentwickeln und beurteilen. Der Perspektivenwechsel ist die psychologische und mentale Grundlage von Vernetzungsprozessen überhaupt. Nach einer gewissen Zeit wird dadurch soviel Beweglichkeit und Kreativität im Denken und Planen im Raum sein, dass ein Grundgefühl sich bei den meisten Anwesenden einstellt: die Freude am gemeinsamen Projekt.

Vierter Schritt

Immer noch auf gleichberechtigter Ebene finden sich kleine Gruppen, die sich zu einer bestimmten Entscheidung durchgerungen haben. Es wird so getan, als ob es keine festgesetzten Leitungsfunktionen gäbe und jeder die gleichen Beratungs-, Informations- und Entscheidungskompetenzen habe. So berät z. B. die Sekretärin den Produktmanager und umgekehrt. So informiert der Sachbearbeiter den Geschäftsführer und umgekehrt. In dieser Phase entsteht oftmals eine heitere und muntere Stimmung, obwohl alle

Übung: Entwicklung einer Netzwerkkultur

diese Arbeit sehr ernst nehmen und ihr Bestes geben. Die informellen Gruppen wägen die Vor- und Nachteile ihrer Vorschläge ab und stellen ihre Informationen und Meinungen in einer kreativen Form den anderen zur Verfügung oder geben kurze verbale Kommuniques heraus.

Fünfter Schritt

Es wird versucht, ob auf dieser Grundlage eine interaktive und demokratische Entscheidungsfindung möglich ist. Wenn dies innerhalb einer halbstündigen Diskussion nicht erreicht wird, entscheidet die Führungskraft, mit welchen Leuten sie sich zu einer kurzen Beratung zurückzieht.

Sechster Schritt

Dieses Kommitee entscheidet und teilt die Entscheidung allen Anwesenden mit. Für einen definierten Zeitrahmen wird so verfahren. Die vorgegebenen Rollen werden wieder eingenommen. Alle Beteiligten wissen, dass sie nach diesem Zeitrahmen erneut die Möglichkeit haben, in der hier skizzierten Methode auf die Entscheidungsfindung Einfluss zu nehmen und vereinbaren verbindlich, an der so gefundenen Lösung mit aller Kraft mitzuarbeiten.

Siebter Schritt

Alle Beteiligten beenden diese interaktive Konferenz mit einem kurzen Blitzlicht, d.h. es werden reihum im Kreis die jetzige Befindlichkeit (Gefühle, Stimmungen, innere Bilder) und die persönlichen Entschlüsse und Konsequenzen aus dieser Konferenz mitgeteilt.

295

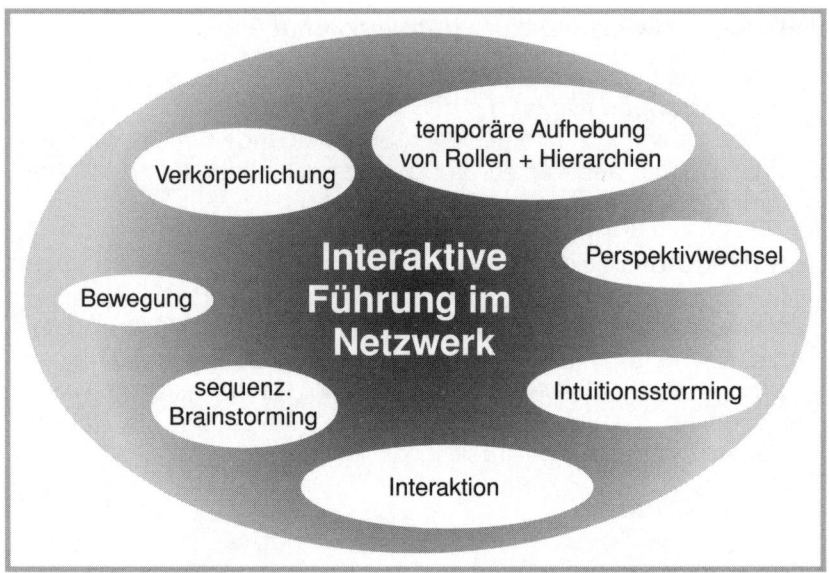

Abb. 59: Interaktive Führung im Netzwerk

Die hier realisierten Prinzipien von Bewegung und Verkörperlichung, von temporärer Aufhebung von Funktionstrennungen und Hierarchien und von sequenziellem Brainstorming mit Perspektivwechsel sind erfahrungsgemäß die hilfreichsten Elemente einer interaktiven Führung in einem Netzwerk, das sich die Optimierung von Informationsflüssen zum Ziel und zur Aufgabe gemacht hat.

Die Erfahrung zeigt, dass diese Form von Meetings von vielen Mitarbeitern viel lieber besucht werden als die traditionellen „Zeitverschwendermeetings" mit rigider Geschäftsordnung. Eine straffe Meetingkultur scheint zwar effektiv zu sein, sie bringt jedoch an wirklicher Informationsübermittlung und Interaktion nur sehr wenig. Ebenso ist das lockere Herumsitzen beim Biertisch (viele Unternehmen sehen die Lösung ihrer Probleme in einem freitäglichen Biertisch ab 15 Uhr) zwar nett und fördert den Sozialkontakt, es ist letztlich aber unbefriedigend, da so den wirklichen Informationsbedürfnissen von HochleistungsmitarbeiterInnen nicht entsprochen werden kann.

Nach einer ersten Umgewöhnungsphase werden die hier beschriebenen Prinzipien immer angenehmer. Was in einer Kultur als angenehm erlebt wird, kann langsam zur positiven neuen Gewohnheit werden. Anfänglich kann dieses Verhalten noch etwas seltsam anmuten; bei klarer und selbstverständlicher Anleitung wird dieses Verfahren jedoch alsbald als selbstverständlich und hilfreich erlebt. Die Mitarbeiter fühlen sich ernst genommen, was sich direkt auf ihre Bereitschaft zum Informationsaustausch und zum Mittragen von Entscheidungen auswirkt. Mit dieser Form der Verkörperlichung und Versinnlichung des Netzwerkkonzepts wird eine real spürbare und umsetzbare Grundlage gelegt zu einer neuen interaktiven und effektiven Kultur, die der Komplexität moderner Entscheidungsfindungen angemessen ist.

Literatur

Assagioli, Robert: *Die Schulung des Willens. Methoden der Psychotherapie und der Selbsttherapie.* Paderborn 1999

Aurobindo, Sri: *What is Concentration?* Pondicherry 1987

Baecker, D.: *Postheroisches Management. Ein Vademecum.* Berlin 1994

Baumgarten, R.: *Führungsstile und Führungstechniken.* Berlin 1977

Bialy von, Jeanette & Helmut Volk-von Bialy: *Siebenmal Pearls auf einen Streich. Die klassische Gestaltungstherapie im Überblick*, Paderborn 1998

Bryner, Andy & Markova, Dawna: *Die lernende Intelligenz. Denken mit dem Körper.* Paderborn 1998

Cube, Felix von: *Lust an Leistung. Die Naturgesetze der Führung.* München 1998

Dollinger, Manuela: *Führen in eine(r) Lernkultur. Die Mitarbeiter-Chef-Beziehung als Reciprocal Management.* München 1999

Doppler, Klaus & Lauterburg, Christoph: *Change Management. Den Unternehmenswandel gestalten.* Frankfurt 1995

Dürckheim, Karlfried Graf: *Hara, die Erdmitte des Menschen.* München 1994

Eales-White, Rupert: *How to be a better teambuilder.* New Delhi 1998

Epstein, Seymour: *Sie sind viel klüger, als Sie denken.* München 1994

Fuchs, Jürgen: *Manager, Menschen und Monarchen. Denkanstößiges für Leitende und Leidende.* Frankfurt 1995

Gausemeier, Jürgen & Fink, Alexander: *Führung im Wandel. Ein ganzheitliches Modell zur zukunftsorientierten Unternehmensgestaltung.* München 1999

Geissler, Jürgen: *Psychologie der Karriere. Neurosen im Beruf und ihre Überwindung.* Reinbek 1979

Gerken, Gerd: *Management by Love.* Düsseldorf 1993

Ders.: *Die Fraktale Marke.* Düsseldorf 1994

Ders.: *Der Neue Manager.* München 1995

Gibson, Rowan: *Rethinking the Future.* Landsberg 1997

Gordon, Th.: *Manager-Konferenz. Effektives Führungstraining.* München 1996

Herzberg, F.: *The Motivation to work.* New New York 1959

Hugo-Becker, Annegret & Becker, Henning: *Motivation. Neue Wege zum Erfolg.* München 1997

Dies.: *Psychologisches Konfliktmanagement. Menschenkenntnis, Konfliktfähigkeit, Kooperation.* München 1996

Jung, C. G.: *Psychologische Typen*, GW 6. Zürich 1960

Kälin, K. & Müri, P.: *Sich und andere führen. Psychologie für Führungskräfte und Mitarbeiter.* Thun 1998

Kellner, Hedwig: *Sind Sie eine gute Führungskraft?* Frankfurt 1999

Kirschner, Josef: *So siegt man, ohne zu kämpfen. Alle 13 Strategien gegen die Aggression im Alltag.* München 1990

Koolwijk, Ferdinand J.C.M.: *Außer Reden nichts gewesen.* Bielefeld 1998

Lenk, Hans & Maring, Matthias: *Wirtschaft und Ethik.* Stuttgart 1992

Leonard, George: *Der längere Atem. Die Meisterung des Alltäglichen.* Wessobrunn 1994

Leymann, H.: *Mobbing,* Reinbek 1993

Lobschmid, Hans Gerd: *Mitarbeiter einvernehmend führen.* München 1998

Looss, Wolfgang: *Coaching für Manager. Problembewältigung unter vier Augen.* Landsberg 1993

Lumma, K.: *Strategien der Konfliktlösung.* Hamburg 1987

Mack, Bernhard: *Rituale alltäglichen Glücks. Wege zu erfüllenden Liebesbeziehungen.* Paderborn 1997

Ders.: *Kontakt, Intuition & Kreativität. Vom Umgang mit wachsender Komplexität im Management und Alltagsleben.* Paderborn 1999

Mann, Rudolf: *Die neue Führung. Vom Kampf um Anerkennung zum authentischen Sein.* Düsseldorf 1996

Matlock, John & Ehrenborg, Jöns: *How to be a better negotiator?* London 1998

Pechtl, W.: *Zwischen Organismus und Organisation. Wegweiser und Modelle für Berater und Führungskräfte.* Linz 1989

Perls, Frederick S.: *Gestalttherapie – Wiederholung des Selbst.* Stuttgart 1979

Ders.: *Gestalt – Wachstum – Integration.* Paderborn 1980

Peters, Tomas & Austin, Nancy: *Leistung aus Leidenschaft. Über Management und Führung.* Hamburg 1993

Petzold, Hilarion: *Integration und Kreation*, Paderborn 1993

Rowntree, Derek: *Handbuch Checklisten. Schnelle Analysen und präzise Aktionsprogramme für Führungskräfte auf allen Ebenen.* München 1990

Schmincke, Don: *Samurai – Prinzipien für den Manager des 21. Jahrhunderts.* München 1997

Schultz, J. H.: *Das Autogene Training.* Leipzig 1940

Schultz von Thun, Friedemann: *Miteinander reden. Das „innere Team" und situationsgerechte Kommunikation.* Reinbek 1999

Schwarz, G.: *Die „Heilige Ordnung der Männer". Patriarchalische Hierarchie und Gruppendynamik.* Opladen 1987

Schwarz, G.: *Konfliktmanagement.* Wiesbaden 1995

Secretan, Lance H.K.: *Soul-Management. Der neue Geist des Erfolgs – die Unternehmenskultur der Zukunft.* München 1977

Sprenger, Reinhard K.: *Mythos Motivation. Wege aus einer Sackgasse.* Frankfurt 1998

Ders.: *Das Prinzip Selbstverantwortung. Wege zur Motivation*. Frankfurt 1998a

Ders.: *Die Entscheidung liegt bei dir! Wege aus der täglichen Unzufriedenheit*. Frankfurt 1998b

Stangl, Anton: *Führen muss man können. Die psychologischen Probleme der Menschenführung*. Düsseldorf 1994

Stroebe, Rainer W.: *Grundlagen der Führung*. Band 2 der Arbeitshefte Führungspsychologie. Heidelberg 1999

Tohei, Koichi: *Ki im täglichen Leben*. Berlin 1980

Tracy, Brian: *High Performance Leadership. Der Schlüssel zu erfolgreicher Führung und Motivation*. Landsberg 1999

Walter, Henry: *Handbuch Führung. Der Werkzeugkasten für Vorgesetzte*. Frankfurt 1999

Weinert, A.B.: *Führung und soziale Steuerung*. In: E. Roth (Hrsg.): Organisationspsychologie. Göttingen 1989

Wimmer, R.: *Die Zukunft von Führung. Brauchen wir noch Vorgesetzte im herkömmlichen Sinn?* In: Organisationsentwicklung 4/96

Bildquellennachweis

Asimov, Isaac: *The Human Body. Its Structure and Operation. Illustrated by Anthony Ravielli.* Boston 1963

Berth, Rolf: *Visionäres Management. Die Philosophie der Innovation.* Düsseldorf 1990

Bialy von, Jeanette & Helmut Volk-von Bialy: *Siebenmal Pearls auf einen Streich.* Paderborn 1998

Brennan, Barbara Ann: *Licht-Heilung. Der Prozess der Genesung auf allen Ebenen von Körper, Gefühl und Geist.* München 1994

Crisand & Lyon: *Anti-Stress-Training.* Heidelberg 1998

Keleman, Stanley: *Emotional Anatomy.* Berkeley 1985

Köppen-Weber, Divo: *Du bist der neue Mensch! Das Alta Major-Prinzip: Schmerzfrei und aufrecht durch ein neues Bewusstsein unserer Wirbelsäule.* München 1989

Mack, Bernhard: *Kontakt, Intuition & Kreativität. Vom Umgang mit wachsender Komplexität im Management und Alltagsleben.* Paderborn 1999

Mandelbrot, Benoit B.: *Die fraktale Geometrie der Natur.* Basel 1987

Middendorf, Ilse: *Der erfahrbare Atem. Eine Atemlehre.* Paderborn 1991

Pierrakos, John: *Core Energetik. Zentrum Deiner Lebenskraft.* Essen 1987

Rolf, Ida P.: Rolfing: *The Integration of Human Structures.* New York 1977

Witt, Jürgen: *Interaktive Führung. Das Netzwerk-Konzept zur Mitarbeiterführung und Kundenbetreuung.* Heidelberg 1999

Ausbildungsprogramm des CoreDynamik-Instituts

Das CoreDynamik-Institut bietet eine dreijährige berufsbegleitende Aus- und Weiterbildung zum CoreDynamik-TrainerIn für Einzelne, Paare, Gruppen und Organisationen an.

Ziel ist die Befähigung zu professioneller Arbeit als Coach und BeraterIn für Privatpersonen sowie als TrainerIn im Managementbereich und für Organisationsentwicklung.

Im ersten Jahr werden vermittelt:

- Methoden des Einzelcoaching
- Methoden der biografischen Aufarbeitung von Verhaltens- und Persönlichkeitsmustern
- Diagnostische Modelle
- Verfahren zur Lösung von Gefühls- und Körperblockaden
- Wege zum Spürbewusstsein
- Arbeit mit kreativen Medien wie Bild, Ton und Stimme
- Übung zur Vertiefung des Erlebens
- Intensivierung der Ausdruckskraft

Im zweiten Jahr stehen im Vordergrund:

- Paardiagnostik und Arbeit mit Paardynamiken
- Arbeit mit Klein- und Großgruppenprozessen
- Energie- und Ritualarbeit
- Methoden der Atemarbeit und Meditation ermöglichen Öffnung der Intuition und Förderung der Kreativität

Im dritten Jahr wird die eigenständige coredynamische Arbeit in den Praxisfeldern der TeilnehmerInnen der Ausbildungsgruppe angeregt und unterstützt:

● Vertiefung der Erfahrung und Supervision der Praxis in Gruppen und Organisationen steht im Vordergrund
● Theorie und Praxis der Organisationsentwicklung
● Supervidierte Kleingruppenleitung durch die Teilnehmer
● Experten aus verschiedenen Praxisbereichen begleiten die Supervisionsprozesse aus ihrer Praxiserfahrung

Die Ausbildung wird geleitet von Bernhard Mack und den Dozenten des Instituts sowie dem Team der Assistenten. Eine detaillierte Beschreibung der Ausbildung und die Anschriften der Regionalinstitute finden Sie in der Aus- und Weiterbildungsbroschüre. Sie können sie mit weiteren aktuellen Seminarangeboten anfordern im:

CoreDynamik-Institut
Leimbachweg 12
79283 Bollschweil

Tel.: 0 76 33-98 27 07
Fax: 0 76 33-98 27 08
e-mail: info@coredynamik.de
http./www.coredynamik.de

Ebenso können Sie die Bücher von Bernhard Mack und die CD's mit der Musikgruppe TranceZENDance „Vision" und „Emotion" portofrei im Institut bestellen.

Stichwortverzeichnis

Kontakt, Intuition & Kreativität

Teamfähigkeit, Spitzenleistungen und Sozialkompetenz sind heute nicht mehr allein die Grundlagen von Erfolg. Die zunehmend komplexer werdenden Strukturen wirtschaftlicher und gesellschaftlicher Prozesse müssen beachtet werden. Systemisches und darüber hinaus Integrales Denken werden unabdingbar. Wie wir mit der wachsenden Komplexität umgehen, entscheidet über unsere Gegenwart und Zukunft.

Bernhard Mack beschreibt die von ihm entwickelten Methoden eines praktikablen Komplexitätstrainings. Das Lernsystem beginnt mit einfachen Kommunikationsübungen, nutzt dann die gruppendynamischen Energien eines Teams, vermittelt im nächsten Schritt wirksames Energie- und Konfliktmanagement, führt die Teilnehmer zuerst individuell zu einem effektiveren Umgang mit Komplexität und nimmt schließlich die Ebene des Gesamtunternehmens in den Blick. Schritt für Schritt werden die Übungen in diesem Buch komplexer und tiefgreifender. Der Weg führt zu immer ganzheitlicheren Sichtweisen bis zum wesentlichen Innovationspotential: der Intuition.

Bernhard Mack

Kontakt, Intuition & Kreativität

Vom Umgang mit wachsender Komplexität im Management und Alltagsleben

JUNFERMANN

Ein Übungs- und Erfahrungsbuch

247 Seiten, kart.

DM 44,-

ISBN 3-87387-405-9

Bernhard Mack belegt aufgrund reicher Erfahrung:
Sozialkompetenz und
Komplexitätsbewältigung sind erlernbar.

„Das Buch ist nicht nur für Personalchefs, Manager sowie Managementtrainer gedacht, sondern für jeden, der in Teams arbeitet oder Teams leitet und weiß, dass Ressourcenbündelung nur in einer offenen Team- und Unternehmenskultur möglich ist. Sie lernen Schritte zu einem stressfreien Umgang mit komplexen Aufgaben in Beruf und Alltag und entfalten Ihre Intuition." – *Deike Rickmers*, Hamburg

Ein Übungs- und Erfahrungsbuch

Rituale alltäglichen Glücks

Bernhard Mack

Rituale alltäglichen Glücks

Wege zu
erfüllenden
Liebesbeziehungen

JUNFERMANN

228 Seiten, kart.

DM 36,-

ISBN 3-87387-352-4

Bezug der Bücher über den

**Verlag
Moderne Industrie**

Justus-von-Liebig-Straße 1
86895 Landsberg a. Lech
Tel.: 08191/125-0
Fax: 08191/125-309

Oder über das

CoreDynamik-Institut

Leimbachweg 12
79283 Bollschweil
Tel.: 07633/982707
Fax: 07633/982708

L eidenschaftlich und sachlich zugleich beschreibt der Autor erprobte Wege zu erfüllenden Liebesbeziehungen. Aus der Erfahrung von 25 Jahren Einzel-, Paar- und Gruppenarbeit mit mehr als tausend Menschen werden 41 Übungen und Partnerspiele sowie ein Partner-Beziehungstest angeboten, mit deren Hilfe junge und langjährige Paare ihre Glücksfähigkeit überprüfen und ausdehnen können.

Können wir Glücksfähigkeit erlernen? Diese Frage bejaht dieses Buch und entfaltet schrittweise sich vertiefende Rituale des alltäglichen Glücks. Es werden Möglichkeiten gezeigt, die alten Dramen loszulassen, die Kraft der Intuition hervorzubringen und über ein unmittelbares Gewahrsein den Sinn einer Lebenspartnerschaft und deren Kernenergie aufzuspüren.

Ein Standardwerk
zur Bewusstseinsentfaltung,
Körperwahrnehmung,
lebensprägenden Gefühlsmustern,
Sexualität
und Wesenserfahrung.

Ein Übungsbuch zum täglichen Glück